卢卡奇的人民性
思想研究

王银辉　著

**On Lukács's Theory of
People's Character**

人民出版社

责任编辑：宫　共
封面设计：胡欣欣

图书在版编目（CIP）数据

卢卡奇的人民性思想研究/王银辉 著. —北京：人民出版社，2024.6
ISBN 978-7-01-026539-1

Ⅰ.①卢… Ⅱ.①王… Ⅲ.①卢卡奇（Lukacs，Georg1885-1971）-
人民性-哲学思想-研究 Ⅳ.①B515

中国国家版本馆 CIP 数据核字（2024）第 091608 号

卢卡奇的人民性思想研究
LUKAQI DE RENMINXING SIXIANG YANJIU

王银辉　著

人民出版社 出版发行
（100706　北京市东城区隆福寺街 99 号）

北京中科印刷有限公司印刷　新华书店经销

2024 年 6 月第 1 版　2024 年 6 月北京第 1 次印刷
开本：710 毫米×1000 毫米 1/16　印张：14　字数：244 千字

ISBN 978-7-01-026539-1　定价：49.00 元

邮购地址 100706　北京市东城区隆福寺街 99 号
人民东方图书销售中心　电话（010）65250042　65289539

国家社科基金后期资助项目
出版说明

后期资助项目是国家社科基金设立的一类重要项目,旨在鼓励广大社科研究者潜心治学,支持基础研究多出优秀成果。它是经过严格评审,从接近完成的科研成果中遴选立项的。为扩大后期资助项目的影响,更好地推动学术发展,促进成果转化,全国哲学社会科学工作办公室按照"统一设计、统一标识、统一版式、形成系列"的总体要求,组织出版国家社科基金后期资助项目成果。

全国哲学社会科学工作办公室

序

　　王银辉博士的专著《卢卡奇的人民性思想研究》即将由人民出版社付印刊行，他嘱我为该著写个序，我爽然应之，但是却因诸事繁杂，一直拖延至今，心里甚为不安，这里谨表歉意！

　　我与王银辉相识多年，虽然都是从事文艺学研究的，但他从事的是"西马"文论和西方文论研究，我从事的主要是中国古代文论研究和中国化马克思主义文艺理论批评研究，专业领域虽然有所关联，比如"中马"文论之于"西马"文论，但是毕竟研究的对象、范围不同，甚至可以说是隔着行，而对于"西马"文论研究，我差不多是个外行。因此，从学术角度讲，我是没有资格为银辉的这部著作作序的，但是从交往和学谊的角度来讲，我不能拂了他的这一番盛情好意，所以只能勉为其难，就基于我平时对王银辉的了解和拜读他的这部著作书稿之后所得，谈一些自己的感知和印象式的认识，且当为序。

　　王银辉现为河南大学文学院副教授，多年来一直专门从事文艺理论研究和教学工作，现在还同时担任着河南省人文社科重点研究基地"文艺学研究中心"副主任，河南大学文学院文艺理论教研室主任，一直承担河南大学本科生"文学概论""西方文论""美学"及"文学欣赏导引"等课程之讲授，以及研究生"文化研究""马克思主义文论中国化研究"等课程的教学，荣获"河南大学教学质量特等奖""河南大学教学质量二等奖""河南大学科研优秀奖"。因此，除了出色地完成教学与科研工作而外，他对于所在院系的文艺理论学科建设也贡献良多。银辉博士的研究领域主要是西方马克思主义文学理论与文化研究，并且更多地集中于卢卡奇研究方面，深耕多年，成果卓然。除了已经出版了的专著《卢卡奇文艺思想在中国的接受与影响》(商务印书馆2023年版)，他在《文学评论》《中国人民大学学报》《云南大学学报(社会科学版)》等刊物发表学术论文40余篇，其中有多篇被《中国社会科学文摘》《高等学校文科学术文摘》及中国人民大学复印报刊资料转摘或全文转载。除此之外，银辉还先后主持国家社科基金项目和教育部项目各一项，河南省及河南大学科研项目六项，参与国家重大社科基金项目两项，参与国家社科基金青年项目一项，省级科研项目四项，由此而足可见出他研思撰著之勤勉与凝神贯注之程度。因此，可以说银辉在马列文论研究，尤其是在"西马"文论与文化研究方面，已经形成了自己的研究领域和特色，并且在学界产生了一定的学术影响。

这部《卢卡奇的人民性思想研究》著作，是王银辉研究卢卡奇文艺思想的第二部专著，而在已经出版了的前一部著作《卢卡奇文艺思想在中国的接受与影响》中，王银辉已经对卢卡奇的著作与理论在中国的译介和传播、卢卡奇对中国现代作家阶级意识的影响、卢卡奇现实主义理论在中国的接受和影响、卢卡奇"物化"理论在中国的接受传播等论题，分别进行了较为全面而深入的专题性梳理和阐析，这一工作无疑为他撰写这部即将由人民出版社出版的著作奠定了坚实的研究基础，而从学术生产的内在逻辑来讲，这两部著作为他的多年从事卢卡奇研究画出了一条清晰的、系统而完整的理论运思轨迹。银辉的这部著作是他所承担的国家社科基金后期资助项目的结项书稿，研究阐释的是卢卡奇的"人民性"思想，全稿除头尾的"引言"和"结语"之外，由五章组成，每一章实际上就是一个专题论域，五个专题按照研究对象的问题意识和理论内涵之内在逻辑而次第展开，从而系统全面地对卢卡奇的"人民性"思想作出了较为精准、深刻的解读与分析性阐发。第一章专门阐述卢卡奇如何从多元思想转向马克思主义，进而在思想理论上发生"人民性转向"，逐步转向人民问题，开始探索"人民性"问题，尤其是现实主义文艺理论中的"人民性"问题，并且分析评价了卢卡奇对于"人民性"这一马克思主义文艺理论中的重大范畴建构性阐释方面所取得的思想理论贡献；第二章集中介绍和分析了卢卡奇"人民性"思想范畴的思想资源；第三章则对卢卡奇的"人民性"理论与现实主义作家的渊源专门进行了有相当深度的探析；第四章集中对卢卡奇的社会主义民主思想进行了分析阐述；第五章，也就是作为全稿收尾结穴的一章，则对卢卡奇"人民性"思想在中国的接受过程及其所引发的相关理论现象和学术争鸣情况进行了梳理和评析。所以，通观这部书稿，整体而言，我认为，该著对卢卡奇人民性思想的研究阐发是比较全面、系统、深入的，在学界既有的研究基础上，对研究对象作出了自己的体认和阐发，并且体现了我国新时代马克思主义文艺理论研究所面临的如何推进中国形态化、当代形态化两个方面的问题意识和学术理念。诚如王银辉在书稿"引言"中说的这样："今天，人民性问题已经成为历史进步与时代发展所面临的一个时代命题与理论课题。卢卡奇作为20世纪最负盛名、最具影响力的一位马克思主义思想家，亦不例外，在其卷帙浩繁的论著中表现了鲜明的人民立场、人民原则和人民思想。他的人民立场、原则、思想同其对共产主义道路、人民道路的选择与坚持是密不可分的。正是在人民道路确立的过程中，卢卡奇逐渐形成了自己的人民性思想。"因此，我认为，银辉在该著中的研究，从当下我们所思考和探讨的新时代中国马克思主义文艺理论研究与承担中国式现代化和民族复兴伟业文化使命之内在关系而言，以及从新时代中国马克思主义文艺理论研究在促进文明互鉴、人类命运共同体建构、全人类的共同价值理性诸方面的理论话语实践来看，均具有重要的理论意义和学术价值，体现了他的研究理念中之充盈的时代意识。

在21世纪中国马克思主义文艺理论研究和学科建设中，"以人民为中心"以及在此基础上的"人民美学"体系建构，毫无疑问是一个最为核心的聚焦点，或曰关揆点。而就这一思想界面、理论畛域来讲，总结、探讨、在传承转化中创新性发展文艺的"人民性"思想，更加系统完整地重构新时代中国马克思主义文艺思想中的"人民性"理论和话语体系，是时代赋予我们的学术使命。而欲达致于此，我们就必须通过既有历史纵向深度、又有现实广度的对文艺的"人民性"思想理论学说进行梳理、总结、反思、阐扬，并且以习近平文化思想为引领，在"第二个结合"方面下功夫，以构筑"以人民为中心"的"人民美学"理论体系为指归，进行深度的研究探索。因此，我认为，银辉的这部《卢卡奇的人民性思想研究》专著，对于在新时代背景下深化和拓展文艺"人民性"思想范畴研究，确实具有重要的学术价值和实践意义。关于卢卡奇研究，在当代中国马克思主义文艺理论研究中一直热度不减，即从新时期以来说起，学界便有了数量相当不少的专著出版和论文发表，但是我相信，银辉的这部新著，仍然具有自己的研究特点和学术新意，并且可以对卢卡奇文艺思想研究、对"西马"文论和文化研究，以及对新时代中国化马克思主义文艺理论研究，具有参鉴和推动意义。当然，我在上面的这些所言，仅仅是谈了一些个人的印象与观感，而对于该著更为公允的意见和评价，则应该由研究卢卡奇、"西马"文论的专家和广大读者来做出。

即如开头所言，我与王银辉相识有年，十来个年头里，在一年一度的全国马列文艺论著研究会年会和学术研讨会上，我们都能见面并在研究方面进行一定的交谈和交流，因此基于我多年来对他治学的理解和形成的印象，不揣冒昧，答应了为他的新著撰写此序，所言如有不妥、不当之处，还请学界同仁和银辉批评指正。

最后，为银辉又有一部新著即将问世而感到高兴之同时，也希望银辉再接再厉，不断地追求新的学术目标，在今后的思考和研究中，进一步拓展治学领域和理论空间，力争为21世纪中国马克思主义文艺理论批评研究作出新的学术贡献。

党圣元

2023年12月26日草拟于京西北寓所

目　　录

引　言

　　人民之路、民主之路、自由之路是人类不断追求与探寻的理想目标。民主与自由的主体应该是人,是人民。因而,人民问题是马克思、恩格斯等经典马克思主义理论家探讨的一个核心观念。马克思、恩格斯对人民问题的阐述与理论建树为之后的政治文化活动与理论研究指明了方向,成为许多马克思主义者解析的一个重要内容。习近平强调中国共产党"一定要永远与人民同呼吸、共命运、心连心,永远把人民对美好生活的向往作为奋斗目标,以永不懈怠的精神状态和一往无前的奋斗姿态,继续朝着实现中华民族伟大复兴的宏伟目标奋勇前进"①。今天,人民性问题已经成为历史进步与时代发展所面临的一个时代命题与理论课题。卢卡奇作为 20 世纪最负盛名、最具影响力的一位马克思主义思想家,亦不例外,在其卷帙浩繁的论著中表现了鲜明的人民立场、人民原则和人民思想。他的人民立场、原则、思想同其对共产主义道路、人民道路的选择与坚持是密不可分的。正是在人民道路确立的过程中,卢卡奇逐渐形成了自己的人民性思想。

一、卢卡奇的人民之路

　　卢卡奇的人民之路始于 1918 年——受俄国十月革命的影响,出于对当时资本主义社会风气、政治制度和第一次世界大战的不满和反抗,他加入匈牙利共产党,义无反顾地选择了共产主义道路。他积极参加匈牙利无产阶级革命实践活动,致力于匈牙利苏维埃共和国的建立,尽管革命失败且常年流亡国外,但并未影响他的革命热情。正如卢卡奇所言:"成长为共产党人的确是我一生中最大的转折,最大的发展成就。"② 在从事革命实践活动的同时,卢卡奇创作了总结革命失败经验教训的理论著作,如《历史与阶级意识》(1923),明确提出并深入探讨"正统马克思主义""阶级意识""无产阶级意识""物化""组织问题的方法论"等,思考匈牙利共产党未来的革命方针

---

① 习近平:《决胜全面建成小康社会　夺取新时代中国特色社会主义伟大胜利——在中国共产党第十九次全国代表大会上的报告》,人民出版社 2017 年版,第 1 页。
② [匈]卢卡奇:《卢卡奇自传》,杜章智编,李渚青、莫立知译,社会科学文献出版社 1986 年版,第 35 页。

问题,提出建立"工农民主专政"而不是无产阶级专政。这些理论因与当时共产国际的理论方针相悖,而遭到激烈的批判,使其几乎被开除党籍。进入20世纪30年代,面对来自各方面的批判及各种反动势力的迫害,卢卡奇流亡并长期生活工作于苏联,除了参加国际反法西斯政治文化活动,担任《国际文学》《文学评论》《新声》《文学报》等文艺刊物的编辑或撰稿工作之外,逐渐将精力转移到现实主义研究,写下了大量有关人民、人民阵线、人道主义、反对极权专制的文论著作,如《青年黑格尔》(1931—1938)、《我走向马克思的道路》(1931)、《表现主义的伟大与衰亡》(1933)、《作为文艺理论家和文艺批评家的弗利德里希·恩格斯》(1935)、《叙述与描写》(1936)、《历史小说》(1936—1938)、《马克思和意识形态的衰落问题》(1938)、《十九世纪文学理论与马克思主义》(1939)、《人民领袖还是官僚主义者》(1940)、《作家的责任》(1940—1941)、《帝国主义时期的德国文学》(1944)等。

　　1944年12月,卢卡奇返回匈牙利,在布达佩斯大学担任美学与文化哲学教职的同时,为匈牙利《文学与民主》《自由人民报》和德国《建设》《哲学》等杂志撰稿,继续进行现实主义文论、美学方面的探索,代表性著作有《文学与民主》(1947)、《现实主义论文集》(1948)、《存在主义还是马克思主义》(1948)、《歌德和他的时代》(1950)、《美学史论文集》(1953)、《青年黑格尔》(1954)、《理性的毁灭》(1954)等。在此期间,卢卡奇对民主、人民、人民阵线、马克思主义等文艺与哲学问题深入探讨,同时,并未中断他的一些政治文化活动,1946—1956年间,曾担任匈牙利人民共和国国会议会,匈牙利科学院主席团委员,华沙波兰科学院院士,爱国人民阵线全国委员会委员,为实现匈牙利人民的自由、民主之路而继续奋斗。

　　1956年匈牙利十月事件,是卢卡奇人生命运中的又一个重大转折点,是他为实现人民道路而进行斗争的又一次重要的政治实践活动。在这一事件期间,卢卡奇出任纳吉政府文化部长,纳吉政府垮台后,他逃往罗马尼亚,1957年4月才被允许返回布达佩斯。在此期间,由于匈牙利共产党进行了改组,卢卡奇因未能及时重新登记而不被承认为党员,在此期间他积极争取,直至1969年才被重新接纳入党。匈牙利事件之后,卢卡奇真正退出政治活动,致力于马克思主义美学、哲学的研究工作,思考社会主义的文化发展问题,代表性论著有《审美特性》(第1卷)(1963)、《关于社会存在的本体论》(未竟之作)等。

　　卢卡奇一生立足于现实社会与人的解放问题,融理论于实践之中,致力于将马克思主义理论运用于革命实际,从革命实践中总结问题、提升理论思想,尽管他的许多理论著述饱受争议,但其在国际政治思想文化界、学术界的影响如此深广、恒久，已为世人有目共睹。卢卡奇加入共产党后，从未动摇过自己的共产主义信念。在20世纪20年代的《历史与阶级意识》《勃鲁姆提纲》等著述中，卢卡奇尽管存在着或"左"或"右"的思想倾向，但他始终为建立无产阶级专政或工农民主专政而努力探索。30—40年代，卢卡奇深入研究现实主义理论，批判各种现代主义思潮，反对法西斯专政，尽管有时略显偏激，但表明了其鲜明的人道主义、民主、人民立场。50年代以后，他在《青年黑格尔》《理性的毁灭》《审美特性》《关于社会存在的本体论》等著述中，清算封建主义、资本主义等各种极权思想的根源，致力于建构马克思主义美学与本体论思想。由上可见，从政治立场上，卢卡奇选择共产主义道路之后，积极参加革命斗争，始终没有放弃自己共产党的、人民的信念，鲜明地提出并建立"工农民主专政"；在马克思主义理论研究方面，他在现实主义文论、美学、哲学、伦理学等各领域的建树，出发点与落脚点始终没有脱离人的问题，人民的问题。

二、研究意义及现状

无论是马克思、恩格斯等国外经典马克思主义理论家，还是毛泽东、邓小平等中国马克思主义理论家，人民及与其相关的理论问题始终是他们探讨的重要内容，实践证明，继承并发展马克思主义，离不开对人民性思想的坚持、丰富与发展，因此，建设新时代中国特色社会主义文化与文艺理论，也必然离不开加强对人民性思想问题进行全面、广泛又深入的探讨。卢卡奇作为匈牙利著名哲学家、美学家、文学批评与文学史家，20世纪最负盛名、最具影响力的马克思主义理论家，在国际政治文化领域至今仍有着广泛深远的影响。梳理文献不难发现，卢卡奇作为匈牙利共产党员，一生致力于无产阶级革命事业，其著述中充满了大量关于人、人民及人民性问题的论述。然而，目前国内外研究者较多地聚焦于卢卡奇的总体性、物化、拜物教、阶级意识、日常生活等理论，对其文艺思想中人民性问题的重视明显不足，更难谈得上有较为细致、深入、系统的研究。因此，全面、细致厘清卢卡奇的人民性思想，梳理人民性在其文艺思想史上的发展脉络，多角度地对其在马克思主义与无产阶级文化发展史上的理论价值与历史意义进行较为深入探究，续上隐去的链环，便成为新时代科研工作者的责任与义务。

新世纪、新时代背景下，研究卢卡奇的人民性思想具有重要的学术价值和实践意义，具体体现在以下三个层面。

其一，有助于深刻理解、全面把握卢卡奇的人道主义精神，坚持以人为本的社会主义核心价值理念。卢卡奇思想中蕴藏着丰富的人道主义精神，他的人道主义思想继承了马克思关于人的学说，又有着新的发展。卢卡奇肯定人的个体价值与存在，但他所肯定的个体绝不是空洞的、抽象的，而是具体的、真实的。在卢卡奇看来，人民性是其现实主义美学思想的一个核心，是理论与实践的统一，是普遍性与个体性的结合，是人道主义精神的一个具体而微的展现。卢卡奇的人民性与辩证法思想、物化理论、人道主义精神共同构筑为一个有机体。从人民性的角度考察卢卡奇的人道主义思想，有助于从根本上把握卢卡奇思想的内核，清楚理解其理论思想的基本立场，辨别其思想同资本主义人道主义精神之间的质的差异，全面把握卢卡奇的马克思主义文艺观念。无论是卢卡奇的现实主义文论、美学，还是他的政治主张、哲学思想，基本的出发点与落脚点是推翻资产阶级专政，实现人的解放，建立人民的政权，实现人民的民主与自由。因此，从整体上把握卢卡奇的理论思想，从人民性的立场审视卢卡奇的人道主义思想，将他的各种复杂思想观念放在人民性思想的背景下来考察，既有助于全面而完整地认识与把握卢卡奇的革命实践和思想动态，又可以清楚地洞悉他在马克思主义理论发展史上所具有的重要地位，以及所发挥的历史意义与时代价值。

　　其二，有助于推进卢卡奇现实主义美学思想的当代研究，推动社会主义文化繁荣兴盛。卢卡奇的现实主义美学思想在 20 世纪文艺理论中独具特色，包含真实性、典型性、人民性和倾向性四方面。这四个方面相互联系、相互作用、缺一不可，但其理论基础与阶级倾向是人民，是人民的自由与民主问题。无论是对真实性、典型性等创作理念与方法的强调，还是对作家世界观与阶级立场的突显；无论是对巴尔扎克、托尔斯泰等伟大现实主义作家的推崇，还是对左拉、托马斯·曼等作家的批判，卢卡奇理论思想的一个重要指归是文艺的历史功能与时代价值问题，文艺的创作技巧、方法及思想内容等为什么人服务，揭示不同的文艺思潮、流派甚至创作方法背后是具有意识形态性的。他从马克思、恩格斯的文艺思想出发，揭示德国法西斯极权思想、非理性主义思想诞生的缘起，揭示无产阶级文艺发展所应肩负的历史使命与时代责任，将马克思主义人道主义与资产阶级人道主义相区分，将其现实主义美学思想和人民性思想相衔接，为现实主义在创作理念、世界观、创作方法等方面进行开拓，尽管有某种不同程度的偏颇或偏激，但为继承与发展马克思主义思想方法做了不朽的贡献。因此，研究卢卡奇的现实主义文艺思想，将其置于从人民性的角度来考察，不仅为认识他的现实主义文论思想开拓了新的思路，而且对中国化马克思主义文艺理论建设，尤其是其中人民美学、人民文学的理论传统建设，有着十分重要的启示意义与理论价值。

其三,有助于维护和保障人民当家作主、民主与自由的权力,更好地体现人民意志。以人民性为根本和价值导向,已经成为新时代中国特色社会主义思想建设与发展的一项核心内容。"我国是工人阶级领导的、以工农联盟为基础的人民民主专政的社会主义国家,国家一切权力属于人民。我国社会主义民主是维护人民根本利益的最广泛、最真实、最管用的民主。发展社会主义民主政治就是要体现人民意志、保障人民权益、激发人民创造活力,用制度体系保证人民当家作主。"① 挖掘卢卡奇文艺思想中的人民性资源,对其批判和反思精神进行重新审视、研究,将其纳入马克思主义研究范畴,为中国特色马克思主义关于人民性问题研究提供思想资源、理论参考和借鉴,不仅对于当今全球化信息化时代背景下,探讨文艺发展中关于人的价值、民族性、世界性及其相互间的关系,深入了解、汲取国外马克思主义文艺理论思想资源,具有重要意义;而且有助于科学构建具有中国特色的当代文艺,让文艺更好地服务人民,对丰富中国特色社会主义人民性思想,构建新时代中国特色社会主义文艺思想,繁荣和发展中华民族文艺、民族文化,无不具有重要的现实意义和当代价值。

鉴于上述理论价值与时代意义,全面、细致地开展卢卡奇人民性思想研究是非常必要的。然而,通观国内外学术界的研究,惊奇地发现有关卢卡奇人民性问题的探讨,目前仍有待予以加强,直接的学术成果仍非常有限。

有关"卢卡奇文艺思想中的人民性思想研究"这一课题的研究,中国最早零星散见于 20 世纪 90 年代,进入 21 世纪以后才引起学者的广泛关注,目前仍处于起步阶段。关于卢卡奇文艺思想中的人民性研究,当前学界现有的论文不足 10 篇,大致可分为两类:一类是将人民性思想仅作为探讨卢卡奇现实主义文艺思想的佐证或辅助资料,并未将人民性作为一个独立的理论范畴加以研究;另一类是将人民性视为卢卡奇人道主义思想的一个重要分支并加以详细分析、研究。

最早出现的一类是将人民性思想仅作为探讨卢卡奇现实主义文艺思想的佐证或辅助资料,并未将人民性作为一个独立的理论范畴加以研究。这类论文最早出现的是袁志英的《布莱希特与卢卡契论争的由来》(《外国文学评论》1990 年第 3 期),该文仅在介绍 20 世纪 30 年代所谓布莱希特同卢卡奇的争论(即有关表现主义的争论)时,将人民性仅作为这场争论的一个问题提及,并未单独加以介绍。之后出现的论文分别是周仁政的《西方

---

① 习近平:《决胜全面建成小康社会　夺取新时代中国特色社会主义伟大胜利——在中国共产党第十九次全国代表大会上的报告》,人民出版社 2017 年版,第 35—36 页。

化背景与胡风的现实主义理论》（《江苏行政学院学报》2001 年第 4 期）、温潘亚的两篇论文《总体性、非连续性及现实主义的伟大胜利——卢卡契文学史思想综论》（《盐城师范学院学报》2006 年第 4 期）和《文学史：历史发展的一个组成部分——卢卡契文学史思想综论》（《甘肃社会科学》2006 年第 6 期），以及王天保的《卢卡奇批判现代主义的逻辑解析》（《文艺理论与批评》2011 年第 1 期），这四篇论文在探讨卢卡奇文艺思想的侧重内容方面各有不同，均不同程度提到人民性这一概念，却未将人民性作为卢卡奇文艺思想的一个独立范畴来加以审视、深入研究。

　　另一类是将人民性视为卢卡奇人道主义思想的一个重要分支并加以详细分析、研究。迄今见到较早也是仅有的一篇是冯宪光先生的《论卢卡奇的文学人民性思想》（《文艺理论与批评》2008 年第 4 期）。该文较早将卢卡奇人民性问题作为一个独立的理论范畴，对其在卢卡奇人本主义思想中的地位和意义作了一定介绍，指出人民性是他的人本主义文学思想的核心要素，并指出他的人民性思想在今天仍然有深刻意义，这些理论贡献与价值非常值得肯定。但也不难发现，冯先生的探讨多是概括性和总结性的，在该问题的深度与广度方面亦留有极大的开掘与发展空间。

　　目前，国外学者对卢卡奇研究多侧重于物化、主体性、人道主义精神、整体性等领域，对其文艺思想中的人民性思想关注稍显不足，对其人民性思想及当代价值的系统考察、阐释与研究亟待进一步丰富。比如匈牙利 1985年举办的纪念卢卡奇国际学术研讨会，美国、苏联、西德、东德、意大利等国的与会者发言，讨论主题大多集中于阐述卢卡奇的社会主义和民主的关系、社会政治理论，以及其对文化观念的理解（参见劳徒《国外对卢卡奇思想的探讨》，《马列主义研究资料》1987 年第 4 辑）。时至今日，卢卡奇的许多重要论著，如《人民性和真实的历史精神》《帝国时期人道主义的抗议文学的一般特征》《马克思和意识形态的衰落问题》《文学与民主》《人民民主的文化》《民主化的进程》等，对人民性问题都有非常明确而详细的论述，尤其是《民主化的进程》于 21 世纪前后在国外有不同的版本问世，且近些年也得到国内学界的重视，中文版 2015 年面世（张翼星等译，中国人民大学出版社）。然而，这些重要学术问题却未得到国外学界重视，亦难见有国外学者对人民性思想问题作专门且系统的探讨，如美国著名的马克思主义批评家与理论家弗里德里克·詹姆逊在《詹姆逊文集》（中国人民大学出版社 2004年版）中亦是如此，对卢卡奇的现实主义与历史小说作了深入、细致的研究，却未能将人民性问题作为一个独立的探讨对象。

三、写作思路与方法

本课题以卢卡奇文艺思想中的人民性思想及当代价值为研究对象,以纵向的宏观历史考察与横向的具体理论文本研究相结合为基本研究思路,将卢卡奇的个人发展与著述相结合,既有史料的梳理,又不乏对其政治历史、哲学、文化、美学、文学思想的分析,力图较为充分地挖掘中外原始资料文献,从具体的历史语境中考察理论,从学术阐述中触摸历史;以人民问题为核心,以点带面,点面结合;论从史出,评、议结合,史论结合,探讨卢卡奇文艺思想中的人民性精神及其反思与批判意识,将其与卢卡奇的辩证法、物化、拜物教、阶级意识等理论相融合,既历时性地测绘卢卡奇人民性文艺思想发展的面貌,又共时性地突显他的人民性思想、现实主义理论以及物化批判思想对新时代文化发展所具有的影响及启示价值,力图处理好卢卡奇一生政治革命实践、学术脉络、理论贡献与精神追求之间动态、复杂的关系。

基于以上考虑,本课题的研究重心可以从以下具体的内容和观点,全面深入地挖掘,力图实现有所突破。

首先,结合具体特定的历史、政治、文化等语境,阐析卢卡奇人民性思想的形成原因及其主要内涵,从文学与人类发展角度辩证地分析其人民性思想的有效性及其限度与缺失问题。

从20世纪20年代至40年代,卢卡奇始终站在人民的立场,进行无产阶级革命活动和理论探索。通过梳理卢卡奇在这一时期的政治与文化命运的沉浮,探析人民性思想诞生的历史与社会文化语境,可以窥见其人民性这一概念与理论的起源、发展演变的纹路与轨迹,结合当时的具体语境,可以更加深入而全面地认识这一理论的思想内涵、文化价值及其缺失问题。20年代初,他的人民性思想既强调人道主义精神,又注重无产阶级阶级意识;至40年代,他的人民性思想侧重于人民反法西斯统一阵线,同法西斯主义、帝国主义之间的斗争,追求战斗精神,不断淡化阶级性,虽有偏颇却丰富了马克思主义文艺思想中的人道主义内涵。

其次,重点考察并阐释与卢卡奇人民性思想紧密相关的三次重要转向,涉及哲学、政治革命思想、现实主义文论与美学等理论。

卢卡奇人民性思想的形成与发展,与其个人发展道路上的抉择紧密相关,前后经历了三次重要转向。第一次世界大战期间,置身于资产阶级思想潮流之中的卢卡奇逐渐步入马克思主义学徒期,发现工人阶级的进步性与历史使命;20世纪20年代中期至30年代,卢卡奇的人民性思想由萌芽发展至确立,将无产阶级专政发展为工农民主专政,并提出人民性的文艺创作理念与实践原则;50 年代以后,他的人民性思想由文艺理论领域最终转向哲学思考,致力于从马克思主义美学、哲学角度探索人及其社会存在问题。这些"转向"的产生是其个人精神特质、理想追求,以及历史发展与社会进步共同作用的结果。

再者,集中探讨人民性思想在卢卡奇文艺思想中的地位,详述并解析卢卡奇文艺思想中人民性思想的历史意义与当代价值。

在历史考察和文本分析基础上,本课题进一步探讨人民性思想及其批判与反思精神,以及其与卢卡奇的辩证法思想、物化理论、人道主义精神怎样共同构筑一个有机共同体。他的人民性思想,对当时共产国际文艺思想的发展具有深远影响,推动了许多国家(如匈牙利、日本、中国等)无产阶级政治运动与文化变革。探析其人民性对中国文学、文艺发展的影响,如鲁迅、七月派以及新时期以后中国学界对它的接受与重构等,将是本课题研究的又一重要内容。最后,重点探讨本课题研究的落脚点——新时代中国特色社会主义人民性思想的构建与实践,通过对卢卡奇人民性的解析与归纳,指出其理论所赋有的宝贵理论资源以及批判反思精神,对于深刻理解与科学把握当今中国的文艺方向——"文艺与人民的关系,重申文艺创作的人民取向,定位文艺发展的人民坐标,强调坚持以人民为中心的创作导向"①,充分突显为人民创作、以人民为中心、植根于人民、服务于人民的中国特色与艺术特性,极具理论价值和实践意义。

从以上基本研究内容出发,本课题力图从三个方面实现突破,创新点如下:其一,研究视角新。本课题首次全面且系统地展现卢卡奇文艺思想中的人民性思想,分析其在怎样的时代背景下出现,又怎样受到批判,如何转向,在此过程中内容发生了什么变化等问题。其二,研究史料的发掘新。该课题将大量发掘运用卢卡奇的哲学、美学和现实主义史料,以及与新中国成立前后的有关人民性思想史料,这些史料在文学研究界的重视尚待增强。其三,研究方法新。该课题具有跨学科研究性质,把文本分析与社会文化语境相结合,将文学、美学、哲学与文化研究相融汇,把内部研究与外部研究相衔接,打破学科界限,显示出极为宽广的学术视域。

---

① 《人民需要文艺,文艺需要人民——二论学习贯彻习近平在文艺工作座谈会上重要讲话》,《人民日报》2014 年 10 月 18 日。

第一章　卢卡奇的人民性转向

乔治·卢卡奇[①]（1885—1971）作为20世纪具有国际影响的一位理论家，其理论思想在社会时代的变动中处于不断变化发展之中。卢卡奇文艺思想中的"人民性"亦是如此，经历了一个从无到有、不断变化的形成过程。关于卢卡奇思想历程的划分，国内外学者存在着分歧，有主张应分为三个阶段的，刘象愚认为应分为新康德主义和黑格尔时期（20世纪初—1918）、从黑格尔主义转向马克思主义时期（1918—1933）以及逐渐走向马克思主义时期（1933—1971）[②]；有主张分为四个阶段，美国学者罗伯特·戈尔曼主张划分为走向马克思主义之前的"浪漫主义的反资本主义时期"和走向马克思主义之后的先后三个阶段——救世主的革命的、斯大林主义阶段的，以及批判的改良主义的马克思主义[③]，却未给出确切的时间界限，中国学者俞吾金、陈学明则是提出分为前马克思主义阶段（1885—1918）、救世主式的"左"的马克思主义阶段（1919—1929）、斯大林主义阶段（1930—1945），以及批判的更新的马克思主义阶段（1945—1971）[④]；此外，还有五阶段划分法，美国学者弗雷德里克·詹姆逊提出划分为新康德时期、黑格尔时期、马克思主义时期、斯大林主义时期、新康德主义时期[⑤]，却并未给出准确的时间界限[⑥]。以上划分各有千秋，无论是将其划分为三个或者四个阶段，还是划分为五阶段，卢卡奇的马克思主义阶段始终是学者们都无法规避的一个焦点。总体而言，卢卡奇的思想可以其转向马克思主义为分水岭，分为走向马克思主义之前（1885—1914）和走向马克思主义阶段（1918—1971），若

---

① 另有译名"卢卡奇·捷尔吉""格奥尔格·卢卡奇""卢卡且""卢卡契"等，此文一律采"乔治·卢卡奇"的译名。

② 参见刘象愚《卢卡奇早期的美学思想》，《北京师范大学学报》1991年第1期。

③ 参见［美］罗伯特·戈尔曼《"新马克思主义"传记辞典》，赵培杰、李菱、邓玉庄译，重庆出版社1990年版，第540页。

④ 参见马驰《卢卡奇美学思想论纲》，东北师范大学出版社1997年版，第9页。

⑤ 参见［美］詹姆逊《马克思主义与形式》，上海外语教育出版社2009年版，第162页。

⑥ 美国学者詹姆逊在《马克思主义与形式》中关于卢卡奇的五阶段划分法，没有准确时间界限，马驰在《卢卡奇美学思想论纲》第9页，对此五阶段给出了明确的时间，即：新康德时期（1902—1906）、黑格尔时期（1906—1918）、马克思主义时期（1918—1933）、斯大林主义时期（1933—1956）、新康德主义时期（1945—1971）。

对后一阶段再予以细分,可分为马克思主义学徒期(1914—1929)和成熟的马克思主义时期(1930—1971)。如此划分,可呈现其基本的学术思想脉络,亦有助于发现、理解其人民性思想转向的全貌。卢卡奇的人民性转向,与其个人发展道路上的抉择紧密相关,经历了三个重要时期,先后呈现了他博采多元思想转向主攻马克思主义、跨越马克思主义学徒期步入人民性确立阶段,以及人民性由文艺理论转向哲学层面的特征。

第一节　博采多元思想转向主攻马克思主义

从开始关注人之存在的早期阶段,到逐渐发展为聚焦人民的解放、民主与自由之马克思主义学徒阶段,卢卡奇将理论研究融于历史进步、社会发展、政治革命的实践之中。

一、思想多元并存的早期阶段——开启关注人的存在

第一次世界大战以前,可谓卢卡奇思想的早期阶段。他的文艺思想之路始于对文学的热爱,童年时期,他便开始大量阅读《伊利亚特》《最后一个莫西干人》《莎士比亚故事集》《汤姆·索耶》和《赫克贝利·芬》等① 经典文本,广博的阅读使卢卡奇丰富了知识,开阔了视野,提升了对社会认知的广度与深度。15 岁时,卢卡奇便立志成为一名作家。中学时他为当时的《匈牙利沙龙》写剧评,还创作了不少剧本。不仅如此,随着对波德莱尔、魏尔伦、史文朋、易卜生、马克·吐温、托尔斯泰、左拉、霍普特曼等作家作品的深入阅读,从阅读中产生怀疑,卢卡奇开始反思当时社会的一些准则,由拒绝礼规发展至对社会的批判。如当时社会普遍认可"成功是行为正确的标准",卢卡奇已认识到其不足,"成功并不是什么标准,一个人没有获得成功,他的行为也可能是正确的"②。怀疑精神致使卢卡奇走向对自身文学创作的否定,形成了"衡量文学的秘密标准:凡是我自己能写出的,一定是坏的"③,他怀疑自己不是当作家的材料,决绝地将自己的剧本手稿全部焚毁。也正是这种怀疑与批判精神,加上对写作的热爱,促使卢卡奇开始对当时的文学

---

① 参见 [匈] 卢卡奇《卢卡奇自传》,杜章智编,李渚青、莫立知译,社会科学文献出版社 1986年版,第 53—54 页。

② [匈] 卢卡奇:《卢卡奇自传》,杜章智编,李渚青、莫立知译,社会科学文献出版社 1986年版,第 54 页。

③ [匈] 卢卡奇:《卢卡奇自传》,杜章智编,李渚青、莫立知译,社会科学文献出版社 1986年版,第 58 页。

批评发生兴趣。这便是卢卡奇从 15 岁到 18 岁时期的转变——舍弃自己的戏剧创作"这种幼稚的业余爱好"①,专心进行评论和理论学习。

18 岁以后,卢卡奇进入大学学习,致力于成为批评家、文学史家和理论家。在这一时期,卢卡奇的思想仍处于形成阶段,不稳定,多种思想复杂并存。他在布达佩斯大学初期学习法律和国民经济学,但由于对文学、艺术史以及哲学充满浓厚兴趣,后来改读哲学系(文学、艺术史和哲学)。卢卡奇同他人共同创建塔利亚剧团(1904—1908),组织演出易卜生、斯特林堡和霍普特曼等 27 位现代剧作家的 35 部作品,为撰著《现代戏剧发展史》打下了坚实基础。当时,卢卡奇没有受到当时热衷于激进派宣传的法国和实证主义的英国的重大影响,对德国却满怀希望,"怀着'成为德国文学史家'的目的两度赴柏林大学学习"②,在柏林大学听课时对文学史甚感失望,却深深为狄尔泰、席美尔的课所吸引,之后成为席美尔的弟子。卢卡奇接受狄尔泰所倡导的"返回事情自身"的理念,并深受后者总体性思想的触动与启发。这些理念为卢卡奇分析资本主义社会与文化提供了思路方法。席美尔《货币哲学》中提出的文化异化理论,给卢卡奇批判当时资产阶级文化以启迪,为其之后物化观念的形成提供了宝贵借鉴和参考依据。受狄尔泰和席美尔等人的影响,卢卡奇初步完成了《现代戏剧发展史》撰写和修改工作。1910 年冬,与恩斯特·布洛赫的相识相交,进一步促使卢卡奇走向哲学、美学道路的转变——"我的经历:一种古典风格的……哲学被布洛赫的人格证明是可行的,从而也成了我的生活道路"③。对此转向,卢卡奇曾坦言"要是没有布洛赫的影响,我是不是也会找到我通向哲学的道路。然而重要的是,这哲学肯定是在他推动下产生的"④。卢卡奇认为布洛赫的自然哲学是一种古老的、经典式的哲学,与之保持距离的同时亦对其怀有敬意。在布洛赫的影响下,卢卡奇从散文转向美学,开始向哲学本体论进发,不久又"从对审美因素作本体论的论证变为对它作形而上的批判"⑤,试图弄清并"解

①　[匈]卢卡奇:《卢卡奇自传》,杜章智编,李渚青、莫立知译,社会科学文献出版社 1986 年版,第 59 页。

②　宫敬才:《睿智圣殿的后裔:捷尔吉·卢卡奇》,河北大学出版社 1998 年版,第 3 页。

③　[匈]卢卡奇:《卢卡奇自传》,杜章智编,李渚青、莫立知译,社会科学文献出版社 1986 年版,第 24 页。

④　[匈]卢卡奇:《卢卡奇自传》,杜章智编,李渚青、莫立知译,社会科学文献出版社 1986 年版,第 25 页。

⑤　[匈]卢卡奇:《卢卡奇自传》,杜章智编,李渚青、莫立知译,社会科学文献出版社 1986 年版,第 25 页。

决'艺术作品存在着,它们是怎么可能'的问题"①,并计划撰写一部巨著《艺术哲学》(未完成)。在此期间,卢卡奇既大量阅读叔本华、尼采等人的哲学论著,为克尔凯郭尔的存在主义所吸引,又受到莱辛、席勒、歌德、《雅典神殿》浪漫主义等的强烈影响。②

由上可见,从卢卡奇步入大学至第一次世界大战爆发,他的思想是复杂的、多元的,既有狄尔泰的"总体性"思想与"返回事物自身",席美尔的社会学方法和文化思想的影响,尤其是席美尔的艺术社会性的观点,成为卢卡奇《现代戏剧发展史》的思想基础;有布洛赫哲学的影子,如试图探讨、解决艺术本体论存在问题的《艺术哲学》;又不乏浪漫主义、早期存在主义和生命哲学的印痕,如《心灵与形式》《论精神的贫困》。尽管这些思想内容为卢卡奇认识资本主义社会、政治与文化等提供了思想理论和方法,对于《现代戏剧发展史》《心灵与形式》《小说理论》等早期论著的形成起到了重要作用,然而,他早期的这些思想仍属于资产阶级范畴。不过,尤为值得称道的是,卢卡奇这一时期已经展露出对人、心灵、生活及命运等问题的求索,如在《现代戏剧发展史》《心灵与形式》中,卢卡奇通过对戏剧、论说文等文学形式的探讨,认为作为材料和形式的新生活,给人们带来了一种彻彻底底的形式分裂,"人类和命运的纯粹分离,在这一点上形式也同样遭遇到了危险。解决风格问题的唯一路径在于对命运问题的解决"③;思考表象与意义的二元论问题,探讨诗歌等艺术形式所聚集的立场观点,所赋予整个作品以总体性的世界观问题,认为世界观是化为心灵的一个事件、生活力量的动机,进而考问"什么是生活,什么是人,什么是命运"④问题。由于受克尔凯郭尔等人思想影响,卢卡奇的思考仍局限于人的个体层面,对作为群体性的人的阶级性与社会性问题的深入思考,是在第一次世界大战爆发后进入"马克思主义学徒时期"。

二、转向主攻马克思主义及原因

卢卡奇早期深受席美尔、狄尔泰、黑格尔等人的影响,思想虽复杂多元并存,却已开启关注人的存在;第一次世界大战之后,在彷徨和迷惘中,逐渐

---

① 宫敬才:《睿智圣殿的后裔:捷尔吉·卢卡奇》,河北大学出版社1998年版,第4页。

② 参见[匈]卢卡奇《卢卡奇自传》,杜章智编,李渚青、莫立知译,社会科学文献出版社1986年版,第20页。

③ [匈]卢卡奇:《卢卡奇论戏剧》,陈奇佳编,罗璇等译,北京师范大学出版社2014年版,第76页。

④ [匈]卢卡奇:《卢卡奇早期文选》,张亮、吴勇立译,南京大学出版社2004年版,第128页。

转向共产主义,步入马克思主义学徒期,

1. 转向马克思主义

值得注意的是,在早期阶段中,马克思主义已经是卢卡奇多元复杂思想中的一元,卢卡奇"既受到当时各种资产阶级思潮的影响,如新黑格尔主义、新康德主义、席美尔的文化哲学、马克斯·韦伯的社会学等等,同时也受到马克思主义的影响"[①]。其实早在中学毕业时,卢卡奇就接触到了马克思、恩格斯的一些著作,阅读到了《共产党宣言》,为他以后走向马克思主义提供了思想契机。当晚年回忆 1907 年 1 月完成《现代戏剧发展史》手稿,试图对当时自己的思想总结时,卢卡奇曾坦承"马克思的倾向明显地占中心地位"[②],然而,结合卢卡奇这一时期撰写的论著,不难发现,尽管此时卢卡奇拜读了马克思、恩格斯一些论著,但马克思主义在其思想中尚难达到处于中心地位的程度,结合卢卡奇的生平遭际,如此言论应属于他生存斗争的一种谋略,然而,从另一层面可以显示马克思主义对其影响的确已然存在。也正是由于马克思主义的持续影响,1908 年 2 月卢卡奇阅读《家庭、私有制和国家的起源》(恩格斯)、《路易·波拿巴的雾月十八日》(马克思),系统学习《资本论》(第 1 卷),卢卡奇意识到"这种钻研使我立即确信到马克思主义的一些基本观点的正确性"[③]。

然而,第一次世界大战和俄国十月革命的爆发促使卢卡奇的思想由多元并存逐渐转向马克思主义,步入马克思主义学徒期,促使卢卡奇思想的重点逐渐转移于无产阶级,直至人民性问题。

这一时期卢卡奇思想转向前后,明显的变化是其将马克思主义理论学习与匈牙利政治革命实践活动相结合。思想转向之前,卢卡奇主要处于求学阶段,极少从事革命实践活动,其论著通过对作家作品的探析,多关注人的命运及其出路。他的第一部文学批评著作《现代戏剧发展史》,聚焦于黑贝尔、易卜生、斯特林堡、霍普特曼等剧作家及其剧本,探讨悲剧及人的命运。卢卡奇认为,戏剧中的人物和事件具有普遍性与象征性,"出现在戏剧事件中的人物必然是人们(或者至少是某一类人)的代表和象征,发生在他身上的事件也必然意味着生活(更确切地说是这一类人的典型生活和他的

---

① 马驰:《卢卡奇美学思想论纲》,东北师范大学出版社 1997 年版,第 9 页。

② [匈] 卢卡奇:《卢卡奇自传》,杜章智编,李渚青、莫立知译,社会科学文献出版社 1986 年版,第 21 页。

③ [匈] 卢卡奇:《卢卡奇自传》,杜章智编,李渚青、莫立知译,社会科学文献出版社 1986 年版,第 210 页。

命运)"①，戏剧中的剑拔弩张、斗争象征着人类的生活，在这场斗争中，表现人与命运之间的关系，人终将走向毁灭的悲剧。然而，为什么会如此，始终是卢卡奇探讨和试图解答的一个重要问题。《心灵与形式》尽管渗透着一种非理性主义气息，然而文本通过对悲剧、神秘主义、自我主义、生命哲学与死亡哲学等内容的对比分析，指出"普通生命认为死是某种恐怖和无意义的事情；神秘主义把它说成是某种不真实的事情"②，认为悲剧中的死亡意识可以展现一种精神意识的觉醒，悲剧能够唤起观众对生命的真实感，观照人及其生命的存在。著于 1914—1915 年，在"对世界状况深感绝望的气氛"③中完成的《小说理论》，以颠覆性的思维突出了乌托邦式的希望与理想——"人应该具有的自然生活能够从资本主义的分裂中产生，也能从与这种分裂相一致的、无生命和敌视生命的社会和经济范畴的毁灭中一下子产生出来"④，从而构建一个崭新的世界。以上可见，卢卡奇早期的思想尽管多元并存，但亦具有理论上的共性——关注人的存在及其命运，批判资本主义社会。

　　身处于第一次世界大战阴云笼罩之下，卢卡奇在黑暗与绝望中摸索道路，探索出路，逐渐转向马克思主义，尽管是受黑格尔的影响而转向研究马克思，但他对马克思主义的吸收却是飞快的。事实上，早在《现代戏剧发展史》中，卢卡奇的思想已可见马克思主义精神之端倪。"卢卡契则将戏剧史纳入了一个历史系统，它大量借助于一种马克思主义阶级斗争的概念。在《现代戏剧发展史》里……有两次指名道姓提到马克思本人……他的整个思想观念显然脱胎于马克思主义……"⑤相比之下，他的《小说理论》以黑格尔的辩证法、历史性、总体性等为哲学起点，批判资本主义人性丧失的现状，"朝着马克思主义的辩证法迈进了一步"⑥。

　　关于卢卡奇转向前后思想延续性的问题，一直是学界探讨的重要内容。仔细研读他的论著可以发现，卢卡奇早期思想与后期其信奉马克思主

---

①　[匈] 卢卡奇：《卢卡奇论戏剧》，陈奇佳主编，罗璇等译，北京师范大学出版社 2014 年版，第 4 页。

②　[英] G.H.R. 帕金森：《格奥尔格·卢卡奇》，翁绍军译，上海人民出版社 1999 年版，第 34 页。

③　张西平：《卢卡奇》，湖南教育出版社 1999 年版，第 15 页。

④　[匈] 卢卡奇：《卢卡奇早期文选》，张亮、吴勇立译，南京大学出版社 2004 年版，第 XII 页。

⑤　[美] 雷纳·韦勒克：《近代文学批评史》第 7 卷 (修订版)，杨自伍译，上海译文出版社 2009 年版，第 380 页。

⑥　[美] 雷纳·韦勒克：《近代文学批评史》第 7 卷 (修订版)，杨自伍译，上海译文出版社 2009 年版，第 413 页。

义阶段的思想,存在有机联系且具有延续性。无论是转向前还是转向后,卢卡奇对人及其命运的关注是始终如一的,对资本主义批判的思想信念是始终未曾动摇的。第一次世界大战之后,卢卡奇对人及其命运的关注与思考,更多转移至人的社会性与阶级性存在层面;对资本主义制度、社会及文化等的批判,则由思想上富有浪漫色彩的乌托邦式的理论批判,转化成为具体的革命活动,推翻资本主义及一切反对势力的政治实践。卢卡奇早期多停留在理性批判层面,转向后则走上一条理论与实践相结合的道路。俄国十月革命使卢卡奇在黑暗与绝望中看到希望与方向,满怀热情投身于革命道路,加入共产党,但匈牙利苏维埃革命很快失败,他被迫流亡国外。1919—1922年间完成的论文集《历史与阶级意识》,是卢卡奇思想转向后的一部力作,更是其革命实践活动的总结与反思。《什么是正统马克思主义?》《历史唯物主义的功能变化》体现了卢卡奇对唯物主义辩证法、历史唯物主义的理解与认识,明确指出它们是无产阶级认识社会、改造世界、进行革命实践的强大武器和科学理论方法,尽管其中不乏唯心主义的成分。《阶级意识》《物化与无产阶级意识》充分显示了卢卡奇对资本主义商品拜物教的批判,人在社会中沦为无生命之物,而只有无产阶级阶级意识才能够同揭示社会本质相联系,实现理论与实践相统一,眼前利益与最终目标相统一,认识客体与主体相融合,将自身的阶级目标与社会的、客观的发展目标相统一,消除商品给人带来的异化,解放人和社会。《作为马克思主义者的罗莎·卢森堡》《对罗莎·卢森堡〈论俄国革命〉的批评意见》《合法性与非法性》《关于组织问题的方法论》展现了卢卡奇的思想"由邵波的无政府工团主义先转向卢森堡的革命的社会主义,而后再转向列宁主义"①的发展脉络,以及他对匈牙利苏维埃革命失败教训的总结,党的组织纪律与领导方法等内容的思考与探索。

2. 原因探析

第一次世界大战期间,卢卡奇思想由资产阶级向无产阶级的转变,是多个因素共同作用的结果。

首先,卢卡奇早期的部分思想,与其父对其人生的规划不无关联。19世纪的西欧,犹太教与基督教之间的文化差异、隔阂仍旧突出,反犹太主义与犹太复国主义、犹太民族主义并存,甚至在社会中出现冲突、暴力,犹太人受迫害成为当时历史社会的普遍问题。19世纪至20世纪初,"以父祖所

---

① ［英］盖欧尔格·里希特海姆:《卢卡奇》,王少军、晓莎译,中国社会科学出版社1989年版,第89页。

创造的财富为基础、倾向于摆脱犹太传统、面向西欧社会、谋求文化特别是人格基础的第二代和第三代犹太人,把精力主要倾注于子女教育方面,旨在培养和造就精神贵族"①,某种程度上已经成为犹太人的家庭文化和社会文化。卢卡奇的曾祖父是发迹的工场主,曾被册封为世袭贵族,之后虽家道没落,但犹太人的这种家庭与社会文化仍对后世子孙影响很大。卢卡奇父亲约瑟夫正是在这种文化影响下,尽管出身贫困,但经奋斗最终成为匈牙利最大银行的经理、董事,被册封为贵族,虽然如此,具有犹太血统的新兴资产阶级贵族在当时社会上并不那么被人尊敬,因此,其夙愿是使卢卡奇成为知识界的伟人、名人。为实现这一夙愿,赢得尊重,他曾邀马克斯·韦伯、托马斯·曼等人到布达佩斯访游,请当时的知名学者到家中作客、居住,"卢卡奇的思想最早是受了他父亲的各种安排所影响"②。

其次,卢卡奇本人的质疑、反抗气质,助推其批判精神的形成。母亲阿德尔是位说德语的奥地利人,虽嫁到匈牙利,却不谙匈牙利语。她以严厉苛责的家规训诫教导孩子,却对卢卡奇的哥哥明显偏爱,加之她性喜附庸风雅、将精力倾于社交,时常引起卢卡奇的不满和反抗,致使卢卡奇与母亲、哥哥的关系异常冷淡,内心产生了严重的疏离感。这种疏离感促使卢卡奇由最初的反抗家庭异化,发展为质疑社会礼规、习俗与准则,乃至发展为批判社会异化问题,穷其一生批判资本主义社会所造成的各种疏离现象和问题。他从小便拒绝社会礼规,怀疑并藐视自己所在贵族圈子的标准与权威,惯于站到弱者的一方思考问题和行动,有改变事物,改变旧的匈牙利封建制度的政治抱负。

再者,匈牙利当时国际与国内的社会历史语境,直接影响着卢卡奇的抉择。1867年匈牙利成为奥匈帝国的附庸国,复杂、尖锐的民族矛盾及落后的封建反动势力严重阻碍着匈牙利社会的进步,"20世纪初匈牙利的主要问题依然是社会的进步和民族的独立,进步的思想理论和文学运动肩负着向人民指明道路的任务"③,再加上当时社会上弥漫着反犹太人的风气,更加刺激了作为犹太人的卢卡奇对社会制度的不满与反抗,加深了他对社会上层与达官显贵的不满,乃至对整个匈牙利社会怀有激进的批判与反叛意识,"这种反抗情绪同样地从政治向文学等一切领域扩展"④。

再者,第一次世界大战是卢卡奇思想开始转向的一个极为重要的诱因

① [日]初见基:《卢卡奇——物象化》,范景武译,河北教育出版社2001年版,第16页。

② 谢胜义:《卢卡奇》,东大图书公司2000年版,第16页。

③ 张玉书:《二十世纪欧美文学史》,北京大学出版社1995年版,第338页。

④ [日]初见基:《卢卡奇——物象化》,范景武译,河北教育出版社2001年版,第21页。

和助推力。卢卡奇认为第一次世界大战破坏了正常的生存结构,是非人性的、反动的,是一场大屠杀,导致其身边许多亲友在战争中丧生,将人变成凶手、罪犯、牺牲品,因此他站在反对战争的一方,谴责战争。正因此,卢卡奇请当时是医生、后来成为存在主义大师的雅思贝尔斯为其伪造体检表,以达到拒服兵役的目的。他曾表示,战争使其早期的多元复杂思想"并没有继续下去:由于战争,社会提出了崭新的问题"①,多次谈到战争对其命运和思想转折的影响,使其由多元思想逐渐转向马克思主义②,由资产阶级知识分子转变成为共产主义信奉者,而他所讲的战争正是当时的第一次世界大战。第一次世界大战不仅导致卢卡奇身边许多亲友在战争中丧生,而且加剧了匈牙利国内外的各种矛盾和问题,这些因素使具有质疑、反抗精神的青年卢卡奇逐渐转向社会革命的道路。

此外,俄国十月社会主义革命的胜利是另一个重要且直接的促进因素。卢卡奇转向马克思主义是一个极其艰难、痛苦且复杂的历程,与当时战争这一外在诱因有着直接关系。第一次世界大战初期,卢卡奇对战争的决绝反对与严厉谴责,不是站在无产阶级反对帝国主义战争的立场,而是受费希特、马克斯·韦伯等人的西方资产阶级哲学思想的影响,认为"这是'绝对罪孽的时代'"。战争引发了卢卡奇思想的混乱,无产阶级的左翼伦理学同资产阶级的右翼认识论相结合,成为卢卡奇"这个时期所达到的马克思主义的特征"。③ 正是受这种折中的历史哲学的影响——既有马克斯·韦伯④、狄尔泰和席美尔等人的影响,具有鲜明的新康德主义思想印迹,又有马克思主义的影子——在思想的彷徨和对世界局势的永久绝望中,卢卡奇完成了《小说理论》的撰写。在这种思想的混乱与彷徨中,卢卡奇苦苦追寻解决问题的答案,后来如他所言"我从 1917 年的俄国革命找到了对我的问题的答案……我们当时共同的信念是必须拒绝对匈牙利反动派作任何让步"⑤。

① [匈] 卢卡奇:《卢卡奇自传》,杜章智编,李渚青、莫立知译,社会科学文献出版社 1986 年版,第 27 页。

② [匈] 卢卡奇:《卢卡奇自传》,杜章智编,李渚青、莫立知译,社会科学文献出版社 1986 年版,第 27—31 页。

③ [匈] 卢卡奇:《卢卡奇自传》,杜章智编,李渚青、莫立知译,社会科学文献出版社 1986 年版,第 29 页。

④ 1913 年,卢卡奇与马克斯·韦伯结识,之后成为著名的马克斯·韦伯集团的成员。受马克斯·韦伯的类型学影响,卢卡奇对小说的本质与小说性质的类型进行重新思考,并予以创造性研究,写下了对后世小说理论影响深远的《小说理论》。

⑤ [匈] 卢卡奇:《卢卡奇自传》,杜章智编,李渚青、莫立知译,社会科学文献出版社 1986 年版,第 84 页。

1917 年俄国十月革命,成为卢卡奇转向马克思主义这一思想抉择的直接推动力。他从俄国革命中看到希望,确定了自己的道路与方向,认为"只有俄国革命才真正打开了通向未来的窗户;沙皇的倒台,尤其是资本主义的崩溃,使我们见到曙光……看到了人类摆脱战争与资本主义制度的道路"[①],决心选择加入匈牙利共产党,选择一生坚守马克思主义。

1918 年 12 月卢卡奇加入匈牙利共产党,年终成为匈牙利共产党杂志《国际》编辑部成员,1919 年 2 月候补进入匈共中央委员会,之后参与领导了匈牙利革命。至此,卢卡奇实现了由"黑格尔主义者"[②]向共产主义者的转变,然而,这种转变却并非一蹴而就。他的真正的、强化的马克思主义学徒期是在 1919 年匈牙利革命失败后才逐步展开,开始学习并设法掌握真正按共产党人意义理解的马克思主义。[③]

第二节　跨越马克思主义学徒期步入人民性确立阶段

第一次世界大战期间,置身于资产阶级思想潮流之中的卢卡奇逐渐步入马克思主义学徒期,发现工人阶级的进步性与历史使命,从马克思、恩格斯、列宁等人的论著中发现人民性问题。

一、马克思主义学徒期

1919 年匈牙利革命失败后至 1922 年,卢卡奇流亡维也纳,继续从事革命实践活动的同时,总结社会主义实践惨痛的教训,深入钻研马克思和列宁的著作,积极探索社会主义理论和实践模式,先后撰写了八篇理论文章,1923 年结集成《历史与阶级意识》一书。"《历史与阶级意识》是卢卡奇早期向马克思主义转变中的一部过渡性的著作,包含着思想的不成熟性与两重性。"[④]无论各方的批评如何,今天看来,尽管其中不乏"左"的、激进的思想倾向,但其所提供的具有开创性的理论思考和批判质疑精神,永远是人类思想发展史中宝贵的财富。

---

①　[匈]卢卡奇:《历史与阶级意识》,杜章智、任立、燕宏远译,商务印书馆 1999 年版,第 4 页。

②　[英]盖欧尔格·里希特海姆:《卢卡奇》,王少军、晓莎译,中国社会科学出版社 1989 年版,第 20 页。

③　[匈]卢卡奇:《卢卡奇自传》,杜章智编,李渚青、莫立知译,社会科学文献出版社 1986 年版,第 92 页。

④　[匈]卢卡奇:《列宁——关于列宁思想统一性的研究》,张翼星译序,远流出版事业股份有限公司 1991 年版,第 2 页。

作为卢卡奇向马克思主义转变之理论表征的《历史与阶级意识》,不仅对辩证唯物主义的本质,历史唯物主义的功能与总体性等诸多极为重要的理论问题做了阐析,而且围绕何为马克思主义、无产阶级意识、物化问题、党的组织问题的方法论等时代性问题,提出了一些具有创建性的见解,并对第二国际中存在的僵化的、宿命论的思想观念予以清算。卢卡奇通过《历史与阶级意识》的理论探索,试图为无产阶级革命运动寻找道路,"达到真正革命的、共产主义的和马克思主义的立场"①的激进尝试。在他看来,历史是人类活动的产物,人类活动的对象不仅是自然,更是处于社会历史进程中的人或自然,面对人类历史发展中存在的一系列难题,马克思主义是化解难题的根本所在。他认为:"正统马克思主义并不意味着无批判地接受马克思研究的结果……马克思主义问题中的正统仅仅是指方法。它是这样一种科学的信念,即辩证的马克思主义是正确的研究方法。"②卢卡奇强调将唯物主义辩证法和革命实践相结合,深刻理解马克思的"'理论一经掌握群众,也会变成物质力量'的意义"③,认识到理论要掌握、说服群众,"更重要的是需要发现理论和掌握群众的方法中那些把理论、把辩证法变为革命工具的环节和规定性。还必须从方法以及方法与它的对象的关系中抽出理论的实际本质。否则'掌握群众'只能成为一句空话"④,他的总体性、物化、阶级意识等理论正是对这些环节和规定性或理论本质探讨的结果。卢卡奇进行这些理论尝试的出发点与落脚点之一,是为了使理论更好地服务于实践,服务于群众,因为他从马克思那里看到了理论与群众实践相统一的社会价值,看到了理论自身说服力的重要作用。卢卡奇多次提到"群众"这一概念,他的"群众"概念继承了马克思的观点,赞成马克思的不存在抽象的人的观点。⑤卢卡奇的"群众"概念可以从三个层面来理解。一是作为普遍意义存在的人的层面,"人应当意识到自己是社会的存在物,同时是社会历史

①　[匈]卢卡奇:《历史与阶级意识》,杜章智、任立、燕宏远译,商务印书馆1999年版,第41页。

②　[匈]卢卡奇:《历史与阶级意识》,杜章智、任立、燕宏远译,商务印书馆1999年版,第47—48页。

③　[匈]卢卡奇:《历史与阶级意识》,杜章智、任立、燕宏远译,商务印书馆1999年版,第48页。

④　[匈]卢卡奇:《历史与阶级意识》,杜章智、任立、燕宏远译,商务印书馆1999年版,第48页。

⑤　[匈]卢卡奇:《历史与阶级意识》,杜章智、任立、燕宏远译,商务印书馆1999年版,第285页。

过程的主体和客体"①,这个层面的"群众"涵盖了各个社会不同阶级的人。二是指资本主义社会中作为阶级存在的人,无产阶级和资产阶级都是"同样的",在社会生活的各个方面无不被异化、非人化了。"马克思说:'有产阶级和无产阶级同是人的自我异化。但有产阶级在这种自我异化中感到自己是被满足的和被巩固的,它把这种异化看作自身强大的证明,并在这种异化中获得人的生存的外观,而无产阶级在这种异化中则感到自己是被毁灭的,并在其中看到自己的无力和非人的生存的现实。'"② 三是指无产阶级——作为阶级存在并与资产阶级相对立。他在《历史与阶级意识》中之所以强调:"在资产阶级社会,只有资产阶级和无产阶级才是纯粹的阶级",是因为"其他阶级(如小资产阶级、农民)行动的动摇或者不可能取得什么有利于发展的成果……它们不是促进资本主义的发展,或者使资本主义的发展超越自身,而是使其倒退,或者至少也要使它得不到充分的发展"③。资产阶级统治只为实现少数人的利益,而无产阶级能够实现人类眼前利益和最终目标的统一,"无产阶级的自我认识同时也就是对社会本质的客观认识。追求无产阶级的阶级目标同时也就是意味着自觉地实现社会的、客观的发展目标"④。卢卡奇的"群众"概念,在理论方面涵盖了以上三个层面。然而在具体的革命实践中,他的"群众"则是侧重于作为阶级存在、与资产阶级相对立的无产阶级,而他所讲的无产阶级主要指的是工人阶级。在《物化和无产阶级意识》中,他批判无产者在资本社会所面临的异化现实时,几乎均是以工人阶级的现状为例进行剖析,无产阶级和工人阶级几乎成了一对可以互换的概念。在《组织问题的方法论》中,卢卡奇强调共产党与群众的关系,然而他所指的群众也多侧重于工人群众。《历史与阶级意识》的最后提出:"我们尽可能明确地认识这里作为觉悟工人的要求出现的这个原则:走向'自由王国'。正是因为共产党的产生只可能是有阶级觉悟的工人的有意识的成果,向正确认识跨出的每一步同时也是把这一认识变为现实的一步。"⑤ "有

---

① [匈] 卢卡奇:《历史与阶级意识》,杜章智、任立、燕宏远译,商务印书馆1999年版,第70页。

② [匈] 卢卡奇:《历史与阶级意识》,杜章智、任立、燕宏远译,商务印书馆1999年版,第233页。

③ [匈] 卢卡奇:《历史与阶级意识》,杜章智、任立、燕宏远译,商务印书馆1999年版,第118页。

④ [匈] 卢卡奇:《历史与阶级意识》,杜章智、任立、燕宏远译,商务印书馆1999年版,第232页。

⑤ [匈] 卢卡奇:《历史与阶级意识》,杜章智、任立、燕宏远译,商务印书馆1999年版,第441页。

阶级觉悟的工人"推动了共产党的产生,他们认识的进步有助于推进人类向"自由王国"的迈进。由此可见,卢卡奇强调理论与实践结合,理论与群众结合,他所强调的群众指的是工人——"有阶级觉悟的工人"。

从某种意义上讲,《历史与阶级意识》是卢卡奇对资本主义社会的批判由思想上的乌托邦主义转向具体革命实践的见证。该著的问世使卢卡奇蜚声世界,西方思想界对它赞誉有加,但在共产国际、马克思主义理论界也引起轩然大波、激烈争议。面对来自苏俄、共产国际,尤其是列宁对他的批评,卢卡奇反思、自我批评、不断学习,加强对列宁的思想和论著的深入学习,在列宁逝世后,创作并出版了标志其政治思想转变的又一论著《列宁》。在《列宁》一著中,卢卡奇继续把作为方法论的革命辩证作为马克思主义的重要内容,分析无产阶级阶级意识、主体的能动性、革命的现实问题、帝国主义、战争与国家等问题,将辩证法统一于理论与实践相结合的革命实践活动之中,某种程度上克服了以往唯心主义的、"左"的激进思想倾向,但由于其部分思想与第二国际相左,如辩证法、人本主义、列宁主义等问题,由于与斯大林的角度与观点迥然不同,再次引发各种批判。在《列宁》这一思想变化的背景下,1928年卢卡奇受匈共党中央委托起草的党纲《勃鲁姆提纲》[①],提出匈牙利革命的前景是工农民主专政[②],因提出与当时共产国际的无产阶级专政相异的政治革命策略,1929年被定性为右倾路线,受到匈牙利共产党内和共产国际等各方面的批判,几乎被开除党籍。受一系列批判的影响,卢卡奇认为自己不适合从事政治实践活动,决心退出政治舞台,进而专心从事理论研究活动。30年代后,卢卡奇长期旅居苏联,在马克思、恩格斯、列宁研究院等相关机构工作,从事俄文版《马克思恩格斯全集》、现实主义文论与美学等相关研究工作。

二、逐步转向人民问题

在马克思主义学徒期,在从事无产阶级革命实践的同时,卢卡奇深入探讨无产阶级、工人、群众等相关问题,政治理念由革命的"左"的具有激进浪漫色彩的无产阶级专政,转向工农民主专政,在思想转变的过程中逐渐发现并转向人民问题。

---

①　即《匈牙利政治经济形势以及匈牙利共产党任务的纲领》,是卢卡奇受匈牙利共产党中央委托起草的党中央第二次全国代表大会的报告,因当时卢卡奇的化名为"勃鲁姆"(Blum),故又称《勃鲁姆提纲》。

②　[匈]卢卡奇:《卢卡奇自传》,杜章智编,李渚青、莫立知译,社会科学文献出版社1986年版,第40页。

1. 转向人民问题

1924 年以前,卢卡奇对人民问题的认识是带有"左"倾色彩的,是模糊的。从上文分析中可以感知到,卢卡奇在《历史与阶级意识》中对"群众""无产阶级""工人阶级"的分析,它们之间还是存在着差异的,他虽作了一定区分,但却并不太明显,仅是略微涉及,尤其是与"人民"的概念,卢卡奇并未作更多相关论述,而且其中"群众"一词更多侧重的是工人阶级。尽管如此,此时"人民"概念亦开始在卢卡奇思想中渐趋频繁地显露端倪,这在马克思主义学徒期初期的论著中是非常罕见的。在《历史与阶级意识》中,卢卡奇已经提及"人民"的内容:在讨论总体的观点时,肯定了马克思对黑格尔"动摇于'伟大的个人'和抽象的人民精神之间"①观点的纠正;在提及民族问题时,对"殖民地和半殖民地人民的起义"②的支持与肯定;在谈论罗莎·卢森堡时,对"人民情绪"的提及,上述诸方面均在某种程度上显示了向"人民"转向的趋向。尽管如此,在《历史与阶级意识》中,卢卡奇的人民观念是模糊的,可以说尚未真正形成,除了论及"总体的观点""民族问题"及"罗莎·卢森堡"时提到"人民"的字眼外,"人民"一词极少出现,他更偏爱使用"工人""无产阶级""群众"等语词。之所以如此,是因为在此期间,卢卡奇受当时革命活动与激进思潮的影响,对马克思主义的认识尚存在偏颇和过激之处,他确信"暴力革命不仅对匈牙利,而且对全人类来说是摆脱当时困境的唯一出路"③。这种信念在《历史与阶级意识》中的言辞表达中可见一斑,表明阶级对立关系的词语常成对出现,两者对立却又相互依赖,如"工人"与"资本家","无产阶级"与"有产阶级"或"资产阶级",等等。对当时的卢卡奇而言,无产阶级基本上等同于工人阶级,无产阶级专政某种程度上被视为工人阶级的政权,因为"任何一次……无产阶级革命都产生了正在成长为国家机构的整个无产阶级的斗争机构,即工人委员会"④。他相信:"在资产阶级社会,只有资产阶级和无产阶级才是纯粹的阶级……其他阶级(如小资产阶级、农民)行动的动摇或者不可能取得什么有利于发展

---

① [匈]卢卡奇:《历史与阶级意识》,杜章智、任立、燕宏远译,商务印书馆 1999 年版,第79 页。

② [匈]卢卡奇:《历史与阶级意识》,杜章智、任立、燕宏远译,商务印书馆 1999 年版,第371 页。

③ [匈]伊·艾尔希:《卢卡契谈话录》,郑积耀、潘忠懿、戴继强译,上海译文出版社 1991 年版,第 70 页。

④ [匈]卢卡奇:《历史与阶级意识》,杜章智、任立、燕宏远译,商务印书馆 1999 年版,第144 页。

的成果的根子就在于,它们的存在不完全是以它们在资本主义生产过程中的地位为基础的,而是和等级社会的残余不可分割地联系在一起的。"① 在卢卡奇看来,只有无产阶级才能促进资本主义的发展,使后者超越自身,小资产阶级和农民使资本主义的发展倒退,或者至少是使其得不到充分的发展。他更多地将小资产阶级和农民合称为"群众"②,此外"群众"也包含无产阶级(工人)、小手工业者等广大群体,但他还是作了些许区分(或许是无意识之中),将无产阶级称为"广大无产阶级群众"③,而将整个社会群体称为"广大人民群众"④。"群众"一词,在当时的马克思主义者那里,更多的是一种泛称,是一个群体性称谓,指社会中的大多数,其阶级性远不及"无产阶级"一词。即便如此,卢卡奇亦极少使用"无产阶级群众"一词,"人民群众"一词出现则少之更少。从上不难发现,在《历史与阶级意识》中,卢卡奇对无产阶级的认识更偏重于工人阶级,对鲜明的阶级斗争予以突显,敌我分明。他本人也承认该书的错误在于将"革命的实践概念表现为一种夸张的高调"⑤,有唯心主义色彩,但却并未承认它背离马克思主义。这一倾向并非为卢卡奇所独有,而是当时苏俄无产阶级革命者思想中普遍存在的,更接近当时流行于共产主义中的"左派"思想——救世主式的乌托邦主义。

需要指出的是,卢卡奇以上对"人民"的涉及,基本上只是间接的一提而过,远未展开讨论。真正意义上的"人民"概念较早可见于卢卡奇1924年的《列宁》⑥,是他学习列宁思想理论,反思并总结《历史与阶级意识》的问题与不足之后,明确提出的。

面对来自各方关于《历史与阶级意识》的指责与批判,尤其是列宁对卢卡奇的批判,促使后者认真研读前者的文章(如《怎么办?》)。在列宁等马克思主义者影响之下,卢卡奇在分析研究俄国革命的过程中,看到了反抗

---

① [匈]卢卡奇:《历史与阶级意识》,杜章智、任立、燕宏远译,商务印书馆1999年版,第118页。

② [匈]卢卡奇:《历史与阶级意识》,杜章智、任立、燕宏远译,商务印书馆1999年版,第119页。

③ [匈]卢卡奇:《历史与阶级意识》,杜章智、任立、燕宏远译,商务印书馆1999年版,第360、363页。

④ [匈]卢卡奇:《历史与阶级意识》,杜章智、任立、燕宏远译,商务印书馆1999年版,第361页。

⑤ [匈]卢卡奇:《历史与阶级意识》,杜章智、任立、燕宏远译,商务印书馆1999年版,第12页。

⑥ 《列宁》,全名为《列宁——关于列宁思想统一性的研究》,1924年由劳动者书店出版,后来在维也纳由玛林柯出版社接办。

沙皇制度的同质力量——人民（尽管当时在俄国革命中仍是一个模糊的概念），明确提出"人民"问题，虽然其中关于"人民"的阶级划分并不明晰，却已明确指出革命者必须与人民相结合，必须代表人民的利益，是义不容辞的职责。① 此外，他还指出"无产阶级"这一概念虽然要同模糊的、"混沌"的"人民"概念② 在理论上相区别，但却不能与"人民"相决裂，强调"必须摒弃模糊的、抽象的'人民'概念，只有这样，革命的、有区分度的'人民'概念——一切受压迫者的革命同盟——才能够从对无产阶级革命条件的具体理解中发展出来"③，才能有助于无产阶级获得关于独立性与领导角色的认知，才能使无产阶级成为未来社会变革中的领导阶级。因为在卢卡奇看来，在俄国革命阶段，"人民"中是存在封建残余的，通过革命，要建立革命的、有区分度的"人民"概念，扫除"人民"中的封建残余，摒弃模糊的、抽象的"人民"概念。但可以清晰地看到，在《列宁》中，"人民"概念已具有"一切受压迫者的革命联盟"的思想雏形。同时，卢卡奇还强调："倘若无产阶级政党未能组织起来以确立正确的、合适的阶级政策，这些在革命形势中不断倍增的同盟者就不是支持革命，而是带来混乱，因为这些在社会上被压迫的阶层（农民、小资产阶级以及知识分子）自然不会与无产阶级争取相同的目标。"④ 不难看出，卢卡奇已经从之前的持有"左派"的具有激进色彩的纯粹无产阶级革命思想，逐渐转向对这一思想的批判，意识到革命必须联合无产阶级之外的社会上被压迫的各个阶层，认同列宁 1905 年业已形成的党组织思想——"依据无产阶级的阶级意识，最严格地挑选党组织成员，支持资本主义社会内所有被压迫者与被剥削者，并全面团结他们"⑤，消除一切乌托邦思想，使马克思的革命理想成为一种具体的实践。卢卡奇的这种当时被批判为"右倾"的倾向——无产阶级革命应联合一切被剥削者和被压迫者建立同盟，之后成为《勃鲁姆提纲》的思想基础。正是这一"右倾"思想促使卢卡奇在《勃鲁姆提纲》中提出工农民主专政的政治主张。在提纲中，卢

① Georg Lukács, *Lenin A Study on the Unity of His Thought*, London and New York：Verso，2009, pp.14-15.

② Georg Lukács, *Lenin A Study on the Unity of His Thought*, London and New York：Verso，2009, p.20.

③ Georg Lukács, *Lenin A Study on the Unity of His Thought*, London and New York：Verso，2009, pp.22-23.

④ Georg Lukács, *Lenin A Study on the Unity of His Thought*, London and New York：Verso，2009, p.30.

⑤ Georg Lukács, *Lenin A Study on the Unity of His Thought*, London and New York：Verso，2009, p.30.

卡奇指出匈牙利当时由反动政权直接过渡到无产阶级专政是不可能的,他提倡"工农民主专政",却因与共产国际和匈牙利共产党的无产阶级专政路线相悖,被批判为"右倾"。《勃鲁姆提纲》虽然使卢卡奇遭受来自各方面的严厉批判,使其不得不进行自我批评、反思,使其坚信自己缺乏政治才干,决心"退出现实政治的舞台,再次集中精力于理论活动"①,开始他人生的又一转折——将注意力由政治革命活动逐渐转移至理论研究方面,但其中的思想成为之后卢卡奇许多文学观点的直接来源,尤其"人民"的观念依然存留于他后来一系列研究工作之中,正如他所言"我世界观中的根本转变构成了勃鲁姆(Blum)提纲的基础……从那时起,这种转变就决定了我的全部理论和实践活动"②,其中的重要思想成为他理论发展(转向)的目标,这些思想的核心便是无产阶级联合一切同盟者,即列宁1905年所主张的把社会革命党人看作盟友,实现工农民主专政。此外,《布鲁姆提纲》的又一积极意义则在于意识形态的发展开拓了民主的方向,其中的科学性与历史意义亦为后来的革命实践所证明。

2. 原因探析

20世纪30年代,卢卡奇的人民性得以提出并确立,实现人民性转向。一方面,是由于他在共产国际和匈牙利共产党内备受批判的遭际,促使其转向理论研究;另一方面,与他深入学习马克思、恩格斯及列宁等人的文艺批评活动及理论,结合当时国际问题、匈牙利问题、人民运动,以及反对军国主义、法西斯主义等思潮,探索现实主义理论发展的思考有着直接的关系。这一阶段,卢卡奇思想由激进的"左"的革命浪漫色彩转向被批判为"右倾"的思想,由无产阶级专政发展为工农民主专政,逐渐转向人民问题,是一个复杂的思想转变,既有国际政治环境的影响,又有匈牙利革命形势的作用,同其本人的精神特质亦有着密切的联系。

国际形势的变化和整个无产阶级运动政治语境对卢卡奇思想变化起到一定潜移默化的作用。一方面,第一次世界大战带来的惨痛与灾难,加重了世界各国人民的苦难,加剧了各国国内的危机;另一方面,俄国十月革命改变了俄罗斯和世界历史的进程,为全世界饱受苦难与压迫的人们获得解放带来了无限可能,激励着世界各国被压迫者反抗剥削与压迫的决心和斗志。"列宁革命的成功以及苏维埃政权的诞生和发展,产生了巨大的吸引力

①　[匈]卢卡奇:《历史与阶级意识》,杜章智、任立、燕宏远译,商务印书馆1999年版,第28页。

②　[匈]卢卡奇:《历史与阶级意识》,杜章智、任立、燕宏远译,商务印书馆1999年版,第27页。

和剧变。列宁的成就在于他对卡尔·马克思理论的具体表述。俄国革命的出现是马克思'科学'预言实现的开始，即资本主义社会正走向不可避免的崩溃，而'无产阶级'，即迄今为止仍被剥削的工人将接管和没收剥削者的财产。穷人会继承这个世界，而不是下一个世界。这显然是一个令人陶醉的信息。当然，马克思在19世纪中叶便已写了他的巨著。对他的预言进行一些'调整'是必要的，以便与20世纪初的现实相一致。"①正是在这一背景下，世界各国工农运动纷纷爆发，如1918年芬兰人民起义、日本米粮暴动，1918—1919年德国革命，1919年匈牙利革命、中国五四运动，1919—1920年意大利工农运动，1923年保加利亚九月起义等。各国工农运动希望像俄国十月革命那样，推翻资本主义或封建统治，而且希望在短时间内取得革命的成功，在某种程度上表现出这一时期国际无产阶级运动具有的激进的、"左"的色彩。许多革命者从俄国1905年革命、1917年"二月革命""十月革命"的历史进程中得到启发与鼓舞，加上革命斗争形势的严峻与紧迫，使他们对马克思主义的学习与认知缺乏全面系统，在某种程度上也助长了这种"左倾"思想。作为匈牙利革命领导人之一的卢卡奇，作为年轻浪漫的革命家，无形之中难免受整个国际无产阶级革命形势与激进思想的影响。完成于1919—1922年间的《历史与阶级意识》，正是受这一时期革命浪潮及浪漫革命思想的影响，"由于过分相信国际无产阶级革命必然很快取得胜利"，才"一度采取左倾激进的立场"②，坚守无产阶级专政。

如果俄国十月革命的胜利所激起的世界范围革命热潮是促使卢卡奇《历史与阶级意识》采取"左倾"激进立场的重要因素，那么，匈牙利革命的失败及国内外局势是其思想由"左倾"转为右倾的不可忽视的作用力。1918年以前，匈牙利只是奥匈帝国的一个组成部分，受奥地利哈布斯堡王朝的统治，匈牙利劳动人民饱受奥地利统治阶级和匈牙利大地主大资产阶级的压迫，民族压迫、阶级压迫使匈牙利人民得不到任何自由与民主。第一次世界大战后，奥匈帝国瓦解，匈牙利获得独立，然而独立后的政府并未能妥善解决社会、领土及经济等问题。1919年3月匈牙利苏维埃共和国成立，由于法国、罗马尼亚、捷克斯洛伐克、南斯拉夫等国军事力量的干涉，以及匈牙利社会民主党人的投降、妥协，8月匈牙利苏维埃共和国覆灭。卢卡奇作为匈牙利共产党领导人参与了这场革命，革命失败后，先是转入地下进行革

---

① J. A. S. Grenville, *A History of the World from the 20th to the 21st Century*, London and New York：Routledge, 2005, p.100.

② [匈] 卢卡奇：《列宁——关于列宁思想统一性的研究》，张翼星译序，远流出版事业股份有限公司1991年版，第2页。

命活动,之后被迫流亡维也纳,继续秘密从事共产主义运动。在流亡生涯和革命斗争中,他逐渐意识到革命所面临各种反动势力的强大,以及以往自己曾坚守的"以救世主自居的宗派主义"[①]的无产阶级革命思想的错误所在,发现《勃鲁姆提纲》的理论基本点——"无产阶级革命和资产阶级革命之间,只要它是真正的革命,就没有隔着一堵万里长城"[②]。

此外,卢卡奇本人所具有的理性思考与怀疑批判精神是其发现人民问题的内在因素。他从小具备的反抗与批判气质同样推动着其革命思想的发展。在匈牙利苏维埃社会主义革命中,卢卡奇从反对战争、反抗充满非人性的资本主义社会的需要,深受列宁——"工人阶级应该抓住由战争提供的机会来推翻资本主义"[③]——的理论与实践的鼓舞,投身无产阶级革命,憎恨资本主义及一切形式,虽然思想具有激进的"左倾"色彩,然而已初步意识到"真正的革命变革必须得到革命的资产阶级分子的支持"[④],然而由于革命斗争与形势的严峻,这种思想萌芽并未完全凸显。在 1919 年匈牙利无产阶级专政期间,他同匈牙利共产党领袖库恩·贝拉关系已经恶化,革命失败、流亡维也纳后,深刻意识到库恩、共产国际及苏共领导人之一季诺维也夫等人的宗派主义、激进主义思想与宗派斗争的弊病。也正是在流亡期间,卢卡奇"才开始意识到列宁的真正理论意义"[⑤],加之他在早期求学期间,从狄尔泰、席美尔、康德、黑格尔等论著中获取的理性思维,尤其是对辩证法的重视,并将之与匈牙利革命实践相结合,反思苏维埃共和国失败的原因,重新思考库恩、季诺维也夫等人的无产阶级革命思想,从列宁的革命理论与实践中寻找出路,从俄国的革命实践中发现民主的思想,不能仅依靠"工人阶级",更要"在群众运动中动员广大人民",依靠人民的力量,建立"工农联合专政的共和国"[⑥],从而促进了自己思想向人民的转变。

---

① [匈] 卢卡奇:《卢卡奇自传》,杜章智编,李渚青、莫立知译,社会科学文献出版社 1986 年版,第 117 页。

② [匈] 卢卡奇:《卢卡奇自传》,杜章智编,李渚青、莫立知译,社会科学文献出版社 1986 年版,第 123 页。

③ [匈] 卢卡奇:《卢卡奇自传》,杜章智编,李渚青、莫立知译,社会科学文献出版社 1986 年版,第 90 页。

④ [匈] 卢卡奇:《卢卡奇自传》,杜章智编,李渚青、莫立知译,社会科学文献出版社 1986 年版,第 94 页。

⑤ [匈] 卢卡奇:《卢卡奇自传》,杜章智编,李渚青、莫立知译,社会科学文献出版社 1986 年版,第 91 页。

⑥ Georg Lukács, *Tactics and Ethics：1919—1929*, London and New York：Verso, 2014, pp.229-230.

正是以上多种因素的共同作用,卢卡奇的人民性思想由萌芽发展至确立,将无产阶级专政发展为工农民主专政,并在 30 年代提出人民性的文艺创作理念与实践原则。

第三节　人民性探讨的发展由文艺理论转向哲学层面

从 1918 年加入匈牙利共产党到 1928 年发表《勃鲁姆提纲》,再到 1930 年之后从事马克思主义理论研究,卢卡奇逐渐走向成熟,其思想所涉及的诸多方面,其中一个重要内容便是转向人民及人民性问题。30—40 年代,卢卡奇的人民性研究主要集中于现实主义文艺理论,50 年代以后,他的人民性思想由文艺理论领域最终转向哲学思考,致力于从马克思主义美学、哲学角度探索人及其社会存在问题。

一、转向现实主义文艺理论中的人民性研究

《勃鲁姆提纲》之后,卢卡奇几经波折——1930 年先由维也纳流亡至莫斯科,1931 年在柏林参加无产阶级革命作家联盟,1933 年之后长期旅居苏联,先后在共产主义研究院、苏联哲学研究所工作,系统学习马克思主义,进行马克思主义文艺理论研究工作,致力于《马克思恩格斯全集》(俄文版) 的编译,使其有机会读到当时尚未出版的《1844 年经济学哲学手稿》,将理论与实践相结合,深入思考现实主义理论、人民阵线、民主等问题,思想逐渐走向成熟。正是在这一阶段,卢卡奇更加细致、深入地研读马克思主义论著,将马克思主义的人学思想同当时社会时代、国际文化环境相结合,尤其是在同当时法西斯主义、军国主义等反动文艺的斗争过程中,写下了不少现实主义论著,不断凸显并确立自己的人民性思想。

1931—1933 年间,卢卡奇在柏林作为无产阶级批评家从事活动,运用马克思主义世界观思考文艺创作问题,尤其是文艺创作中的模仿,以及现实主义和自然主义的区别问题成为其注意的中心,运用唯物主义辩证法探讨文艺中的反映论问题。在《维利·布莱德尔的长篇小说》(1931—1932) 中,卢卡奇明确主张"把辩证法作为文学的原则"[①],作为无产阶级革命文学创作与评价的原则,强调"文学批评的任务是,通过在文学领域中运用唯物辩证法,帮助揭示出和解释清楚那些最符合阶级斗争问题的……创作方法,并

---

① [匈] 卢卡契:《卢卡契文学论文选:论德语文学》第 1 卷,范大灿编选,人民文学出版社 1986 年版,第 660 页。

使它们的文学效果得以实现"①,同时提出"群众批评"问题对于建立、发展和深化文学与群众、工人运动联系的必要性。在《荷尔德林的〈于沛里昂〉》(1934)一文中,卢卡奇借分析荷尔德林的"公民小说"《于沛里昂》,思考塑造理想公民的生活和命运问题,认为对人的塑造"不仅是心灵的,不仅是属于私人的,而且是直接属于大众的"②。在这一阶段,尽管卢卡奇逐渐退出政治革命道路,然而其关于社会发展与政治革命方面的思考非但并未停止,而且积极转向马克思主义理论层面,更加深入地探索人民及民主等问题,这可从他的现实主义理论中得以印证。为了将资产阶级、小资产阶级等最大限度地吸引到无产阶级革命之中,卢卡奇肯定历史上确实存在一种广阔而又伟大资产阶级文学,如巴尔扎克、霍普特曼、海涅等作家作品。

在相继探索文学的"群众批评""公民塑造"等问题之后,在《民族诗人海因里希·海涅》(1934)一文中,卢卡奇明确指出作为"资产阶级的最后一位伟大诗人"③的海涅,一生徘徊在资产阶级民主与无产阶级民主之间,其思想超越了资产阶级民主,满怀热情地向往社会主义的同时却又对无产阶级革命的实现感到惊恐、憎恶。得出以上结论的过程中,卢卡奇通过对海涅反资本主义的分析,看到后者已经意识到人民的处境悲惨,"无产阶级、平民、人民只是为异己阶级利益服务的炮灰,只是为异己的资产阶级利益服务的炮灰……人民就不是为他自己流血受难,而是为别人……人民为资产阶级战斗并取得胜利……通过这个胜利,人民一无所有……"④,进而讨论文学中的"人民"问题,指明海涅继承并发展了文学中的"人民性的平民性质"⑤,虽然带有浪漫主义倾向,这是卢卡奇首次正式提到"人民性"。继而卢卡奇探讨人民性的渊源问题,一方面是由于民族压迫,激起德国民众的民族运动、群众运动——德国反对拿破仑的民族运动,在这一运动中,虽然其中反动的因素占了主导地位,但它却是几个世纪以来第一次最深刻地唤醒了各阶层人民的一次民族的群众运动;另一方面是源于文学方面,人们通过

---

①　[匈] 卢卡契:《卢卡契文学论文选:论德语文学》第1卷,范大灿编选,人民文学出版社1986年版,第668页。

②　[匈] 卢卡契:《卢卡契文学论文选:论德语文学》第1卷,范大灿编选,人民文学出版社1986年版,第368页。

③　[匈] 卢卡契:《卢卡契文学论文选:论德语文学》第1卷,范大灿编选,人民文学出版社1986年版,第398页。

④　[匈] 卢卡契:《卢卡契文学论文选:论德语文学》第1卷,范大灿编选,人民文学出版社1986年版,第382—383页。

⑤　[匈] 卢卡契:《卢卡契文学论文选:论德语文学》第1卷,范大灿编选,人民文学出版社1986年版,第426页。

浪漫主义找寻到了"同人民性的平民传统的联系(如民歌、童话、民间传说等等)"①。卢卡奇还发现海涅不仅保护为人民而创作的平民作家,而且保护并弘扬文学中的平民因素,彰显了诗歌的人民性;认为"海涅的文学人民性的方向"②,善于将浪漫主义民间诗歌中的大众化的、平民民主因素,将人民性的、民主的文学传统,作为活的汲养成功地运用于创作实践,既同革命任务相结合,又消除了宗派主义色彩。

卢卡奇在对海涅的研究中,提出了文学人民性的问题,同时也意识到文学的人民性同各种论争、斗争是交织在一起的:海涅反对把德国的丑陋状态美化为田园牧歌的反动文艺,反对地方性的、狭隘的后期浪漫派,反对僵死的、非人民性的古典主义,反对任何形式抽象空洞的文学,提倡文学的人民性,捍卫文学的独立性,捍卫伟大文学的战斗权利。在卢卡奇看来,随着无产阶级阶级斗争的发展,伟大文学的战斗性是和人民性密不可分的,既有助于肃清文学领域的抽象形式主义偏见,亦有助于清除帝国主义文学形式束缚。正是海涅诗歌中的这种战斗性和人民性,使其成为无产阶级文学的一份极其伟大丰富的遗产。③

卢卡奇文艺思想中的人民性的确与战斗性密不可分。卢卡奇于《作为文艺理论家和文艺批评家的弗利德里希·恩格斯》(1935)一文开篇强调,"恩格斯在文学领域的活动始终是由无产阶级阶级斗争的伟大任务决定的"④,认为"正是由于马克思和恩格斯始终了解文学对于人类觉悟具有特别深远的影响,所以他们从未低估正确探讨文学和文艺理论的意义。文艺理论和文艺批评的工作,尽管在他们发展、巩固和捍卫经济、政治和世界观方面的无产阶级路线的全部工作中,始终只占一部分,然而却是一个重要的组成部分……与工人中的资产阶级思想残余,以及工人思想上的资产阶级化进行斗争……这是马克思和恩格斯的文艺批评活动的基本路线"⑤。卢卡奇看到了马克思和恩格斯对文艺理论和文艺批判的高度重视,清楚意识到恩格斯文章中坚定的民主倾向,这种倾向同对反动浪漫派的批判,对当时小

---

① [匈]卢卡契:《卢卡契文学论文选:论德语文学》第1卷,范大灿编选,人民文学出版社1986年版,第426页。

② [匈]卢卡契:《卢卡契文学论文选:论德语文学》第1卷,范大灿编选,人民文学出版社1986年版,第429页。

③ [匈]卢卡契:《卢卡契文学论文选:论德语文学》第1卷,范大灿编选,人民文学出版社1986年版,第442页。

④ 《卢卡契文学论文集》(一),中国社会科学出版社1980年版,第1页。

⑤ 《卢卡契文学论文集》(一),中国社会科学出版社1980年版,第2页。

资产阶级鄙俗习气的批判,对宗派主义和机会主义的批判,同提高工人阶级革命觉悟所进行的各种斗争是交织在一起的。卢卡奇认为恩格斯为文学批评确立的方向是与工人的资产阶级化进行坚决的斗争,认可恩格斯对玛·哈克奈斯《城市姑娘》的批评——其中的工人阶级是以消极的形象出现,缺乏积极能动的抗争,认可恩格斯对莎士比亚的评价——"莎士比亚是现实主义文学的最伟大的、望尘莫及的典范……在莎士比亚的作品中,人类活动的伟大的、永恒的、典型的主题与这种活动的最大限度的个性的具体化是结合在一起的"[1]。在恩格斯那里,莎士比亚所强调的"具体化"主要是指描绘社会的具体全貌,展现五光十色的平民社会,当然包括工人群众运动。从恩格斯的文艺批评实践中,卢卡奇看到文艺理论的人民性和战斗性表现在现实主义文学应当具有的党性和倾向性方面,表现在各种政治的、世界观的和方法论的观点斗争之中,与伟大现实主义文学的斗争传统是密不可分的。正是基于此理念,卢卡奇在《叙述与描写》(1936)中,为提倡伟大的现实主义文学,批判描写、观察与象征等写作方法具有非人的、僵化的、抽象化和图示化的特征,把人变成死的静物,是资本主义的残余,缩小了社会革命的变革过程;赞赏叙述这一创作方法能分清主次,是一种聚焦于人的命运以获得诗意的生命的创作方式,因而,他批判自然主义、表现主义、未来主义中的伪现实主义倾向,推崇司各特、巴尔扎克和托尔斯泰作品中伟大的现实主义精神。

通过对海涅、莎士比亚的研究,以及从马克思、恩格斯等人论著中汲取养分,卢卡奇发现并提出了文学的人民性问题。之后,在《人民性和真实的历史精神》(1937)中,他进一步正式明确了"人民性",并相继《帝国时期人道主义的抗议文学的一般特征》(1937)、《罗曼·罗兰的历史小说》(1937)、《现实主义辩》(1938)、《马克思和意识形态的衰落问题》(1938)、《俄罗斯现实主义在世界文学中的地位》(德文版第一版和第二版序)(1946)、《文学与民主》(1946)、《欧洲现实主义研究》(英文版序)(1948)、《我们的歌德》(1949)、《贝歇尔的诗歌》《1952》等论著中,详细探讨"人民性"的创作理念与实践原则,阐明其与人民阵线、与现实主义理论、与民主之间紧密复杂且统一的关系。文学的人民性要求从人民运动的历史真实出发,从人民出发来塑造形象,不仅是为了人民而描写人民的命运,而且应将人民本身置于作品的主要地位,直接且又典型地再现时代现实生活问题中人民的命运,实现个体性与普遍性的艺术融合,创作个人与社会历史命运最紧密结合的艺术

---

[1]　《卢卡契文学论文集》(一),中国社会科学出版社1980年版,第31页。

形象,同时将这些具有人民性的文艺创作与时代问题、人民意志及反法西斯主义相结合,从而增强人道主义精神、民主的精神。在卢卡奇看来,优秀的作家莫不如此,如司各特、普希金、列夫·托尔斯泰等,他们以"更深刻和更真实,更人性和具体的历史的方法,理解与描写了人民生活……布局与结构的古典形式恰好是为了把人民生活的本质、丰富性和复杂性明确地表现为历史上变迁的基础"①,实现文艺创作的人民性,必须克服自由主义、脱离人民的思想,因为艺术形式及内容的转变,首先主要是创作精神的转变,"主要是革命民主主义精神和重要的人道主义者代表人物同人民命运具体与内在的结合的精神即将取得的决定性的完满的胜利的必然结果"②。这一目标的实现,对卢卡奇而言,离不开三个关于创作实践的基本原则——人物形象的人民性、作家的客观性以及历史精神。这些原则,是卢卡奇结合马克思主义文艺思想,如恩格斯关于现实主义的典型性、真实性等理论,总结巴尔扎克、司汤达、托尔斯泰、高尔基等伟大作家的创作实践,立足于人民生活、时代问题与社会发展方向等而凝练提出的。至此阶段,卢卡奇文艺思想才完全实现人民性的转向,在对法西斯主义、军国主义的斗争过程中,在对各种文艺理论的探索与研究中,始终立足于马克思主义文艺理论实践,将唯物主义辩证法运用于解决社会的政治、经济与文化等问题的实践之中,运用于关于典型性与真实性、文艺创作方法、作家的主体性与世界观等意识形态问题的探讨中,逐步建构自己的庞杂却不失系统性的人民性思想。

二、人民性由文艺理论转向哲学层面

卢卡奇的人民性思想确立于20世纪30年代,强调文学的人民性与人民运动、现实主义理论的紧密关系,通过对诸多优秀作家作品的分析总结,以及与表现主义、自然主义等思潮的论争,显现出鲜明的战斗性、党性、倾向性、阶级性等色彩。20世纪50年代直至卢卡奇去世,这些色彩稍显淡化,他对人民性的追求与探索却并未停止,而是渐渐转向深层次的美学、哲学领域,他的《理性的毁灭》《审美特性》《关于社会存在的本体论》便是很好的例证。

1. 哲学层面的人民性研究

对人民与民主等问题的思考,卢卡奇将之由具体的文艺创作实践过程,提升至人类发展的问题,将之融入社会存在与社会意识的关系中,加以

---

① 《卢卡契文学论文集》(一),中国社会科学出版社1980年版,第150页。
② 《卢卡契文学论文集》(一),中国社会科学出版社1980年版,第154—155页。

聚焦并深入的思想,《理想的毁灭》便是其探索与思考的一部理论化的结晶。《理性的毁灭》完成于 1952 年,是卢卡奇在第二次世界大战结束之后,反思、清算法西斯主义的理论及其思想前驱的产物。他站在总体论的角度,审视欧洲历史人类思想发展的进程,尤其是将理性主义与非理性主义两大思想的整体考察,摆脱以往唯心主义与唯物主义之辩的束缚,从人类民主与自由发展的立场进行重新思考,大胆地将辩证法与形而上学观念的对立、唯物主义与唯心主义的对立、共产主义与法西斯主义的对立、无产阶级与资产阶级的对立,归纳为理性与非理性哲学之间的对立,尽管在方法与理论方面存在某些片面与过激,受到批判,然而其核心旨在清算共产主义发展道路上的各种落后、反动思想,探讨民主与反民主的思想冲突问题,着重强调"思想必须公开地以'人类'、'人民'、'民族'、'未来'、'上帝'、'命运'等的名义来说话"[1],科学、理性的思想应该也"只能产生于人民的真正存在着的信念和情感"[2] 之中,为人民走上自由、民主与和平的发展道路扫除思想障碍。"卢卡奇《理性的毁灭》打中了资产阶级哲学的要害,资产阶级哲学家大多数对此噤若寒蝉,保持沉默,妄图用沉默来窒息这部巨著。但是它在资产阶级进步作家和马克思主义者中间已经引起强烈反响,产生了广泛而深刻的影响,并且正在更加深入人心,成为全世界人民捍卫人类理性、保卫世界和平的理论支柱。"[3] 从根本上讲,《理性的毁灭》坚守历史发展的乐观态度,坚信共产主义的发展道路,清算非理性主义思潮的思想文化根源与社会阶级根源,指出其方法论上的错误在于摒弃辩证法,从而肯定以辩证法的角度发扬理性精神,建构人类的民主、自由、平等与发展。

如果说《理性的毁灭》是从哲学的层面,从批判、清算非理性主义思想根源的视角为人、人民的发展提供思想、理论与方法论的保障,那么《审美特性》则是将这种理性思想,融入马克思主义哲学与美学,建构人的主体性以及人之精神领域与社会领域的平等、自由与民主等相关问题。《审美特性》(1963) 以马克思主义美学为基础,探讨将人民民主的思想转向美学领域,转向对人的主体性的研究,重点关注人的认识能力与审美能力问题,尝试建立一种马克思主义美学体系。他从审美发生的逻辑起点,考察艺术与

---

[1]　[匈] 卢卡奇:《理性的毁灭》,王玖兴、程志民、谢地坤等译,江苏教育出版社 2005 年版,第 522 页。

[2]　[匈] 卢卡奇:《理性的毁灭》,王玖兴、程志民、谢地坤等译,江苏教育出版社 2005 年版,第 531 页。

[3]　[匈] 卢卡奇:《理性的毁灭》,王玖兴、程志民、谢地坤等译引言,江苏教育出版社 2005 年版,第 12 页。

审美的起源问题,以人类原始日常生活、日常思维作为考察对象,探讨主体性、客体性及劳动的各自特性与作用,及其相互之间复杂的辩证关系,通过对物化、异化及对象化等问题的研究,强调"审美反映的深刻的生活真理在于,这种反映总是以人类的命运为目标,人类决不能与构成它的个体相脱离,由审美反映绝不能构成与人类无关存在着的实体。审美反映是以个体和个体命运的形式来表现人类"①。尽管更多停留在人的主体性层面,但这部论著立足于"意识形态的斗争现在越来越集中在伦理观念本身及其与政治的联系的各种理解上"②,闪耀着人道主义及民主思想的光辉。尤其是最后一章"艺术的解放斗争",致力于"人及人的命运怎样被反映并相应地被塑造"③,探寻艺术与人在现实生活中的取向之间的关系,认为艺术的解放斗争,与它的宗教的、世界观的特性密不可分,社会主义能实现人的解放之路关键在于其劳动对于自由时间的富有意义的充分利用,强调发挥艺术反拜物化作用的解放力,以艺术的解放特性来对抗、消除各种对人的异化。而后,卢卡奇中断了三卷本《美学》(仅完成第一卷《审美特性》)的创作,开始《关于社会存在本体论》(未竟之作)的撰写工作,转向本体论研究,力图构建马克思主义的本体论。该著是他对其一生斗争和社会时代问题之思考与总结的凝结,其中不乏人民性思想的内容。在他早期对戏剧批评中,便有以本体论来解决社会问题与历史危机的尝试,只是"一方面重构本体论,另一方面立足于历史经验维度,但是这两者最终只是汇聚、综合,不能形成内在统一的概念"④。

《审美特性》和《关于社会存在的本体论》既是卢卡奇马克思主义美学思想的理论凝结与提升,更是其对马克思主义哲学深入思考的思想结晶。前者多侧重于马克思主义美学体系建设,后者则更倾力于马克思主义本体论的建构。在《关于社会存在本体论》中,卢卡奇将对人及其对象的存在——人之生物学意义上的存在以及囊括无机自然界内部与外部的社会存在等内容,提升至马克思主义本体论,剖析黑格尔的辩证法与存在哲学,批判、借鉴并发展马克思本体论中的一些基本原则,聚焦劳动及其社会存在问题,既立足人类存在与社会发展中的问题,又能进行理论化的提升,通过对拜物教现象的社会批判,对异化问题的进一步深入探索,上升到马克思主义的任务上来,正如他晚年所言"我们的任务,即马克思主义者的任务应该是

---

① [匈]卢卡奇:《审美特性》(上),徐恒醇译,社会科学文献出版社 2015 年版,第 149 页。

② [俄]别索诺夫、纳尔斯基:《卢卡奇》,李尚德译,黑龙江人民出版社 2003 年版,第 131。

③ [匈]卢卡奇:《审美特性》(下),徐恒醇译,社会科学文献出版社 2015 年版,第 1126 页。

④ 傅其林:《论东欧新马克思主义戏剧批评》,《中国人民大学学报》2016 年第 3 期。

把人民的思想从这种拜物教的命定论中解放出来……把人的改造看成马克思主义的中心任务将意味着马克思主义的一个崭新阶段"①,反抗商品的、技术的、文化的、经济以及政治的等各种层面的操纵,并从世界的本体论与认识的本体论等层面加以深入揭示,使人民获得并非停留于纸上而是既成事实的民主与自由。卢卡奇指出,作为类属性的人之发展,对其本体论的决定性寻求,是真正实现了的社会主义、共产主义,实现个体与类的统一,"才能以完全发展了的人格成为人,成为真实历史的积极主体"②,从而为克服乌托邦的局限、实现"自由王国"奠定必要的基本前提。

2. 原因探析

第二次世界大战结束以后,尤其是50年代以后,卢卡奇文艺思想中关于人民性的主张呈现出淡化趋势,人民性研究重心由现实主义理论领域转向美学领域,终至哲学领域,与这一时期时代局势发展、政治阶级矛盾变化和个人精神理想等因素的作用有着紧密的联系。

首先,与时代局势和政治阶级矛盾的变化有着千丝万缕的关联。从20世纪30年代至第二次世界大战结束,世界各国陆续被卷入战争,整个世界局势陷入反法西斯主义的浪潮之中,国际主要政治矛盾是同盟国与轴心国之间、世界反法西斯力量与法西斯主义之间的矛盾。各种政治、经济、文化、教育等都要服从、服务于这一大局,文学亦不例外。卢卡奇坚守创作的人民性原则,推崇现实主义创作手法——叙述,强调典型与真实性,突出作家创作手法与创作内容背后所隐藏的阶级属性、世界观与意识形态性,从此立场,他批判自然主义、表现主义等现代主义文艺创作思潮,推崇具有人民性、真实性、典型性、阶级性等特质的伟大现实主义传统,写下了一批具有论战性的现实主义文艺论著,尽管其中不乏指向斯大林专制、官僚主义等方面的内容,但因战争与国际政治局势的紧张,其思想适应时代政治与阶级斗争发展的需要,再加上其国际声誉及世界性的影响力,他虽屡遭批判,却还能保全其人身安全与言论的自由。进入40年代以后,随着第二次世界大战的局势逐渐转向有利于同盟国的方向发展,以及斯大林及其政治势力与影响在苏联国内及共产国际地位的进一步稳固、加强,卢卡奇围绕世界观、党性、人民等问题发表的一系列文章,针对斯大林主义及专制体制的批判已逐渐不能为苏联当局所容忍,尤其是《人民领袖还是官僚主义者》(1940)一文,对斯大林时期官僚主义极为尖锐的揭露批判,引起当局的极度不满与仇恨,致

---

① [匈]平库斯:《卢卡契谈话录》,龙育群、陈刚译,湖南文艺出版社1991年版,第49页。
② [匈]卢卡奇:《社会存在本体论导论》,沈耕、毛怡红等译,华夏出版社1989年版,第70页。

使他 1941 年被捕入狱两月,后经季米特洛夫等人的积极营救才得以获释。第二次世界大战结束后,随着世界政治格局的变化,国际政治关系主要矛盾逐渐变为东西两大阵营——社会主义阵营与资本主义阵营之间的矛盾,这在某种程度上也影响卢卡奇的理论研究的内容变化,潜移默化地促使其走上对马克思主义美学、哲学之本体问题探索的道路。

　　其次,与卢卡奇屡遭被批判的遭遇有着必然的联系,使其不得不游走于政治与学术之间的道路,直至其退出政治实践活动,走向马克思主义美学、哲学研究。尽管屡遭批判,却不希望像科尔施等人那样被开除出共产党,卢卡奇满怀对共产主义的信念坚定,又不得不在信仰与斗争中徘徊、摸索,寻求其新的发展路径。1944 年后他逃离苏联返回匈牙利,1945 年担任匈牙利国会议员。"自从 1949 年夏天转变成为苏联模式的共产主义国家以来,匈牙利在第一书记斯大林主义者拉科西·马加什(Mátyás Rákosi)的铁腕统治下备受影响。"①1949 年,匈牙利思想文化领域掀起了一场"卢卡奇辩论",全国各报刊展开对他的批判,持续时间长达两年,卢卡奇不得不做自我批判,并再次退出政治活动。几乎与此同时,他的《青年黑格尔》(1948) 和《理性的毁灭》(1954) 再度引起激烈争论,遭遇批判,卢卡奇不得不再次进行反省与自我批评。1956 年,在由于受到苏联军事干预而平息的匈牙利革命中,卢卡奇因担任临时政府文化部长被驱逐到罗马尼亚,直至 1957 年才重返布达佩斯。这些坎坷遭遇,一次又一次受到批判,使卢卡奇从现实主义理论,由各种有关现实主义的论争,逐渐转移至美学,最终转向哲学本体论的研究,其直至晚年终于意识到"我只是一个哲学家而非政治家"②。此外,卢卡奇的这一转向亦可谓其自身的精神特质使然。他富有崇尚自由、善思、质疑与反抗特质,博览群书,偏爱席美尔、狄尔泰、韦伯、黑格尔等人,选择马克思主义道路以来,其深入探讨人及其存在问题的过程中,始终未曾脱离对美学与哲学的浓厚兴趣,他在晚年转向进行美学、哲学方面建构的抉择,坚称自己"不是诗人。只是哲学家"③,仍是希冀以一般本体论为基础,探讨实践论、目的论、劳动论等问题,从而捍卫、复兴马克思主义。

　　可见,卢卡奇人民性思想的形成与发展,前后经历了三次重要转向。20世纪 20 年代以前,卢卡奇明显受席美尔、狄尔泰、马克斯·韦伯、康德和黑

---

① J. A. S. Grenville, *A History of the World from the 20th to the 21st Century*, London and New York: Routledge, 2005, p.479.

② [匈]平库斯:《卢卡契谈话录》,龙育群、陈刚译,湖南文艺出版社 1991 年版,第 80 页。

③ [匈]卢卡奇:《卢卡奇自传》,杜章智编,李渚青、莫立知译,社会科学文献出版社 1986 年版,第 13 页。

格尔等人的影响,其思想复杂、多元并存,对人及其生命存在问题的思考仍多局限于个体层面,尚缺乏对作为群体性的人的阶级属性和社会属性层面的深入思考。面对第一次世界大战与俄国十月革命的冲击与影响,卢卡奇在矛盾与迷惘之中,尽管仍带有新康德主义和黑格尔主义思想的明显印痕,然而,在关于马克思主义的学习与革命实践中,其思想已逐渐转向马克思主义,逐步聚焦人民问题,实现其从博采多元思想到转向主攻马克思主义的转变。20 年代后期至 30 年代后,在同当时各种批评声、反动势力与思想的博弈中,卢卡奇重新思考自己的人学思想,与时代发展相结合,逐渐提出并形成了独特的人民性思想,在无产阶级革命与文艺运动的实践中,继承并发展了社会主义现实主义文艺理论,完成由跨越马克思主义学徒期步入人民性确立阶段的转变。50 年代以后,受国际政治语境、匈牙利国内环境及个人遭遇及心境的影响,他将人民性的探讨由文艺理论发展至马克思主义美学领域,最后提升至哲学理论层面。这些"转向"的产生是其个人精神特质、理想追求,以及国际环境变化、历史发展与社会进步共同作用的结果。不难发现,卢卡奇文艺思想摆脱资产阶级立场逐渐转向马克思主义,实现人民性转向。人民性思想从无到有,由隐至显,既是其在个人发展道路上几经抉择的结果,亦体现了社会进步与历史发展的必然。

卢卡奇的人民性思想,融合了他的革命实践经验与相关理论研究,是在匈牙利和国际无产阶级革命实践不断发展的过程中,融入其关于异化、现实主义文艺理论、美学、社会存在本体、民主等理论问题的思考,最终形成的。他的人民性思想既是其无产阶级文艺实践的出发点和落脚点,又是统摄、整合、凝聚其相关理论的产物。追溯这条曾为历史车轮碾轧的崎岖旅途,探寻卢卡奇与时代车辙时而交错时而相叠的串串足印,驻足于一个个拐点,审视他所面临过的抉择,悉心聆听犹闻"人民性"渐渐显现的强音,震荡起伏,如潮头般由远及近。因此,厘清卢卡奇文艺思想中的人民性转向问题,不仅对于我们全面深入理解卢卡奇及其对马克思主义文艺理论发展所作的贡献,有着宝贵的理论价值,而且对于今天科学认识马克思主义有关人的自由全面发展的问题,富有重要的现实意义与启示价值。今天,若用唯心主义或唯物主义、资产阶级思想或无产阶级思想、马克思主义或非马克思主义思想,来评判卢卡奇的人民性思想或民主思想,势必将简化其思想内涵,从而致使其中丰富且宝贵的思想价值更加难以被厘清和发掘。卢卡奇人民性思想较早地提出工农民主专政、人民民主专政的思想,所具有的战斗性、阶级性、党性和倾向性等,有利于保障并增强人民民主专政的思想意识;它富有浓郁的主张和平、反拜物教、反对各种操纵、消除异化的思想,有助于更好地保障人民的自由和民主;它所追求的和平理想,对战争的反思以及对人类命运的关注,对"构建人类命运共同体,建设持久和平、普遍安全、共同繁荣、开放包容、清洁美丽的世界"①,时至今日,对于我们建设发展人民民主专政的社会主义国家,仍不失借鉴与启示作用。正如习近平同志所再次强调的,我国的一切权力属于人民,人民"不是抽象的符号,而是一个一个具体的人"②,我国所倡导的"社会主义民主是维护人民根本利益的最广泛、最真实、最管用的民主"③,因此,文艺的人民性应是将这种有爱有恨的、有血有肉的、充满着矛盾与冲突的"具体的人"的世界真实地加以反映,以精湛的艺术形式,表达广大人民群众对民主、和平、安全与健康等方面的渴求,充分呈现出为人民创作、以人民为中心、植根于人民、服务于人民的艺术特性。在此,对卢卡奇人民性转向进行梳理与探究,挖掘其中宝贵的人民性思想,对于深刻理解与科学把握当今中国的文艺方向——"文艺与人民的关系,重申文艺创作的人民取向,定位文艺发展的人民坐标,强调坚持以人民为中心的创作导向"④,极具理论价值和时代意义。深入探析卢卡奇人民性思想与当前中国所需的优秀文化成果之间的精神契合点,将之引种至中华文化孕育着伟大复兴的崭新沃土,亦将有望其沐浴东方的煦风枝繁叶茂,收获更为丰硕的精神文化果实。

---

① 习近平:《决胜全面建成小康社会　夺取新时代中国特色社会主义伟大胜利——在中国共产党第十九次全国代表大会上的报告》,人民出版社 2017 年版,第 58 页。

② 中共中央宣传部:《习近平总书记在文艺工作座谈会上的重要讲话学习读本》,学习出版社 2015 年版,第 19 页。

③ 习近平:《决胜全面建成小康社会　夺取新时代中国特色社会主义伟大胜利——在中国共产党第十九次全国代表大会上的报告》,人民出版社 2017 年版,第 35—36 页。

④ 中共中央宣传部:《习近平总书记在文艺工作座谈会上的重要讲话学习读本》,学习出版社 2015 年版,第 54 页。

第二章　卢卡奇人民性的思想资源

卢卡奇从早期的新康德主义和黑格尔主义时期,经第一次世界大战的洗礼,逐渐转向马克思主义,至 20 世纪 30 年代逐渐提出并形成自己的人民性思想。人民性思想在卢卡奇一生思想中尽管未能系统加以阐明,却理论色彩鲜明,构成了其人学思想的一个重要组成部分。纵观卢卡奇的一生,尤其是从他的 18 部重要论著——《现代戏剧社会学》《心灵与形式》《小说理论》《历史与阶级意识》《评论和文章》《列宁》《〈历史与阶级意识〉之辩》《策略与伦理(1919—1929)》《历史小说》《欧洲现实主义研究》《歌德与他的时代》《作家与批评家》《青年黑格尔》《人民民主文化》《理性的毁灭》《托马斯·曼研究论集》《索尔仁尼琴》《社会存在本体论》中,可以清楚地看到,其理论的形成发展,与其丰富的思想资源有着密切关联。卢卡奇的人民性思想,不仅有莎士比亚、巴尔扎克、高尔基、海涅等伟大作家的影响,而且与席美尔、狄尔泰、黑格尔、马克斯·韦伯、马克思、恩格斯、列宁等人的思想,亦有着直接的联系。

第一节　不同历史阶段的思想来源

乔治·卢卡奇从早期的新康德主义和黑格尔主义时期,经第一次世界大战的洗礼,逐渐转向马克思主义,至 20 世纪 30 年代前后逐渐提出并形成自己的人民性思想。人民性思想在卢卡奇一生思想中尽管未能系统加以阐明,却富有战斗性,理论色彩鲜明,构成了其人学思想的一个重要内容。纵观卢卡奇的一生,不难发现,其人民性思想的形成,与其丰富的思想资源有着密切关联。

卢卡奇人民性思想有着丰富的思想资源,学界关于卢卡奇思想资源问题探讨的贡献有以下几个方面。1. 探析卢卡奇中介范畴的思想来源,认为卢卡奇的中介范畴继承并发展了"黑格尔的自我意识理论、卢森堡的总体性方法、列宁的唯物主义认识论和实践辩证法、马克思的历史辩证法"[①],指

---

① 韦增勇:《卢卡奇中介范畴的理论来源探讨》,广州大学 2013 年硕士学位论文。

出卢卡奇的作为无产阶级阶级意识的方法论本质的中介是黑格尔的①。2.厘清卢卡奇物化理论的思想来源,指出"卢卡奇物化思想直接的理论来源无疑是马克思主义,而从更深更广的来源分析,卢卡奇物化思想还受到狄尔泰、席美尔、马克斯·韦伯、黑格尔思想的影响"②;同时,探析韦伯的"理性化"思想,尤其是韦伯涉及经济、政治、文化及个体等各个层次的"工具理性化"对卢卡奇"物化"理论的影响③,以及卢卡奇物化理论对韦伯合理性理论的继承、批判与超越④;此外,学界不仅探讨卢卡奇物化理论与马克斯·韦伯合理性理论之间的内在逻辑关联,而且明确其物化理论是从马克思对资本主义商品拜物教的批判和韦伯资本主义合理性原则演化而来,并探究其根源问题。⑤ 3.对卢卡奇所受席美尔、狄尔泰、黑格尔、马克斯·韦伯、马克思、恩格斯、列宁等人思想的影响研究,虽已为学界认可,但这方面的研究仍有待进一步的细化与深入,尤其是卢卡奇与黑格尔、马克思的关系问题,主张从马克思的棱镜来细化卢卡奇的思想与德国古典哲学,尤其是与黑格尔哲学的渊源研究⑥,深化对卢卡奇思想来源的认知。以上研究对卢卡奇中介范畴、物化理论等思想的来源作了极具贡献的探索,为今后这一领域的研究指明了方向,奠定了基础,但研究也存在停留于探索其思想某一领域的局限,缺乏从卢卡奇一生主要论著出发,在整体上对其走向马克思主义的思想资源进行较为科学的数据化的分析与研究。

　　为了进一步厘清卢卡奇在走向马克思主义过程中与其所钟爱的作家、理论家之间的渊源问题,我们采取科学的数据化的方式,通过对其不同阶段具有代表性的论著中涉及的作家与理论家作了耙梳式的量化检索。根据卢卡奇在《现代戏剧社会学》《心灵与形式》《小说理论》《历史与阶级意识》《欧洲现实主义研究》《历史小说》《理性的毁灭》《社会存在本体论》等这

---

① 参见韦增勇《浅论早年卢卡奇中介范畴的黑格尔来源》,《佳木斯教育学院学报》2012 年第 9 期。

② 梁涛:《卢卡奇物化思想的来源分析》,《网络财富》2010 年第 24 期。

③ 参见单峥《马克斯·韦伯的文化社会学对卢卡奇美学思想的影响》,哈尔滨师范大学 2011年硕士学位论文。

④ 参见马轻轻《论韦伯合理性理论对卢卡奇物化理论的影响》,上海师范大学 2014 年硕士学位论文。

⑤ 参见杨琴冬子《超越"合理性"的铁笼——重审马克斯·韦伯对卢卡奇物化理论的影响》,《新疆大学学报》(哲学·人文社会科学版) 2016 年第 1 期。

⑥ 参见闫良础《卢卡奇思想来源向度辨析——兼论卢卡奇与黑格尔、马克思的关系》,《泰安教育学院学报》(《岱宗学刊》) 2009 年第 2 期。

些代表性的论著① 中所提及作家或理论家的频次,我们将以下 17 位作家与理论家作为检索、量化统计的对象,顺序分别是莎士比亚(Shakespeare)、巴尔扎克(Balzac)、海涅(Heine)、托尔斯泰(Lev Tolstoy)、罗曼·罗兰(Romain Rolland)、陀思妥耶夫斯基(Dostoevsky)、司汤达(Stendhal)、歌德(Goethe)、托马斯·曼(Thomas Mann)、席美尔(Georg Simmel)、狄尔泰(Wilhelm Dilthey)、黑格尔(Hegel)、马克斯·韦伯(Max Weber)、马克思(Marx)、恩格斯(Engels)、列宁(Lenin)、康德(Kant),从卢卡奇思想历程的三个阶段② 来考察其所接获的思想资源。致力于了解并把握在走向马克思主义的过程中,卢卡奇接获对其发生影响的思想资源的路径,在细致研读其论著、访谈对话及相关主要论争与评论文章之后,我们不难发现其路径有三:家庭、社会及个人的需求。

一、思想多元并存的早期阶段

卢卡奇早期最初的志趣是文学,而后走向哲学,为新康德主义和黑格尔主义所吸引,并未走向马克思主义。卢卡奇从小喜爱文学,阅读了大量的文学作品,如关于土耳其战争的历史故事,古希腊神话故事,《莎士比亚故事集》,马克·吐温、易卜生和霍普特曼等人的作品,对现实主义作家作品推崇备至,中学时开始文学创作——写剧本。然而,他 18 岁左右时,由于形成了衡量文学的秘密标准——"凡是我自己能写出的,一定是坏的"③,将自己的全部手稿付之一炬。在广博阅读的过程中,卢卡奇也接触到了马克思、恩格斯、黑格尔、康德等人的著作。进入大学期间,他出席狄尔泰和席美尔的讲座,与他们结识并成为后者的学生。1913 年,卢卡奇与马克斯·韦伯结识,受其影响而成为马克斯·韦伯集团的成员。从这一时期卢卡奇的一些代表性的论著中,我们可以得知所涉及的作家和理论家,及其理论形成中所接纳的思想资源。

---

① 由于卢卡奇中文版论著相对有限及笔者对德文与匈牙利文的陌生,本书中所检索的卢卡奇论著均为英文版。

② 关于卢卡奇思想历程阶段的划分,国内外学界存在着分歧,本书采用三阶段的划分:多元复杂思想并存的早期阶段(1885—1914)、"马克思主义学徒期"(1914—1929)和逐渐走向成熟的马克思主义阶段(1930—1971),详见笔者《道路与抉择:卢卡奇人民性转向探究》(《中国人民大学学报》2018 年第 4 期)、《新时期学界对卢卡奇人民性理论的接受》(《河南大学学报》(社会科学版)2017 年第 1 期)、《卢卡奇文艺思想中的人民性理论转向》(《南华大学学报》(社会科学版)2017 年第 6 期)。

③ [匈]卢卡奇:《卢卡奇自传》,杜章智编,李渚青、莫立知译,社会科学文献出版社 1986 年版,第 58 页。

体现卢卡奇这一时期戏剧主张和理论兴趣的《现代戏剧社会学》，是他早期具有代表性的一部文艺著作，使其在文艺批评界声名鹊起。这部英文版著作取自于《现代戏剧研究》的德文简缩版，而《现代戏剧研究》最初在1909年以匈牙利语完成。

表 2–1 《现代戏剧社会学》（*The Sociology of Modern Drama*）①

作家／理论家	出现频次	作家／理论家	出现频次	作家／理论家	出现频次
莎士比亚	7	司汤达	0	马克思	1
巴尔扎克	1	歌德	7	恩格斯	0
海涅	0	托马斯·曼	0	列宁	0
托尔斯泰	0	席美尔	1	黑格尔	1
罗曼·罗兰	0	狄尔泰	0	康德	0
陀思妥耶夫斯基	0	马克斯·韦伯	0		

从表 2–1 中，可以清楚看到作家莎士比亚、歌德对卢卡奇的影响尤为突出。尽管卢卡奇曾遵循霍普特曼、易卜生等人的方式创作剧本，但随后否定了自己的创作，将它们付之一炬。然而，这一阶段他对戏剧研究的热度却并未减退，其研究明显受到席美尔的影响。正如卢卡奇所坦承的，席美尔对他的影响主要"在于表明了社会学方法和文化具体化的可能性"②，为他这一时期的戏剧研究提出了艺术的社会问题的思考。根据这一观点，他对戏剧文学进行了远远超出席美尔本人的讨论，在这一讨论过程中，恰恰是席美尔的哲学为他的戏剧研究提供了哲学基础。③ 卢卡奇所具有的"完全拒绝一切礼规"④ 的反叛精神特质，使其对戏剧的兴趣不久便被"一种以德国哲学为基础并且倾向于美学的评论所取代"⑤，正是这一兴趣的转移，促使他"最

---

① Georg Lukács, "The Sociology of Modern Drama", *The Tulane Drama Review*, Vol.9, No.4 (Summer, 1965), pp.146-170.

② [匈] 卢卡奇：《卢卡奇自传》，杜章智编，李渚青、莫立知译，社会科学文献出版社 1986 年版，第 206 页。

③ 参见 [匈] 卢卡奇《卢卡奇自传》，杜章智编，李渚青、莫立知译，社会科学文献出版社 1986 年版，第 66 页。

④ [匈] 卢卡奇：《卢卡奇自传》，杜章智编，李渚青、莫立知译，社会科学文献出版社 1986 年版，第 52 页。

⑤ [匈] 卢卡奇：《卢卡奇自传》，杜章智编，李渚青、莫立知译，社会科学文献出版社 1986 年版，第 60 页。

初研究了康德,然后在当代德国哲学中研究了狄尔泰和西美尔的著作"①,
完成了《心灵与形式》《小说理论》等文艺名著。

《心灵与形式》是卢卡奇由文学转向哲学,转向新康德主义的实证,首
版是1910年的匈牙利文版,摘录了1908年以来卢卡奇的10篇评论文章,
之后德文、意大利文和英文版本陆续面世。《心灵与形式》是卢卡奇在柏林
大学(1909—1910)聆听席美尔的授课,采纳后者对新康德主义所作的独
树一帜的见解的过程中完成的,明显"渗透着一种非理性主义哲学"②。

表 2–2　《心灵与形式》(Soul and Form)③

作家 / 理论家	出现频次	作家 / 理论家	出现频次	作家 / 理论家	出现频次
莎士比亚	10	司汤达	1	马克思	0
巴尔扎克	0	歌德	53	恩格斯	0
海涅	8	托马斯·曼	0	列宁	0
托尔斯泰	0	席美尔	0	黑格尔	0
罗曼·罗兰	0	狄尔泰	2	康德	0
陀思妥耶夫斯基	1	马克斯·韦伯	0		

从表2–2可知,卢卡奇在《心灵与形式》中依旧较多地关注歌德和莎士
比亚,同时开始关注德国诗人海涅,但须指出的是,他的这些文章明显受到
康德、席美尔和狄尔泰等人的影响(尽管他在这部论著中未曾提及席美尔
和康德),对新康德主义的接受亦是通过对席美尔和狄尔泰的吸纳来完成。
除了《心灵与形式》中所弥漫的新康德主义哲学思想外,该著"心灵与形式"
的这种二分法命名,"可以类比于狄尔泰的'生命与表现'、齐美尔的'生命
与形式'等概念所表示的含义"④,亦足见狄尔泰、席美尔对他的影响。

第一次世界大战促使处于绝望中的卢卡奇进一步走向哲学,借助黑格
尔、马克思、马克斯·韦伯等人的理论与方法来思考人的存在、现实及世界
问题。《小说理论》正是这一思考的结晶。它是卢卡奇《心灵与形式》之后
的又一部力作,初稿完成于1914年夏,最终版本完成于1914—1915年冬,

①　[匈]卢卡奇:《卢卡奇自传》,杜章智编,李渚青、莫立知译,社会科学文献出版社1986年
版,第60页。

②　[美]雷纳·韦勒克:《近代文学批评史》(修订版)第7卷,杨自伍译,上海译文出版社
2009年版,第412页。

③　Georg Lukács, Soul and Form, New York: Columbia University Press, 2010.

④　[日]初见基:《卢卡奇——物象化》,范景武译,河北教育出版社2001年版,第55页。

是卢卡奇对世界状况（尤其是第一次世界大战）深感绝望的状态下完成的。其思想上的迷茫，正如表2-3所显示的：

表2-3　《小说理论》（*The Theory of the Novel*）①

作家/理论家	出现频次	作家/理论家	出现频次	作家/理论家	出现频次
莎士比亚	2	司汤达	1	马克思	3
巴尔扎克	4	歌德	26	恩格斯	0
海涅	0	托马斯·曼	5	列宁	0
托尔斯泰	26	席美尔	2	黑格尔	27
罗曼·罗兰	0	狄尔泰	6	康德	0
陀思妥耶夫斯基	4	马克斯·韦伯	2		

　　受极具现实精神作家的影响，除了关注歌德、巴尔扎克、莎士比亚等人之外，卢卡索对托尔斯泰、托马斯·曼、陀思妥耶夫斯基等格外批判资本主义社会黑暗的作家也开始重视；尽管仍有席美尔、狄尔泰等人的影响，但黑格尔、马克思、马克斯·韦伯等人的影响也开始突显。如卢卡奇本人所言，这一时期他走向哲学，"开始受西美尔，然后受麦克斯·韦伯的影响……韦伯的影响来得较晚，但是更深刻"②。卢卡奇在《小说理论》中运用马克斯·韦伯的类型学对小说的本质、小说性质的类型进行研究，亦证实了这一点。

　　早期卢卡奇思想的复杂多元色彩，可以从表2-4的汇总表及上述分析中看出。

表2-4　汇总表

作家/理论家	出现频次	作家/理论家	出现频次	作家/理论家	出现频次
莎士比亚	19	司汤达	2	马克思	4
巴尔扎克	5	歌德	86	恩格斯	0
海涅	8	托马斯·曼	5	列宁	0
托尔斯泰	26	席美尔	3	黑格尔	28
罗曼·罗兰	0	狄尔泰	8	康德	0
陀思妥耶夫斯基	5	马克斯·韦伯	2		

①　Georg Lukács, *The Theory of the Novel*, London：Merlin Press, 1971.

②　[匈]卢卡奇：《卢卡奇自传》，杜章智编，李渚青、莫立知译，社会科学文献出版社1986年版，第66页。

如表2-4汇总表所示,在《现代戏剧社会学》《心灵与形式》《小说理论》中,卢卡奇提及10次以上的作家有歌德(86次)、托尔斯泰(26次)和莎士比亚(19次)(这些作家对他的影响是终生的,20世纪30年代以后在他关于现实主义的研究中尤其明显),提及的理论家有黑格尔(28次)、狄尔泰(8次)、马克思(4次)、席美尔(3次)和马克斯·韦伯(2次)等,这也恰恰证明了卢卡奇早期阶段思想多元并存的状态——新康德主义、黑格尔主义和马克思主义思想的萌芽,而非是简单地将其早期阶段划分为新康德主义和黑格尔时期。① 卢卡奇这一阶段多元思想的形成,与其个人的精神特质、家庭及社会语境有着密切关系。卢卡奇从小形成的质疑反抗气质,家庭(尤其是其父)对他人生的规划,匈牙利尖锐的民族矛盾及苦难的社会现状,以及其大多时间仍处于求学阶段等,这些因素共同导致了其思想的易变性与多元化,但正是这种多元化的思想为其更加全面而深刻地认识社会,理解人的问题提供方法与理论支撑,更为其之后走向马克思主义作了思想奠基。

二、马克思主义学徒期

战争的苦难,社会的黑暗,人民的不幸,以及对理想社会与美好生活的向往,促使卢卡奇的思想逐渐走向马克思主义,从其丰富的思想资源中探索马克思主义的文艺理论与哲学。1914年以后,卢卡奇逐渐进入马克思主义学徒期,当然这与其质疑反抗的个性、第一次世界大战的黑暗阴云及俄国十月革命的胜利曙光等共同作用息息相关。这些使他逐渐转向马克思主义,成为共产主义战士,投身于匈牙利社会主义革命之中。《历史与阶级意识》是卢卡奇走向马克思主义的有力见证,是"卢卡奇走向马克思主义的里程碑"②,是1919年匈牙利社会主义革命失败之后,他对革命实践进行探索与理论总结所凝结的8篇宏文,于1923年结集而成。

表2-5　《历史与阶级意识》(*History and Class Consciousness*)③

作家/理论家	出现频次	作家/理论家	出现频次	作家/理论家	出现频次
莎士比亚	1	司汤达	0	马克思	301

---

① 刘象愚:《卢卡奇早期的美学思想》,《北京师范大学学报》(社会科学版)1991年第1期。

② 燕宏远:《沉思与批判——卢卡奇走向马克思的道路》,社会科学文献出版社2020年版,第435页。

③ Georg Lukács, *History and Class Consciousness*: *Studies in Marxist Dialectics*, London: Merlin Press, 1971.

续表

作家／理论家	出现频次	作家／理论家	出现频次	作家／理论家	出现频次
巴尔扎克	0	歌德	4	恩格斯	93
海涅	0	托马斯·曼	0	列宁	87
托尔斯泰	2	席美尔	2	黑格尔	7
罗曼·罗兰	0	狄尔泰	6	康德	87
陀思妥耶夫斯基	0	马克斯·韦伯	12		

卢卡奇这一阶段的明显转变，从表2-5清晰可见，他对作家的关注明显减少，对马克思（301 次）、恩格斯（93 次）、列宁（87 次）等人的关注则骤增，对康德（87 次）、马克斯·韦伯（12 次）、黑格尔（7 次）等人的热情未减。如他所言，这一阶段他的思想处于"两端徘徊"——"一方面是吸收马克思主义和政治行动主义，另一方面则是纯粹唯心主义的伦理成见不断增强"①。同时也要清楚地认识到，尽管存在这种思想上的徘徊，但黑格尔唯心主义的影响在《历史与阶级意识》中已然不占主导。此外，这种思想上的徘徊、不成熟性与过渡性，在《评论和文章》（见表2-6）中也可以得到印证。

表 2-6　《评论和文章》（*Reviews and Articles*）②

作家／理论家	出现频次	作家／理论家	出现频次	作家／理论家	出现频次
莎士比亚	5	司汤达	0	马克思	40
巴尔扎克	21	歌德	22	恩格斯	23
海涅	0	托马斯·曼	0	列宁	0
托尔斯泰	4	席美尔	0	黑格尔	36
罗曼·罗兰	0	狄尔泰	7	康德	10
陀思妥耶夫斯基	0	马克斯·韦伯	0		

《评论与文章》收录了卢卡奇1922年发表的19篇文章，尽管评论了歌德、巴尔扎克、莎士比亚等作家，探讨了黑格尔、康德和马克斯·韦伯等理论家，但更多地集中于对马克思和恩格斯的研究。期间，他的马克思主义研究尽管带有唯心主义成分和"左"的倾向，但他对马克思主义的信念却是坚定

① [匈]卢卡奇：《历史与阶级意识》，杜章智、任立、燕宏远译，商务印书馆1999年版，第3页。

② Georg Lukács, *Reviews and Articles*, London：Merlin Press, 1983.

的。面对匈牙利共产党、苏俄马克思主义理论界和共产国际的批判，卢卡奇在自我批评与反思的同时，进一步深入研读马克思、恩格斯和列宁，探索他的马克思主义之路。1924 年完成的《列宁》正是他学习与探索的思想结晶。

表 2–7 《列宁》(*Lenin*：*A Study on the Unity of His Thought*)[①]

作家／理论家	出现频次	作家／理论家	出现频次	作家／理论家	出现频次
莎士比亚	1	司汤达	0	马克思	44
巴尔扎克	0	歌德	0	恩格斯	6
海涅	0	托马斯·曼	0	列宁	194
托尔斯泰	1	席美尔	0	黑格尔	4
罗曼·罗兰	0	狄尔泰	0	康德	0
陀思妥耶夫斯基	0	马克斯·韦伯	0		

如表 2–7 所示，《列宁》充分显示了卢卡奇思想的重要进展和转变，他极少关注莎士比亚（1 次）、托尔斯泰（1 次）等人，而是将视野与精力转向列宁、马克思和恩格斯等人，聚焦马克思主义的时代性及理论发展问题，完成了向列宁主义者的转变。"从《历史与阶级意识》到《列宁》，在短短二三年的时间里，卢卡奇的政治思想和哲学思想都发生了重大的变化。总的趋势是，从不成熟走向逐渐的成熟。发生这种变化的原因，主要是两个方面：一是对革命实践经验教训的反思，二是深入研究列宁的著作。《列宁》一书的酝酿与写作本身，就推动了这种变化。"[②]《列宁》一书所体现的这种转变与逐渐成熟，在《〈历史与阶级意识〉之辩：尾巴主义与辩证法》中有着更为明显的表征，后者是卢卡奇 1925 年或 1926 年完成的。

表 2–8 《〈历史与阶级意识〉之辩》(*A Defence of History and Class Consciousness*)

作家／理论家	出现频次	作家／理论家	出现频次	作家／理论家	出现频次
莎士比亚	0	司汤达	0	马克思	110
巴尔扎克	0	歌德	0	恩格斯	65
海涅	0	托马斯·曼	0	列宁	89

---

① Georg Lukács, *Lenin*：*A Study on the Unity of His Thought*, London and New York：Verso, 2009.

② [匈] 卢卡奇：《列宁——关于列宁思想统一性的研究》，张翼星译序，远流出版事业股份有限公司 1991 年版，第 8 页。

续表

作家 / 理论家	出现频次	作家 / 理论家	出现频次	作家 / 理论家	出现频次
托尔斯泰	0	席美尔	0	黑格尔	48
罗曼·罗兰	0	狄尔泰	0	康德	69
陀思妥耶夫斯基	0	马克斯·韦伯	1		

　　如表 2-8 所示:同样显示出卢卡奇的研究重心走向马克思主义,书中较多地论及马克思(110 次)、列宁(89 次)、恩格斯(65 次),论述康德(69 次)、黑格尔(48 次)、马克斯·韦伯(1 次)的次数则相对明显下降。在此文中,卢卡奇通过对《历史与阶级意识》的批判与反思,意识到自己身上极左的主观主义错误,并未全面地、真正且正确地把握辩证法的唯物主义(尽管他已经有意识地试图用马克思主义来克服和"扬弃"黑格尔的辩证法)。卢卡奇虽然承认并批判自己思想上的不足,但却从未否认其对马克思主义的坚定信念。在他看来,《历史与阶级意识》的目的是"为了从方法论上论证布尔什维克主义的组织和策略是马克思主义的唯一可能结果;为了证明布尔什维克主义的问题必然在逻辑上——即辩证意义的逻辑上遵循其创始人所用的唯物辩证法的方法"①,为了更好地继承并发展马克思主义,指导革命实践。

　　这一时期这种研究重心与思想的变化,在卢卡奇的另一部文集《策略与伦理(1919—1929)》中也得到了印证,如表 2-9 所示:

表 2-9　《策略与伦理(1919—1929)》(*Tactics and Ethics，1919—1929*)

作家 / 理论家	出现频次	作家 / 理论家	出现频次	作家 / 理论家	出现频次
莎士比亚	0	司汤达	0	马克思	225
巴尔扎克	0	歌德	1	恩格斯	102
海涅	5	托马斯·曼	0	列宁	46
托尔斯泰	0	席美尔	0	黑格尔	308
罗曼·罗兰	0	狄尔泰	0	康德	27
陀思妥耶夫斯基	0	马克斯·韦伯	1		

---

①　Georg Lukács, *A Defence of History and Class Consciousness*：*Tailism and the Dialectic*, London & New York：Verso, 2000, p.47.

表 2-9 所示的作家或理论家在其中出现的频次，马克思(225 次)、恩格斯(102 次)、列宁(46 次)、黑格尔(308 次)、康德(27 次)、马克斯·韦伯(1 次)，也恰恰进一步证实了处于马克思主义学徒期的卢卡奇，其研究很少再关注作家作品，已将重心转移到黑格尔、康德以及马克思、恩格斯、列宁等人的思想，足见其将革命实践与理论研究相结合的努力。同时，这部文集收录了卢卡奇从 1919 年匈牙利苏维埃共和国建立，之后流亡维也纳至 1929 年的 21 篇文章，有个别篇章已在其它论著中出版(如《什么是正统马克思主义》已收录于《历史与阶级意识》)，除了《历史与阶级意识》《列宁》及两篇小评论之外，包含《卢卡奇文集》(德文版) 第 2 卷中剩下的所有文章。"毫无疑问，它们的重要性各不相同，但总体而言，它们充分说明了卢卡奇从 1918 年 12 月决定加入匈牙利共产党的那一刻起，到决心面对《布鲁姆提纲》所激起的猛烈批判而放弃政治活动的那一刻，期间其思想的发展变化。"[1] 因此，这个文集的许多文章及其复杂的思想资源，对于全面认识处于马克思主义学徒期的卢卡奇文艺思想亦是大有裨益的。

三、走向成熟的马克思主义阶段

在遭受《历史与阶级意识》《列宁》《布鲁姆提纲》等所带来的一系列批判之后，卢卡奇意识到自己不适合革命政治活动，决心退出政治舞台，开始将重心转移至理论研究方面。然而，由于 20 世纪 30 年代以后，国际政治斗争的风云变幻——欧洲法西斯势力的日趋猖獗，以及苏联斯大林主义的不断强化，加之卢卡奇的批判反抗秉性，这些促使他将研究重心转向了富有战斗性、革命性及民主倾向的现实主义美学，从广博的思想资源中提升其理论主张。

《历史小说》充分显示了卢卡奇走向马克思主义，研究重心向现实主义美学的聚焦。这部于 1936—1937 年冬完成的充满现实精神的论著，即使对那些原则上反对马克思主义的人来说也是有价值的，因为它体现了卢卡奇客观公正分析的洞察力与细微感知。从表 2-10 可知，卢卡奇研究的重心再次回到充满现实精神与历史责任的作家身上。

---

① Georg Lukács, *Tactics and Ethics*, *1919—1929*: *The Questions of Parliamentarism and Other Essays*, London & New York: Verso, 2014, p.vii.

表 2–10　《历史小说》（*The Historical Novel*）

作家 / 理论家	出现频次	作家 / 理论家	出现频次	作家 / 理论家	出现频次
莎士比亚	91	司汤达	23	马克思	57
巴尔扎克	96	歌德	137	恩格斯	24
海涅	10	托马斯·曼	11	列宁	42
托尔斯泰	58	席美尔	1	黑格尔	82
罗曼·罗兰	55	狄尔泰	0	康德	1
陀思妥耶夫斯基	0	马克斯·韦伯	0		

　　在《历史小说》中,卢卡奇论及最多的作家是歌德(137 次)、巴尔扎克(96 次)、莎士比亚(91 次)等,深入分析歌德、巴尔扎克、莎士比亚等作家及其艺术成就,剖析司汤达与启蒙运动的关系,探讨司各特的平庸英雄等。与早期文学研究的明显不同在于,卢卡奇这一时期的研究是站在马克思主义的立场,以马克思主义的视角和方法来关注历史进程与文学发展之间的外部关系,探讨小说中的历史与戏剧中的历史,解析历史小说所兴起的社会历史条件及其中的民主的人文主义思想,虽是研究历史小说,却具有极强的时代感,该著最后以 1937 年德国反法西斯文学结尾,批判法西斯主义,提倡民主的人道主义思想。"他著作的基本主题是文学批评中的一个问题:历史意识如何体现在艺术作品中?"① 从表 2–10 中可以发现,与 20 年代相比,卢卡奇对作家的关注明显增加,而对理论家马克思、恩格斯等人的关注则相对减少,这一点在他另一部重要文艺论著《欧洲现实主义研究》(见表 2–11) 中也得到证实。

表 2–11　《欧洲现实主义研究》（*Studies in European Realism*）

作家 / 理论家	出现频次	作家 / 理论家	出现频次	作家 / 理论家	出现频次
莎士比亚	23	司汤达	149	马克思	30
巴尔扎克	513	歌德	45	恩格斯	21
海涅	13	托马斯·曼	14	列宁	42
托尔斯泰	617	席美尔	0	黑格尔	41
罗曼·罗兰	10	狄尔泰	0	康德	1

---

① 　Georg Lukács, *The Historical Novel*, Boston：Beacon Press, 1963, p.10.

续表

作家/理论家	出现频次	作家/理论家	出现频次	作家/理论家	出现频次
陀思妥耶夫斯基	0	马克斯·韦伯	0		

仅仅从表 2-11 中有关作家的论述频次便可以看出,作为批评家的卢卡奇对托尔斯泰(617 次)、巴尔扎克(513 次)及司汤达(149 次)等人的现实主义精神的巨大热情,而这些作家也正是马克思、恩格斯所极力赞扬的。这部创作于 20 世纪 30 年代,在 1939 年结集出版的文集,充满对托尔斯泰、巴尔扎克等人的推崇,对伟大社会主义作品的褒扬之情,对左拉自然主义的批判,显示出卢卡奇文学批评精神的独特性。卢卡奇对现实的人及其生活问题的关注,不是机械地从当时苏联的社会主义现实主义出发,而是从完整的人的个性出发来考察。虽然他提及马克思、恩格斯的频次不如之前,但他对现实主义的研究是立足于马克思主义的,希望马克思主义文艺研究在实践上有新的突破,认为马克思主义是解决当时文艺与现实的根本途径。在卢卡奇看来,"马克思主义寻找每个现象的物质根源,从它们的历史联系和运动来看待它们,弄清这种运动的规律,并展示它们从始至终的发展,这样就把每个现象从完全情感的、非理性的、神秘的迷雾中提升出来,并使之成为理解的明亮之光"①。

如果说《欧洲现实主义研究》的重心是托尔斯泰、巴尔扎克及司汤达,那么《歌德与他的时代》的核心则是歌德(见表 2-12)。

表 2-12　《歌德与他的时代》(*Goethe and his Age*)

作家/理论家	出现频次	作家/理论家	出现频次	作家/理论家	出现频次
莎士比亚	27	司汤达	10	马克思	38
巴尔扎克	39	歌德	927	恩格斯	18
海涅	9	托马斯·曼	3	列宁	3
托尔斯泰	3	席美尔	0	黑格尔	101
罗曼·罗兰	0	狄尔泰	6	康德	25
陀思妥耶夫斯基	0	马克斯·韦伯	0		

除了《〈浮士德〉研究》是 1940 年完成之外,这个文集中的其它 6 篇文章均创作于 20 世纪 30 年代。从表 2-12 中,同样可以看到马克思、恩格斯

---

① Georg Lukács, *Studies in European Realism*, New York：Grosset and Dunlap, 1964, p.1.

及黑格尔、康德的影响,卢卡奇对歌德的研究,时常从马克思主义的角度来剖析。他认为马克思和恩格斯的辩证唯物主义,是最先进的哲学方法。[①]在《〈浮士德〉研究》中,卢卡奇从《1844 年经济学哲学手稿》中汲取方法和思想营养,清楚地看到马克思对《浮士德》研究的重要贡献,对揭示资本主义社会特征的重要价值与意义。卢卡奇从马克思主义的立场进行文艺研究,这在《作家与批评家》(表 2-13)中也得到进一步突显。

表 2-13　《作家与批评家》(*Writer and Critic*)

作家 / 理论家	出现频次	作家 / 理论家	出现频次	作家 / 理论家	出现频次
莎士比亚	33	司汤达	12	马克思	107
巴尔扎克	90	歌德	117	恩格斯	83
海涅	5	托马斯·曼	4	列宁	48
托尔斯泰	34	席美尔	2	黑格尔	38
罗曼·罗兰	1	狄尔泰	1	康德	1
陀思妥耶夫斯基	0	马克斯·韦伯	0		

这部于 20 世纪三四十年代在莫斯科和布达佩斯创作的论文集,其思想导向与当时苏联斯大林和匈牙利拉科西政权统治下占主导地位的文学理论是相悖的。卢卡奇通过对歌德、巴尔扎克、托尔斯泰及莎士比亚等作家作品的分析,力图阐明并复兴马克思、恩格斯和列宁关于作家的政治社会地位与实际作品之间复杂的辩证关系,以及二者之间的富含矛盾冲突的观点,不仅提出反对官方文艺路线的理论,且富有对官方文学的批判意味。[②]

卢卡奇这一时期思想成熟的标志,除了从马克思主义的立场进行现实主义文艺研究之外,是其对文艺领域的思考逐渐上升至哲学层面。完稿于 1938 年深秋的《青年黑格尔》是这一提升的重要表现,是卢卡奇对文艺问题进行深层哲学探索的理论实践,是其进一步走向成熟的马克思主义的思想结晶。

---

① Georg Lukács, *Goethe and his Age*, London:Merlin Press, 1968, p.13.

② Georg Lukács, *Writer and Critic*:*and Other Essays*, New York:Grosset and Dunlap, 1971, p.7.

表 2–14　《青年黑格尔》（*The Young Hegel*）

作家／理论家	出现频次	作家／理论家	出现频次	作家／理论家	出现频次
莎士比亚	2	司汤达	1	马克思	296
巴尔扎克	12	歌德	108	恩格斯	111
海涅	13	托马斯·曼	1	列宁	72
托尔斯泰	0	席美尔	6	黑格尔	3523
罗曼·罗兰	0	狄尔泰	19	康德	545
陀思妥耶夫斯基	0	马克斯·韦伯	0		

　　从表 2–14 可见，这部著作重点探讨了青年黑格尔、康德、马克思等人的思想，以青年黑格尔的《精神现象学》为重要研究对象，无论是探讨黑格尔青年时代思想的形成发展及其"异化"思想，还是探讨哲学史方法论以及黑格尔哲学与神学关系等问题，表面上看来是美化了青年黑格尔，走上了唯心主义哲学，但实质上是为了强化马克思主义辩证法，因为卢卡奇认为当时的现实主义，尤其是斯大林统治下的文艺发展越来越僵化、模式化、政治化，卢卡奇通过对黑格尔、马克思、恩格斯等人的辩证法思想的追溯，肯定辩证法对于解决现实主义文艺发展所具有的积极价值与意义。卢卡奇认为："如果我们不仅要了解马克思对德国思想发展的直接影响，而且要了解其有时非常间接的影响，那么对黑格尔及其伟大与局限的确切认知绝对是不可或缺的。"① 为了真正走向马克思主义，更加深入了解马克思及其辩证法思想，卢卡奇对黑格尔展开深入研究，相信"一个人对马克思的态度问题是至关重要的，这不仅仅是作为思想家、政治家、哲学家、经济学家和历史学家的马克思的重要性问题：重要的是理解马克思在德国文化语境中意味着什么及其仍然所具有的意义"②。为了充分展现马克思在当时所具有的时代价值与意义，卢卡奇回到当时马克思主义哲学史中一个极其重要却尚未澄清的问题——德国古典哲学的发生与发展史，回到黑格尔及其辩证法诞生的时代，探讨黑格尔辩证法的基本理念、特征、意义及局限，从而产生有关这一理论探讨的思想结晶《青年黑格尔》，以彰显马克思主义辩证法的理论意义与科学价值。

---

①　Georg Lukács, *The Young Hegel*：*Studies in the Relations between Dialectics and Economics*, London：Merlin Press, 1975, p.xii.

②　Georg Lukács, *The Young Hegel*：*Studies in the Relations between Dialectics and Economics*, London：Merlin Press, 1975, pp.xii-xiii.

卢卡奇走向马克思主义的这种文艺思想哲理化的提升,不仅体现在其现实主义研究方面继承马克思、恩格斯、列宁的传统,而且体现在他对文艺理论研究的倾向性、政治性、党性与人民性的构建上。《人民民主文化》便是卢卡奇在这一方面思想探索、理论构建的产物,这部写于1945—1948年间的文集,从另一层面也印证了他走向马克思主义的这种提升,如表2-15所示:

表2-15　《人民民主文化》(*The Culture of People's Democracy*)①

作家/理论家	出现频次	作家/理论家	出现频次	作家/理论家	出现频次
莎士比亚	6	司汤达	3	马克思	43
巴尔扎克	26	歌德	31	恩格斯	18
海涅	15	托马斯·曼	9	列宁	164
托尔斯泰	40	席美尔	6	黑格尔	28
罗曼·罗兰	1	狄尔泰	4	康德	12
陀思妥耶夫斯基	0	马克斯·韦伯	2		

这部著作提及较多的是列宁(164次)、马克思(43次)、黑格尔(28次)、恩格斯(18次)等理论家,尽管涉及了托尔斯泰(40次)、歌德(31次)、巴尔扎克(26次)等作家,但主要内容是致力于"文学与民主""民主与文化""列宁及文化问题""党的诗歌""马克思主义哲学的任务"等问题,旨趣在于以作家作品来探讨人民民主文化的构建问题,思考人类社会的发展问题。在这些文章中,卢卡奇提出了一个新的民主的愿景。在他看来,通过加强群众对公民和文化生活的各个方面的参与,可以克服传统的对直接民主的对抗——它适用于较小的社区,如希腊城邦和卢梭时代的瑞士州——以其与复杂的现代社会的更大规模和分化相关能力,克服传统的对形式民主的对抗,文学在某种意义上对于建构人民民主文化具有非常巨大的引领作用和现实指引意义。此外,卢卡奇深入思考马克思主义哲学在人民民主中的作用,讨论对工人阶级戏剧活动中所适合的文学进行选择和判别的原则,反对战后匈牙利对抽象艺术和超现实主义的兴趣与推崇,倡导伟大的现实主义文学艺术,并对匈牙利共产党在战后匈牙利文化生活中的作用进行考量和总结。

---

① Georg Lukács, *The Culture of People's Democracy*: *Hungarian Essays on Literature*, *Art*, *and Democratic Transition*, *1945—1948*, Leiden & Boston: Brill, 2013.

　　若说《人民民主文化》是从文学层面来思考民主文化的建构问题,那么《理性的毁灭》则更多是从哲学层面探讨阻碍民主文化发展的根源,这将其走向马克思主义的道路由文艺理论进一步拓宽至哲学、政治文化等领域。卢卡奇在《理性的毁灭》中突破当时社会主义阵营与资本主义阵营之间的唯物主义与唯心主义论争,提出理性主义与非理性主义的问题,将民主与和平的发展引向哲学上的探索。

表 2–16　《理性的毁灭》(*The Destruction of Reason*)①

作家 / 理论家	出现频次	作家 / 理论家	出现频次	作家 / 理论家	出现频次
莎士比亚	1	司汤达	0	马克思	158
巴尔扎克	4	歌德	57	恩格斯	101
海涅	14	托马斯·曼	13	列宁	46
托尔斯泰	1	席美尔	133	黑格尔	824
罗曼·罗兰	1	狄尔泰	229	康德	197
陀思妥耶夫斯基	0	马克斯·韦伯	64		

　　从表 2–16 可见,卢卡奇将研究重心放在黑格尔(824 次)、狄尔泰(229 次)、康德(197 次)、马克思(158 次)、席美尔(133 次)、恩格斯(101 次) 等理论家,追溯并批判资产阶级哲学——非理性主义这一主导方向,将讨论与批判的焦点放在资产阶级意识形态与辩证唯物主义、历史唯物主义之间的对立,非理性主义与理性主义之间的对立。在《理性的毁灭》中,卢卡奇指出非理性主义与理性主义之间的斗争只是阶级斗争的一种表现,而近代非理性主义的兴起与扩散阻碍了人类和平的发展,助长了军国主义与法西斯主义的滋生与蔓延。因此,他深入考查近代非理性主义的发展脉络,梳理 18 世纪末至19 世纪中期之间近代非理性主义的建立,剖析帝国主义时期非理性主义创始人尼采的思想,探析德国整个帝国主义时期居于支配地位的生命哲学,揭橥帝国主义时期新黑格尔主义与德国社会学的反进步、反动的意识形态本质,揭示社会达尔文主义、种族主义与马克思主义的对立。在卢卡奇看来,"德国资产阶级民主革命的思想准备,从莱辛到海涅,从康德到黑格尔和费尔巴哈,在经典地总结无产阶级革命理论之中达到顶点"②,推动了马克思

①　Georg Lukács, *The Destruction of Reason*, London：Merlin Press, 1980.

②　[匈] 卢卡奇:《理性的毁灭》,王玖兴、程志民、谢地坤等译,江苏教育出版社 2005 年版,第502 页。

与恩格斯的成果,但马克思与恩格斯之所以未能成为德国文化的生动活泼的富有成效的因素和力量,是因为"德国文化的发展路线,众所周知的发展路线:歌德——叔本华——瓦格纳——尼采,以德国伟大历史的名义,导向希特勒"①。

卢卡奇走向马克思主义,站在马克思主义立场研究文学、美学与哲学问题,但由于其论著中鲜明的批判性,不向当时的主流妥协,甚至与之相抗衡,这使《青年黑格尔》《理性的毁灭》等论著问世后立刻引起激烈争论,受到严厉批判。加之1956年他在匈牙利革命中因担任临时政府文化部长被驱逐、流放,这些坎坷使卢卡奇进一步将精力转到美学、哲学本体论上,并最终淡出政治舞台,正如他本人所言,他"只是一个哲学家而非政治家"②。《社会存在本体论》便是其思想转向历程的产物。尽管如此,卢卡奇在20世纪60年代仍撰写了不少有关作家作品的文论著作,如《托马斯·曼研究论集》《索尔仁尼琴》等。不过,这些虽是文学评论文章,但马克思、黑格尔、列宁等理论家仍不时闪现之中。像创作于此期间的《托马斯·曼研究论集》,如下表2–17可见。

表 2–17 《托马斯·曼研究论集》(*Essays on Thomas Mann*)

作家 / 理论家	出现频次	作家 / 理论家	出现频次	作家 / 理论家	出现频次
莎士比亚	6	司汤达	2	马克思	13
巴尔扎克	13	歌德	96	恩格斯	2
海涅	8	托马斯·曼	191	列宁	1
托尔斯泰	7	席美尔	0	黑格尔	6
罗曼·罗兰	1	狄尔泰	2	康德	1
陀思妥耶夫斯基	0	马克斯·韦伯	1		

不难看出,在这部研究托马斯·曼的论文集中,卢卡奇对歌德(96次)、巴尔扎克(13次)、马克思(13次)等人进行了不少相关研究,无论是对资产阶级的人的追寻,对现代艺术的探讨,还是对具有诙谐风格的伟大批判现实主义作家的研究,他的目标始终未离开对马克思主义的探寻与不断完善,如其所坦言——"我花了不少时间将自己越来越多地融入革命的工人阶级运

① [匈] 卢卡奇:《理性的毁灭》,王玖兴、程志民、谢地坤等译,江苏教育出版社2005年版,第503页。

② [匈] 平库斯:《卢卡契谈话录》,龙育群、陈刚译,湖南文艺出版社1991年版,第80页。

动,这样便可以超越我的马克思主义初期阶段抽象的宗派主义倾向"①,"经过30年对马克思主义在理论与实践上的关注之后,若如今我试图在对最后一位伟大资产阶级作家作品中阐释资产阶级的这种意识形态衰落,我客观地希望我的思考能够触及托马斯·曼自己作品以及我们时代文化危机的核心"②。同样,《索尔仁尼琴》(见表2-18)亦不例外,马克思、列宁仍是卢卡奇研究的一个出发点。

表 2-18　《索尔仁尼琴》(*Solzhenitsyn*)

作家／理论家	出现频次	作家／理论家	出现频次	作家／理论家	出现频次
莎士比亚	0	司汤达	2	马克思	6
巴尔扎克	2	歌德	7	恩格斯	0
海涅	0	托马斯·曼	11	列宁	12
托尔斯泰	11	席美尔	0	黑格尔	2
罗曼·罗兰	0	狄尔泰	0	康德	0
陀思妥耶夫斯基	1	马克斯·韦伯	0		

从外在形式来看,卢卡奇确实对索尔仁尼琴的《伊凡·杰尼索维奇的一天》及其小说进行了大量的分析与研究,但其研究的视角是马克思主义的。卢卡奇在该著中指出:"今天的社会主义世界正处于马克思主义复兴的前夕,而马克思主义的复兴是一种文艺复兴,其任务不仅是消除斯大林主义的扭曲并指出前进的方向,而且最重要的是用真正的马克思主义的新老方法充分地包含现实的新事实。在文学中,社会主义现实主义也面临着类似的任务。"③ 正是出于此考虑,卢卡奇60年代以后尽管转向哲学方面的探讨,但并未放弃对文学的思考和研究,因为"每个马克思主义者都必须考虑到意识形态必然的不平衡发展,尤其是文学和艺术方面的"④,因此,他希望走向马克思主义道路,通过文学研究来解决社会主义现实主义所面临的困难和任务,进而实现当代马克思主义的复兴。

卢卡奇这一阶段走向成熟的马克思主义,在文学艺术方面的努力始终围绕马克思主义的发展问题,其目标是构建马克思主义的本体论。正因有了此目标,他才毅然中断对马克思主义美学问题的探讨,进而转向马克思主

① Georg Lukács, *Essays on Thomas Mann*, London：Merlin Press, 1964, p.10.

② Georg Lukács, *Essays on Thomas Mann*, London：Merlin Press, 1964, pp.11-12.

③ Georg Lukács, *Solzhenitsyn*, London：Merlin Press, 1970, p.15.

④ Georg Lukács, *Solzhenitsyn*, London：Merlin Press, 1970, p.27.

义本体论上的研究,直至逝世都在致力于未竟之作《社会存在本体论》。从《社会存在本体论》英文版(表 2-19)的三卷版可见:

表 2-19 《社会存在本体论》(*Ontology of Social Being*)①

作家 / 理论家	出现频次	作家 / 理论家	出现频次	作家 / 理论家	出现频次
莎士比亚	2	司汤达	0	马克思	429
巴尔扎克	5	歌德	9	恩格斯	72
海涅	4	托马斯·曼	0	列宁	44
托尔斯泰	0	席美尔	1	黑格尔	549
罗曼·罗兰	0	狄尔泰	0	康德	77
陀思妥耶夫斯基	0	马克斯·韦伯	3		

　　由于本体论成为卢卡奇马克思主义研究的核心内容,他关注的焦点自然而然地从作家作品转移至相关的理论家身上,从黑格尔(549 次)、康德(77 次)至马克思(429 次)、恩格斯(72 次)、列宁(44 次)等理论家,尽管卢卡奇提及黑格尔 549 次之多,来探讨黑格尔的辩证法,论述并反思其辩证本体论,但实质是为了弄清黑格尔的真伪本体论,为提出马克思主义本体论的基本原则做准备,进而提出马克思主义的本体论。如卢卡奇所言,"如果说黑格尔今天要在哲学思想和现实世界中发挥作用,就必须沿着马克思主义经典所开创的道路继续前进。"②他对康德的探讨亦是如此,尽管肯定康德认识论的价值与意义,但清醒地看到康德认识论堵塞了真实认识的道路,而非是认识存在过程中的工具,因为在卢卡奇看来,康德的认识论"不是从无机的自然的真实特性出发、并寻找它们的存在规定……康德的这种以认识论为基础的方法论的体系,最终掩盖了他在本体论上把握存在类型的本质和联系的伟大的创举,并且他的认识论对于科学的认识来说恰好是无效的"③,不是真正科学的认识论,不能走上真正马克思主义的道路。

四、思想复杂而坚定的卢卡奇

　　卢卡奇早期思想由于处于形成阶段,呈现出多元复杂的特性,随着时代的变化发展,他逐渐走向马克思主义,以博广渊深的学识与思想构建他的

---

①　Georg Lukács, *Ontology of Social Being*, *Volume 1 Hegel*, *Volume 2 Marx*, London:Merlin Press,1978;*Ontology of Social Being*, *Volume 3 Labour*, London:Merlin Press,1980.

②　Georg Lukács, *Ontology of Social Being*, *Volume 1 Hegel*, London:Merlin Press,1978, p.3.

③　[匈]卢卡奇:《社会存在本体论导论》,沈耕、毛怡红译,华夏出版社 1989 年版,第 19 页。

现实主义文艺理论、美学、马克思主义本体论。卢卡奇一生大起大落,著作等身,思想繁杂,从以上所选取的 18 部论著中,可以大致从整体看出其思想资源的轮廓(见表 2-20)。

表 2-20　汇总表

作家 / 理论家	出现频次	作家 / 理论家	出现频次	作家 / 理论家	出现频次
莎士比亚	217	司汤达	204	马克思	1899
巴尔扎克	826	歌德	1647	恩格斯	738
海涅	104	托马斯·曼	262	列宁	890
托尔斯泰	804	席美尔	154	黑格尔	5625
罗曼·罗兰	69	狄尔泰	282	康德	1053
陀思妥耶夫斯基	6	马克斯·韦伯	86		

从上表 2-20 的汇总表可见,在卢卡奇推崇的作家中,他较多地提及歌德(1647 次)、巴尔扎克(826 次)、托尔斯泰(804 次)等人,尽管其论著的言谈间时常盛赞托马斯·曼(262 次)、莎士比亚(217 次)、司汤达(204 次)、海涅(104 次)等,但由于其质疑批判的秉性,对弱小弱势或被压迫的个体、族群与国家的同情,加之他坚定的共产主义信念,使之将研究的重点放置在歌德、巴尔扎克、托尔斯泰等作家作品中,揭示文艺所应具备的倾向性、人民性及战斗性等意识形态精神。同样,正是有了这种精神信念,卢卡奇将研究视角聚焦于马克思主义和社会主义现实主义理论,在探索之中较多谈及的理论家分别是黑格尔(5625 次)、马克思(1899 次)、康德(1053 次)、列宁(890次)、恩格斯(738 次)、狄尔泰(282 次)、托马斯·曼(262 次)等。从以上对《青年黑格尔》《理性的毁灭》《社会存在本体论》的探讨中可知,卢卡奇的确深受黑格尔、康德、狄尔泰等理论家的影响,不过他从这些理论家的思想中汲取营养,通过透析并运用辩证法、理性与非理性、总体性等理论,批判共产国际的或"左"或"右"的思想,同法西斯主义、斯大林主义及其文艺思想进行斗争,维护并倡导马克思主义,从而构建自身的马克思主义文艺理论、美学、哲学等。卢卡奇对这些作家与理论家的推崇及相关思想倾向,在晚年的自传或一些采访言论中亦可窥知一二。

《卢卡奇自传》是由他所撰写的一些重要自传性文章,逝世前不久所写的《经历过的思想(自传提纲)》以及围绕该提纲而完成的《自传对话录》组成,某种程度上也较为清晰地呈现了其思想的基本面貌。

表 2–21　《卢卡奇自传》（*Record of a Life*）①

作家 / 理论家	出现频次	作家 / 理论家	出现频次	作家 / 理论家	出现频次
莎士比亚	5	司汤达	0	马克思	49
巴尔扎克	6	歌德	6	恩格斯	13
海涅	0	托马斯·曼	20	列宁	45
托尔斯泰	16	席美尔	15	黑格尔	33
罗曼·罗兰	1	狄尔泰	2	康德	10
陀思妥耶夫斯基	5	马克斯·韦伯	5		

　　从表 2–20 与表 2–19 的对比可以看出，托尔斯泰、歌德、巴尔扎克仍是卢卡奇论及较多的作家，尽管他谈及托马斯·曼 20 次之多，但是细读《卢卡奇自传》可知，卢卡奇对托马斯·曼的多次提及是缘于介绍后者的"资产阶级作家"和"外交家"特性的需要，而并非源于对后者的喜爱之情。② 同样，在《卢卡奇自传》中，他提及较多的分别是马克思（49 次）、列宁（45 次）、黑格尔（33 次）等，在谈及这些理论家时，不由自主地流露出他对"在西方只有三个别人无法比拟的真正伟大的思想家：亚里士多德、黑格尔和马克思"③ 的推崇。尽管他也为黑格尔所深深吸引，但其大量地研究黑格尔是为了不断完善并超越其早期的马克思主义思想，"从黑格尔研究开始，经过对经济学和辩证法的关系的考察，而达到我今天建立一种关于社会存在的本体论的尝试。与此同时我还产生了一种愿望，想利用我关于文学、艺术以及文艺理论的知识，去建造一个马克思主义的美学体系"④，并通过美学体系的建立来为马克思主义本体论做准备。卢卡奇在弥留之际仍坚信，解决社会制度与体系中的危机，"真正的马克思主义是唯一的出路"⑤。

　　综上可见，卢卡奇的文艺理论、美学、哲学等思想，从早期经学徒期发展至成熟的马克思主义阶段，其思想虽始终广博复杂，但自从加入共产党之

---

① Georg Lukács, *Record of a Life*, London：Verso, 1983.

② 参见 [匈] 卢卡奇《卢卡奇自传》，杜章智编，李渚青、莫立知译，社会科学文献出版社 1986 年版，第 140—143 页。

③ [匈] 卢卡奇：《卢卡奇自传》，杜章智编，李渚青、莫立知译，社会科学文献出版社 1986 年版，第 305 页。

④ [匈] 卢卡奇：《卢卡奇自传》，杜章智编，李渚青、莫立知译，社会科学文献出版社 1986 年版，第 269 页。

⑤ [匈] 卢卡奇：《卢卡奇自传》，杜章智编，李渚青、莫立知译，社会科学文献出版社 1986 年版，第 48 页。

后,共产主义便成为其一生的追求,坚定的马克思主义信念促使他运用西方各种现代思想,来不断深化对马克思主义文艺理论、美学与本体论的探究。同时,出于社会革命与理论研究的需要,通过对黑格尔、康德、席美尔等人的不断探究,卢卡奇对他们的思想予以扬弃、吸收和发展,走向马克思主义,进而催生了其马克思主义文艺理论、美学以及本体论研究,彰显出其思想资源对马克思主义研究的理论价值与时代意义。

第二节 卢卡奇的中国情结

卢卡奇作为具有国际影响的一位马克思主义理论家,他的文艺思想自20世纪20年代后期进入中国以来,对学界产生了广泛深远的影响。时至今日,已有几代学者先行后续关注探讨卢卡奇对中国文艺的影响,并取得了可喜成绩。然而,关于卢卡奇本人对中国的认识,尤其是其文艺论著中对中国问题的探讨,在中国学界的关注与研究范围内,仍可谓稀缺。卢卡奇才智超人,自幼接受良好的教育,精通西方的政治、历史、文学、哲学、美学等,相较而言,其著作中对东方,尤其是对中国的论述较为鲜见,可见其对东方及其文化问题的关注相当有限。然而,若仔细研读卢卡奇的论著,亦可发现对"中国"问题的涉及散见其间,借助这些零散而微小的坐标,恰可尝试勾勒卢卡奇中国印象的一些轮廓。根据统计,在《历史与阶级意识》《小说理论》《民主化的进程》《存在主义还是马克思主义?》《青年黑格尔》中,卢卡奇并未直接提及"中国";而在《审美特性》《理性的毁灭》《卢卡奇自传》《卢卡契文学论文集》《卢卡契文学论文集文选——论德语文学》《关于社会存在的本体论》等论著中,卢卡奇直接提及"中国"一词的次数共计17次,涉及中国的政治、革命、戏剧、舞蹈艺术、天文学等方面。从这些内容中,可以看到卢卡奇对于中国所存在的不同层面的认识,而这些认识则能在不同程度上映射出西方思想界对中国的解读。

一、想象中的中国文化

为了阐述其现实主义文学理论和美学理论,卢卡奇在论著中运用了众多有关东西方文化的事例,其中涉及有关中国文化及审美的一些问题。在《审美特性》中,卢卡奇将中国文化与"苦行"(禁欲主义)相连接。在探讨巫术模仿与艺术模仿的过程中,他在分析巫术时代的祭仪、宗教惯例等内容与迷狂产生的关系,以及其与苦行(禁欲主义)的联系与对立时,指出这些内容是与巫术时代的认识与伦理密不可分的,是巫术时代的残余,曾提到"在

印度和中国等地可以看到一种静观的苦行"①。在卢卡奇看来,"苦行"略等
于"禁欲主义",二者可以互换②,并且,它与迷狂都曾在欧洲文化与亚洲文
化的发展中起到过显著作用。然而,卢卡奇严厉谴责像叔本华那样为禁欲
主义正名,并使之略具几分趣味、甚至"趣味化"的克尔凯郭尔,批判克尔
凯郭尔的相关理论主张——"这个时代将由于缺乏禁欲主义并追逐欢乐
而受到极大的伤害……反省禁欲主义而没有认识到它的特点,并且为它在
体系中留有一席之地"③。对卢卡奇而言,克尔凯郭尔所谈论的宗教的道德
与实践,其中包含的禁欲主义等主观特征"在克尔凯郭尔那儿是一种自我
欺骗"④。卢卡奇强调"现代艺术的问题——通过伦理的中介——转化为政
治"⑤,而文艺有力地促成了这一转化,其中"放纵本能"作为艺术的内容逐
渐流行,充斥于电影、广播、报刊等现代媒体之中。侦探电影和犯罪电影,各
种类型的色情文艺,连环漫画中的超人,体育中的残忍搏斗等,已为文学中
肯定并颂扬本能的放纵开路在先,这类"社会教育学"的内容使社会文化突
显出"寻欢作乐"的特征。在卢卡奇眼中,一个"寻欢作乐"的时代可能是
危险的,因为毫无拘束地放纵最恶劣的本能,将导致这类"社会教育学"的
不利结果——少年犯罪的不断增长。⑥ 不难发现,卢卡奇对禁欲主义的认
识并非简单化,为了批判中世纪基督教文化给人和社会发展所带来的不利
影响,谴责叔本华、克尔凯郭尔等人为禁欲主义正名的理论主张,论证其人
道主义美学思想,为其批判现代主义,彰显现实主义文学奠定基础,而将中
国和印度等国文化中的禁欲主义引作其批判的佐证。

　　"在外来理论的传播过程中,理论接受者的前理解结构不仅直接影响
着接受者的期待视野,也制约着理论接受者在选择接受对象时的立场,倾
向,从而影响着主体选择的对象和结果。"⑦ 卢卡奇论著中提及中国文化之
处为数不多,更鲜有对中国文化具体内容的论述。当其论述涉及中国艺术
(中国戏),亦是将其用作批判工具,从而批判现代文艺中的颓废派。卢卡奇
认为,19 世纪末 20 世纪初文艺中出现的颓废派以异国情调为题材的创作

①　[匈] 卢卡奇:《审美特性》(上),徐恒醇译,社会科学文献出版社 2015 年版,第 246 页。

②　参见 [匈] 卢卡奇《审美特性》(上),徐恒醇译,社会科学文献出版社 2015 年版,第 246 页。

③　[匈] 卢卡奇:《理性的毁灭》,王玖兴等译,江苏教育出版社 2005 年版,第 180 页。

④　[匈] 卢卡奇:《理性的毁灭》,王玖兴等译,江苏教育出版社 2005 年版,第 180 页。

⑤　[匈] 卢卡奇:《理性的毁灭》,王玖兴等译,江苏教育出版社 2005 年版,第 540 页。

⑥　参见 [匈] 卢卡奇《理性的毁灭》,王玖兴等译,江苏教育出版社 2005 年版,第 540—
　　541 页。

⑦　张清民:《现实主义的话语歧变:马克思主义文论中国化的一段问题史》,《上海大学学报》
　　(社会科学版) 2016 年第 2 期。

追求,为后来帝国主义时期此类题材的文艺创作追求做出了铺垫和实践准备。他明确指出:"对中世纪奇迹剧、尼格罗人雕塑和中国戏的崇拜,是现实主义全部瓦解的象征。"① 对此方面创作题材的追求,破坏了伟大现实主义的艺术基础,如自然主义作家福楼拜、左拉和莫泊桑等(尽管他们深谙什么是伟大的艺术,其作品亦达到了伟大艺术的水平)。资产阶级现实主义危机的出现,致使只有极少数资产阶级作家作品能够接近现实生活问题。鉴于此现状,卢卡奇主张保护伟大现实主义的创作追求,保护现实主义艺术家,推崇恩格斯提出的由巴尔扎克、托尔斯泰等优秀作家开启的现实主义优秀传统,谴责资产阶级作家非艺术、反艺术的创作倾向,抨击当时艺术家所热衷的"纯艺术",脱离生活的不良艺术导向。卢卡奇为强化现实主义的艺术追求,将对"中国戏的崇拜",视为现实主义全部瓦解的一种象征,有关中国戏的具体内容,却是只字未提。

卢卡奇在探讨社会存在本体论的过程中,分析实践劳动中的"作为目的论设定"中的手段与目的时,同样将中国天文学作为一个符号化内容,且只是作为间接事例而提及的。关于因果关联的获知与运用方面,在对某个现实的因果性的设定上,卢卡奇认为某个个别目的的手段在劳动中被实践,并取得结果,这种因果关联性在纯粹的实践中被意识到,当把这种具有因果关联性的某一手段成功地运用于某一新领域时,该过程中已然进行了许多科学的抽象概括,这种抽象本身已经具有了科学思维的内在结构。现实的因果性的设定,是人关于手段与目的的长期思考,在实践中为满足实际需要和明确如何满足这种需要,而进行极其抽象的、一般的规律性的概括与总结。关于目的(为满足某个实际需要)与手段(如何满足这种需要)之间的因果性的设定,在许多劳动成果中经进一步的抽象之后,是可以并且已经成为纯科学的自然考察的基础的。为了更好地证实以上内容,卢卡奇不仅列举了几何学形成过程的事例,而且曾以贝尔纳研究中的中国古代天文学为例证。"……我们只要指出贝尔纳在李约瑟的专门研究的基础上所援引的关于中国古代天文学的那个有趣的事例就足够了。贝尔纳说,只有在发明了轮子以后,才有可能准确地模仿天空围绕极点的旋转运动。看来,中国古代天文学就是从这种旋转运动的观念出发的。而在这以前,中国天文学把天上世界和我们的地上世界是同样对待的。"② 这里暂且不谈卢卡奇所举这

---

① 《卢卡契文学论文集》(二),中国社会科学出版社1981年版,第315页。

② [匈]卢卡奇:《关于社会存在的本体论》(下卷),白锡堃等译,重庆出版社1996年版,第23页。

一事例的科学性问题,单就此论述而言,卢卡奇三次提及"中国",而他并未介绍"关于中国古代天文学的那个有趣的事例"具体是什么,却从贝尔纳的言论中——"贝尔纳说,只有在发明了轮子以后,才有可能准确地模仿天空围绕极点的旋转运动",得出如此确切的结论——"看来,中国古代天文学就是从这种旋转运动的观念出发的","就是"二字的绝对化意味流露出卢卡奇对中国天文学认知的主观臆测成分。从以上论述中进一步得出"中国天文学把天上世界和我们的地上世界是同样对待的"论断,而有关中国天文学对"天上世界"的理解,从卢卡奇的论述中,亦未可知,之后,其论著中也再未提及中国天文学及相关方面内容。卢卡奇以上关于中国天文学事例的援引,是在探讨贝尔纳关于李约瑟的专门研究中间接所获,并非第一手材料。

　　从以上论述不难发现,卢卡奇为抵制现代文艺将"放纵本能"作为内容,批判中国、印度古代文化中的禁欲主义;为彰显现实主义文艺,批判"对中国戏的崇拜";为论证"作为目的论设定"中的手段与目的关系,间接援引中国古代天文学的事例,均不同程度地显现出卢卡奇对中国认知的朦胧与缺失,在文化发展层面上,仅仅涉及禁欲主义(苦行)色彩,全面深入更无从谈起。卢卡奇论著中,存在将中国、印度等国文化,略等同于东方文化的倾向,几乎见不到针对中国文化具体内容展开探讨,如"在印度和中国等地可以看到一种静观的苦行"的表述,以及"对中世纪奇迹剧、尼格罗人雕塑和中国戏的崇拜,是现实主义全部瓦解的象征"的内容等,也从侧面显现出将中国、印度和中世纪视为"落后"之代名词的思想倾向。此外,在表现主义与现实主义之争中,卢卡奇之所以肯定海涅对德国进步文学——浪漫派的批评,不仅因为浪漫派文学太抽象,缺乏具体的批判内容,更是由于当时德国浪漫主义在政治与社会上所具有的反动倾向,及其暗含的奴性,"浪漫主义要使穷困的、被奴役的德意志小国林立的状态永存。它推崇德意志的历史,就是推崇德意志发展的历史鄙陋性。它美化中世纪和天主教教义,后来又美化东方,以树立一个思想和诗歌的样板……"①当然,卢卡奇的此论述虽然是要表达其对德国浪漫派并非真正想消灭专制主义、封建特权和封建残余这一社会本质的揭示,然而却未阐明"中世纪""天主教教义"和"东方"分别指代什么,而是将它们置于并列位置。对"中世纪""天主教教义",卢卡奇通常以批判的眼光来审视,认为中世纪基督教文化对泛灵论的推崇,推行禁欲主义思想,"是专制与压迫的一种支柱"②,具有奴役人并摧毁自由

---

① 《卢卡契文学论文集》(二),中国社会科学出版社 1981 年版,第 216 页。

② [匈] 卢卡奇:《青年黑格尔》,王玖兴译,商务印书馆 1963 年版,第 49 页。

与人类尊严的作用,阻碍了人的发展与社会进步。而东方(中国或印度)的
文化艺术,时常被他视为落后或禁欲主义的代名词(当然是卢卡奇无意识
的),在批判德国浪漫派的反动倾向时,其以"印度女魔"为喻,揭露瓦格纳
作品中所呈现的反动的浪漫派意图——"对夜与死、疾病与枯朽的偏爱,对
健康的事物、对在明朗的白天积极活动事物的贬低"①,最终将"一切都会失
败,一切都将毁灭,新世界同旧世界一样糟糕——都是一片虚无,印度女魔
在招手……"②"印度女魔"这一触目的字眼,更为直观地暴露出卢卡奇对东
方(中国或印度)文化的认知偏颇与主观化情感态度倾向。

　　须指明的是,除以上对中国文化不全面、消极或负面的认识之外,卢卡
奇亦能对中国艺术中的可取之处有所发现,尽管这方面的论述少之又少。
在对舞蹈艺术问题的研究中,他发现了东方舞蹈,尤其强调了中国舞蹈艺术
的价值与魅力。卢卡奇坚信,舞蹈表情语言必须存在一种强烈的普遍性倾
向,如由宫廷文化形成的芭蕾舞,这种舞蹈表情的激发力量极度缺乏,几乎
丧失殆尽,已经不能成为它的普遍性。而在这个问题上,东方舞蹈可以提供
某种线索,"较多地保留了古代的固有传统。例如,中国舞蹈演员可以在一
个照明良好的舞台上,完全通过运动和表情在观众中唤起一种感受,好像
表演者是在一个全黑的房间里活动,他们什么也看不到,只有通过声响才
能感觉到对方。或者可以完全没有布景和道具,只是通过表情激起观众的
印象"③。借此示例,卢卡奇分析并总结出中国舞蹈艺术通过模仿形象、表情
(表情体现一种情感、情绪或行动)的普遍性,实现情感激发的普遍性这一
特点,对中国舞蹈艺术在模仿形象方面较为强烈的艺术效果予以肯定。

二、向往中的中国政治革命

　　如果说卢卡奇对文化层面的中国的认知多是停留在消极的、落后的与
禁欲主义方面,而他对政治层面的中国,尤其是对中国现代革命与社会发展
的认知,则更多的是赞扬、期许和向往。

　　早在 1937 年《历史小说中新人道主义发展的远景》中,卢卡奇清算资
本主义政治、思想和艺术的遗产的斗争过程中,已经注意到中国的哲学和解
放斗争,并且予以辩证地区别对待。他明确指出:"到目前为止,在资产阶

---

① [匈]卢卡契:《卢卡契文学论文选:论德语文学》第 1 卷,范大灿编选,人民文学出版社
1986 年版,第 95—96 页。

② [匈]卢卡契:《卢卡契文学论文选:论德语文学》第 1 卷,范大灿编选,人民文学出版社
1986 年版,第 95 页。

③ [匈]卢卡奇:《审美特性》(上),徐恒醇译,社会科学文献出版社 2015 年版,第 277 页。

级文学中近东的题材必然带有异乡的性质。给资产阶级的堕落的意识形态输入印度的或中国的哲学，只能加强这种异乡情调。现在相反，因为我们是中国、印度等国人民的英勇的解放斗争的同路人，所以所有这些发展都具体地，因而在艺术上能够描写地汇入人类解放历史的共同的洪流。"① 从此言论中不难发现，卢卡奇为了抵制、消弭资产阶级文学中出现的异乡倾向，反对将"印度的或中国的哲学"输入资产阶级文学及其意识形态之中；出于批判资产阶级文学中的历史小说未能同当时现实问题紧密结合，未能同人民命运与内在精神相结合的创作弊病的需要，他主张应该将这些民族人民的英勇斗争融入艺术创作之中，汇入人类解放历史的洪流之中。此外，在上段表述中，"中国""印度"仍是并列出现，二者在哲学与文学层面是相似、相近的（对卢卡奇而言），可略等同于东方，泛指东方的异域文化性质或异乡情调，然而，值得注意的是，卢卡奇的首次表述是"印度的或中国的哲学"，到了论及解放斗争则变为"中国、印度等国"，前者表述二者间用的连词是"或"，后者的表达则把"中国"提到了"印度"之前，从这稍许差异中，或许能够约略发现在革命解放斗争方面，中国似乎引发了卢卡奇更大的关注度，革命中的中国对其存在的这种吸引力，在其以后的言论中也得到了进一步印证。在《近代文化中进步与反动的斗争》（1956）中，卢卡奇便再次为中国革命的"光辉"所吸引，认为世界大战的爆发推动了社会主义的极大发展，"这次大战在欧洲产生了人民民主国家；同时也产生了光辉的中国革命"②。

　　第二次世界大战结束之后，在匈牙利进行马克思主义实践活动和理论研究的过程中，卢卡奇被中国革命及其解放斗争的飞跃发展深深吸引——"从 1917 年以来，马克思主义不仅在地球上六分之一的人民中发展成为世界观，而且也达到了更高的思想阶段，即马克思列宁主义，即马克思主义在世界战争和世界革命时期的进一步发展……除了广为传播马克思和恩格斯的文章之外，还出现了列宁和斯大林的著作的传播。但是，1945 年以后的时期还意味着一个质的变化。很少有这样的国家：在那里翻译和传播这些著作不是飞跃地发展。我们不必说到中国，不必说到一些新的人民共和国……在这些国家中，不再仅仅涉及翻译和传播马克思列宁主义经典作家的著作，而且涉及本国的马克思主义研究的急速增长，涉及以马克思列宁主义的精神去科学地研究本国的现状和历史，涉及以马克思列宁主义的思想

① 《卢卡契文学论文集》（一），中国社会科学出版社 1980 年版，第 165—166 页。
② 《卢卡契文学论文集》（一），中国社会科学出版社 1980 年版，第 466 页。

武器去进行反对反动派的斗争。"① 从此论述中可以深切感知，卢卡奇不仅充分肯定了 1917 年以来马克思主义在世界战争和世界革命时期发展中取得的辉煌成绩，而且意识到 1945 年以来，马克思、恩格斯、列宁和斯大林的论著在中国等国家的翻译和传播，获得了质的飞跃性发展：中国等一系列新的人民共和国不仅注重"翻译和传播马克思列宁主义经典作家的著作"，而且强调"以马克思列宁主义的思想武器去进行反对反动派的斗争"，科学地研究、解决本国的发展问题。直至其逝世的 1971 年卢卡奇对中国革命一直予以高度肯定和赞扬："1948 年也许是 1917 年以来最大的转折点，无产阶级革命在中国获胜。正是由于它，斯大林的理论和实践的决定性矛盾清楚地显露出来。"② 根据此论述内容，可从以下三方面解读卢卡奇对中国革命的认知：1. 他认为无产阶级革命在中国的胜利是十月革命以来的重大且具有转折性意义的事件，流露出对中国无产阶级革命的极大肯定与向往之情；2. 卢卡奇对中国无产阶级革命具体情况的陌生很可能致使其认识中存在谬误，无产阶级革命在中国取得决定性胜利是 1949 年，而非 1948 年，这是中国历史和世界历史的公认，然而卢卡奇在 20 世纪 70 年代仍然将中国无产阶级革命的胜利指向 1948 年；3. 卢卡奇的此论断也显现出他对苏联斯大林模式的不满，批判苏联斯大林时期"一国建成社会主义"理论——"斯大林及其追随者既不愿意也不能够从彻底变化了的世界形势中得出理论的以及实践的总结"③，他认定斯大林时期的社会主义模式已彻底属于过去，希望摆脱苏联社会主义模式的桎梏，为匈牙利等东欧其他国家建成并发展社会主义提供理论依据与实践支撑。

卢卡奇对中国革命的关注，是出于以马克思主义的精神武器解决匈牙利等东欧社会主义独立发展问题的渴望。结合研究分析，卢卡奇从马克思与恩格斯那里获得了一种清醒的认识，他明确指出："马克思主义的创始人非常清楚，人类历史中的这种发展路线绝不是唯一的；当时他们虽然只是粗略地、提示性地，但却是从基本特征方面提出了所谓亚细亚生产方式的一些基本原则。只是由于斯大林把马克思主义庸俗化了，所以这种认识路线才被斯大林强行宣布的从不存在的中国式的'封建制度'所取代。这种官方的、自诩为马克思主义的理论的低下水平还表现在，中国人虽然策略上激烈

---

① ［匈］卢卡奇：《理性的毁灭》，王玖兴等译，江苏教育出版社 2005 年版，第 599 页。

② ［匈］卢卡奇：《卢卡奇自传》，杜章智编，李渚青等译，社会科学文献出版社 1986 年版，第 229 页。

③ ［匈］卢卡奇：《卢卡奇自传》，杜章智编，李渚青等译，社会科学文献出版社 1986 年版，第 229 页。

反对'莫斯科'，但就连他们的'理论'也接受了这种根本不存在的'封建制度'作为基础。显然，如果不按马克思主义的观点把非洲、阿拉伯、南美等地的不同发展归源于它们现实的经济基础，如果不根据它们真实的发展路线对它们进行马克思主义的分析，那么，任何从理论上解决'第三世界'问题的企图都必然流于空洞的套话。"①从以上论断可以发现，首先，卢卡奇重新考察并思考马克思与恩格斯关于人类社会发展的方式，认为"这种发展路线绝不是唯一的"，因为马克思主义创始人对所谓亚细亚生产方式的基本轮廓的制定是粗略的、提示性的，从未将该发展路线固定化、模式化。其次，卢卡奇批判斯大林将"从不存在的中国式的'封建制度'"来取代人类社会发展的途径，从而将马克思主义庸俗化，他谴责斯大林这种官方的、自诩为马克思主义的理论水平低下，中国正处于对当时以斯大林为代表的"莫斯科"官方理论持强烈反对态度的"阵营"之中，认为当时莫斯科的官方"理论"仍以这种根本不存在的"封建制度"为根据，而这种"封建制度"是什么，卢卡奇并未予以明确阐释。再者，该论断于20世纪60年代提出，当时中国虽然强烈反对斯大林时期的社会主义模式，但在政治、经济、文化、教育等诸多方面无法摆脱苏联模式的拘囿，卢卡奇清楚地看到了这一点。然而，卢卡奇发现马克思主义所指涉的"亚细亚生产方式"并不尽指中国的原始社会生产关系，更不是指斯大林所宣布的中国式的"封建制度"，今天看来，这是有科学依据的。最后，他主张非洲、阿拉伯、南非等地的发展应按照马克思主义的观点，结合现实的经济基础，制定符合自身实际的发展路线，从而切实解决"第三世界"国家的发展问题。以上可见，"既有的西方世界形成的中国形象成为20世纪西方文论中中国问题的'文化无意识'。如对中国形成的东方专制主义、亚细亚生产方式等概括，贯穿在许多学者的思想之中"②，在卢卡奇思想中亦可见一斑。

　　卢卡奇以上关于"所谓亚细亚生产方式"的理论表述有些激烈，但其优势在于理论自身的辩证色彩，探讨的虽是"第三世界"问题，却实指匈牙利等东欧国家社会主义发展道路的探索与问题的解决等现实问题，并从中国的发展中看到了希望。社会发展是一个由种族到民族，由民族到人类的逐渐发展的进程，支配其变化的力量是劳动生产与经济的发展。卢卡奇赞同恩格斯所做的以劳动生产率为前提来划分社会的命题，认为"在劳动中，人

---

① ［匈］卢卡奇：《关于社会存在的本体论》（上卷），白锡堃等译，重庆出版社1996年版，第218—219页。
② 曾军：《20世纪西方文论阐释中国问题的三种范式》，《学术研究》2016年第10期。

有能力按照自身再生产的要求创造出更多的东西"①,进而突显人类社会发展方式的多样化,指出"那些自身正在争取从殖民主义中解放出来而经济上又不发达的民族,直到现在还不能通过科学的(马克思主义的)分析而阐明自己独特的经济发展,这种经济发展与被马克思作为典型样式作过探讨的欧洲经济发展并不相同,与亚细亚生产方式也完全不同,不能从这种正确认识出发真正走上与本身的特殊情况相适应的发展道路"②,因而他强调人类社会发展必须立足于本国实际,从虚伪意识形态所掩盖的殖民主义中走出来,明确意识到自己的目标与任务,从而获得充分发展。在此理论基础上,他通过进一步分析新老殖民主义者在经济、生产方式等方面的相互作用关系,以罗马帝国奴隶经济制度和日耳曼部落经济制度之间的相互作用为例证,提出两者不同经济制度的相互作用可以产生新的经济制度的论断,进而明确指出社会主义发展所面临的问题与出路:"今天,只有向发达的社会化社会的经济—社会形式接近,才有可能找到摆脱富有欺骗性的新殖民主义的出路。为了解决这个重大问题,当代社会主义力量既没有在理论上也没有在实践上诉诸马克思主义理论:在斯大林那里,马克思主义的真正原则被完全忘却了……"③卢卡奇认为斯大林思想路线背离马克思主义的真正原则,早在20世纪20年代已显露端倪。"在20年代,斯大林和托洛茨基之间曾在中国革命的策略问题上发生分歧,而前者是用这样的方法来解决这个问题的,就是他把——在一般发展史上具有核心性的重要地位的——亚洲式的生产关系简单地排除于马克思主义体系之外,从而让他的'理论'路线能够以中国封建主义的(从未发生过的)解体为基础。"④看待社会发展问题,应该从历史的角度、全面地予以审视,回到问题本身。在卢卡奇看来,中国革命问题与社会主义发展问题的解决做到了这一点。"只要社会主义国家还没有在自己的理论中、特别是在自己的实践中真正地克服斯大林时期的种种残余,那么马克思的方法的优越性就永远不能在资本主义国家人民的思想中……马克思主义在当时的歪曲的发展完全把亚细亚生产关系简单地排除于马克思主义之外了。"⑤从某种意义上来说,卢卡奇用"亚细亚生产

①　[匈]卢卡奇:《社会存在本体论导论》,沈耕等译,华夏出版社1989年版,第186页。

②　[匈]卢卡奇:《社会存在本体论导论》,沈耕等译,华夏出版社1989年版,第273页。

③　[匈]卢卡奇:《社会存在本体论导论》,沈耕等译,华夏出版社1989年版,第273页。

④　[匈]卢卡奇:《关于社会存在的本体论》(下卷),白锡堃等译,重庆出版社1996年版,第611—612页。

⑤　[匈]卢卡奇:《关于社会存在的本体论》(下卷),白锡堃等译,重庆出版社1996年版,第897页。

方式"指代了中国的社会主义发展道路,而中国社会主义发展道路一开始学习苏联,之后努力摆脱后者发展模式的桎梏,并取得一定成绩,然而却为苏联所批判、压制。怀着对匈牙利等社会主义国家也能摆脱苏联,实现独立发展的渴望,他主张从马克思主义立场出发,批判斯大林思想路线"完全把亚细亚生产关系简单地排除于马克思主义之外",脱离马克思和恩格斯的精神,亦突出强化了马克思主义方法在人类思维中的特殊位置——为促进人类发展,在思想上解决冲突与问题提供科学依据。

须指明的是,尽管对中国革命和社会主义的发展充满向往,然而在关于古代"原始共产主义结构"的认知方面,卢卡奇却认为欧洲优于亚洲,对中国、印度"亚细亚生产方式"的落后性持批评态度。

关于"所谓亚细亚生产方式",卢卡奇看到亚洲公社这种经济基础的自给自足性,在这种经济基础之上存在着特殊的国家上层建筑,这使得中国、印度等"亚洲各国不断瓦解,不断重建和经常改朝换代,与此截然相反,亚洲的社会却没有变化这种社会的基本经济要素的结构,不为政治领域中的风暴所触动"①,他明确指出"在中国的发展中也可以发现这种基本结构"②。他认为,亚洲公社在经济方面的自主性,产生了其在社会自我建设方面的缺乏变动性与稳固性特征——"非同一般的稳固性以及与此紧密相联的对深刻的结构变化的免疫力"③,并举例加以论证,如印度等亚洲国家,尽管在农业与手工业等主要领域已建立相对先进的社会分工,然而由于这种分工主要是由直接的消费决定,使得经济基础与上层建筑之间的关系主要是通过地租进行调节,未能生产出对之产生反作用的新要求,因此,它"缺乏那种强大的、渗透到整个社会的每一个毛孔中去并且决定着人们的命运的商品流通的力量"④。相较亚洲公社的"亚细亚生产方式"而言,卢卡奇声称"古代希腊和罗马的原始共产主义结构的变迁,则表现出一种截然相反的命运"⑤。之所以得出此认识,是因为他从古代城乡分离的层面来审视并研究

---

① [匈]卢卡奇:《关于社会存在的本体论》(下卷),白锡堃等译,重庆出版社1996年版,第318页。
② [匈]卢卡奇:《关于社会存在的本体论》(下卷),白锡堃等译,重庆出版社1996年版,第318页。
③ [匈]卢卡奇:《关于社会存在的本体论》(下卷),白锡堃等译,重庆出版社1996年版,第318页。
④ [匈]卢卡奇:《关于社会存在的本体论》(下卷),白锡堃等译,重庆出版社1996年版,第319页。
⑤ [匈]卢卡奇:《关于社会存在的本体论》(下卷),白锡堃等译,重庆出版社1996年版,第319页。

原始共产主义结构,认为东方城市与直接的经济再生产相脱离,仅仅是通过占有地租来参与这种再生产,而在古希腊与古罗马个别的小土地占有者的生存与其城市公民权是不可分割地联结在一起。经过对"耕地表现为城市的领土"、人与土地的关系、部落形式的变化、农民对劳动的态度以及农民之间关系等层面的一番分析,卢卡奇得出结论:在古代希腊和罗马,"毋庸赘言就非常清楚,这样就产生了一种比东方的社会远为社会化得多的社会形式。这尤其是这样一种社会形式,它绝对不必局限于对已经产生的东西的简单再生产、重建;对它来说,发展、前进、进步等,从一开始就包含在自身实存的再生产活力之中"[1]。不难看出,在卢卡奇看来,关于原始共产主义结构方面,古代希腊和罗马产生了远比东方社会"社会化得多的社会形式",其生产与再生产更具活力,更进步。而且,这种社会形式之所以"在质的方面与亚细亚生产方式截然不同"[2],是因为"欧洲发展和亚洲发展的区别还在于,在欧洲的发展中可以看到各种不同的社会形态的彼此并列和相互产生;它们的相互取代表现出一种历史连续性,一种前进方向"[3],由于亚洲发展缺乏这方面历史连续性和前进方向,使得"亚细亚生产方式的城市本质上一直是寄生的"[4],阻碍了经济生产与社会结构的进步和发展,由此,卢卡奇认定"从严格的意义上说,亚细亚生产关系在这方面没有任何进步"[5]。

新世纪以来,中国学界愈加强化中国精神及主体意识,以本土化与全球化的立场审视、学习并批判西方文艺理论,以民族性、科学性及国际化的要求建构当代中国文艺理论,建构中国文化。对西方左翼文论的探讨亦无例外,无论是对早期西方马克思主义理论家葛兰西、本雅明等,还是对后来左翼理论家马尔库塞、阿多诺、克里斯蒂娃、詹姆逊等,中国学者在继续深掘这些理论家思想的文化内涵及当代价值之同时,不断开拓西方文论中的中国问题研究,揭示中西文论之间的不对等对话性,探讨如何实现这种不平等性的超越问题,思考中国问题对于 20 世纪西方文论的意义和价值,以及该

---

① [匈]卢卡奇:《关于社会存在的本体论》(下卷),白锡堃等译,重庆出版社 1996 年版,第320 页。

② [匈]卢卡奇:《关于社会存在的本体论》(下卷),白锡堃等译,重庆出版社 1996 年版,第323 页。

③ [匈]卢卡奇:《关于社会存在的本体论》(下卷),白锡堃等译,重庆出版社 1996 年版,第324 页。

④ [匈]卢卡奇:《关于社会存在的本体论》(下卷),白锡堃等译,重庆出版社 1996 年版,第328 页。

⑤ [匈]卢卡奇:《关于社会存在的本体论》(下卷),白锡堃等译,重庆出版社 1996 年版,第349 页。

问题对于当代中国文论话语建构的作用与意义。发展中国特色的社会主义文论，必须坚持马克思主义，认识到"马克思列宁主义的伟大力量，就在于它是和各个国家具体的革命实践相联系的"①，将马克思主义与中国实践相结合，同时，研究西方各理论家及流派思想时，必须树立强烈的中国精神及主体意识，不能脱离中国特点与实际来谈西方的理论或主义，不能使理论成为抽象的空洞之物，因此，"马克思主义在当代中国发展与创新的根本出路就在于，回应当代各类社会思潮，观照当代中国乃至世界的重大现实问题"②。探析西方文论中的中国问题，以中国本土化视野与国际学术研究相对接，发现问题，揭示冲突及潜在的不平等话语，担起新时代中国的文艺方向与历史使命——"文艺与人民的关系，重申文艺创作的人民取向，定位文艺发展的人民坐标，强调坚持以人民为中心的创作导向"③，明确思想认识，切实处理好当代中国问题。卢卡奇作为西方马克思主义的一位创始人，一生著作丰硕，涉及人文学科中的诸多领域。卢卡奇对中国问题的论述，反映了对中国文化关注的有限，很多情况下是间接涉及，同时，亦可见其对中国革命与政治问题的关注，无不出自满足匈牙利等东欧国家社会主义发展的需要。总体而言，捕捉卢卡奇的中国印象，一方面，必然触及他对中国无产阶级革命和社会主义流露出的向往之情及其热度；另一方面，又难以提取其对中国文化认知的清晰轮廓。对于前者，剥离其向往的热情，留下的是相当有限的认识；对于后者，拼贴其片语只言，显现的则是极为模糊的侧影。毕竟，卢卡奇论著关注的焦点是西方问题、匈牙利问题，提及中国文化亦是为其论证、解决西方问题服务的，除了在分析研究物化与异化问题时，间接提及"成吉思汗"④的名字之外，中国人的名字几乎未曾在其论著中浮现，更难以寻觅到对任何一位中国作家、理论家或政治家的深入研究。通过对"卢卡奇与他的中国印象"问题的梳理与探讨，进一步印证了西方文论中的确存在着的中国想象问题，而且这一想象既是个体性的，亦是西方文化及政治等因素无意识共同作用的结果，具有不平等对话性，其中的中国已然成了西方想象中的"客体"。

---

① 《毛泽东选集》第 2 卷，人民出版社 1991 年版，第 534 页。

② 王海锋：《"回归"历史唯物主义世界观的原初语境》，《云南大学学报》（社会科学版）2015 第 2 期。

③ 《人民需要文艺，文艺需要人民——二论学习贯彻习近平在文艺工作座谈会上重要讲话》，《人民日报》2014 年 10 月 18 日。

④ [匈] 卢卡奇：《关于社会存在的本体论》（下卷），白锡堃等译，重庆出版社 1996 年版，第 718 页。

第三章 卢卡奇的人民性与现实主义作家的渊源

卢卡奇从小喜爱文学,在大量阅读文学著作的同时进行文学创作,对具有现实批判精神的作家推崇备至。之后,在其一生关于文学艺术等问题的论述中,许多现实主义作家对他产生了深刻的影响。从卢卡奇早期至60年代前后卷帙浩繁的文艺论著,及晚年《卢卡奇自传》中,从对第二章表2-18与表2-19的汇总表及表3-1中,可略微窥知众多现实主义作家与卢卡奇文艺思想之间的复杂渊源。

表3-1　汇总表

作家/理论家	出现频次	作家/理论家	出现频次	作家/理论家	出现频次
莎士比亚	222	司汤达	204	马克思	1948
巴尔扎克	832	歌德	1653	恩格斯	751
海涅	104	托马斯·曼	282	列宁	935
托尔斯泰	820	席美尔	169	黑格尔	5658
罗曼·罗兰	70	狄尔泰	284	康德	1063
陀思妥耶夫斯基	11	马克斯·韦伯	91		

其中,卢卡奇提及较多或有专论文章的作家,有莎士比亚、巴尔扎克、海涅、托尔斯泰、罗曼·罗兰、陀思妥耶夫斯基、歌德等,而谈及次数最多的分别是歌德(1653次)、巴尔扎克(832次)和托尔斯泰(820次)。下面分专节对卢卡奇与歌德、巴尔扎克和托尔斯泰之间的关系进行探析。

第一节　卢卡奇对歌德的"钟情"与发展

卢卡奇的理想之一是希望成为德国文学史家,而歌德是德国文学史上一颗璀璨的明珠,他认为歌德的创作倾向是健康的,称歌德是"文艺复兴以来最后一个划时代的人物","世界文学中出现的第一个伟大的人物"。[①] 歌

---

① 《卢卡契文学论文集》(二),中国社会科学出版社1981年版,第532页。

德对卢卡奇在许多层面无不有着深刻的影响,他的现实主义世界观、艺术创作方法无不影响着卢卡奇的文艺实践。歌德在创作中注重实践的精神为卢卡奇的文艺理论创作提供了一种哲学上的起点,其所追求的历史真实性和现实主义精神,以及他对于古典主义与浪漫主义的划分得到了卢卡奇的充分肯定。同时,歌德作品中的人物个性以及艺术创作中的真实性等问题引起了卢卡奇的关注。卢卡奇在其著作中较多地提到了歌德,对歌德文艺思想的时代价值与历史影响进行翔实的论述,从中汲取养分发展自己的文学观与美学思想。作为卢卡奇非常青睐和推崇的作家,歌德的探索精神、艺术化的表达风格、人民性的文学思想以及对个性化的保护与发展,无不对卢卡奇产生潜移默化的影响,使卢卡奇深入思考歌德创作实践的思想魅力、艺术特色与时代价值。面对其他研究者对于歌德的非理性化评判,卢卡奇始终基于后者的真实经历以及作品,批判地、辩证地做出自己客观公正的评价,但我们仍可以看到卢卡奇对于歌德的"钟情"与追求。

一、现实主义世界观

歌德注重实践的创作精神深深地影响了卢卡奇的文艺创作观。歌德打破了当时浪漫派虚无的文化氛围,将一切问题都转化为切实的行动,使理论联系实际,具有较强的现实精神。卢卡奇在其著作中时常提及歌德,表达对歌德的赞赏与喜爱之情。在《现代戏剧社会学》(1909)中,卢卡奇在谈论戏剧问题时便较多地提及歌德及其作品。之后在《心灵与形式》的《浪漫派的生活哲学——诺瓦利斯》一文中,他格外地关注歌德,表现出极大的赞赏之情,赞同弗里德里希·施莱格尔有关歌德的评价——歌德的《威廉·迈斯特》与法国大革命、费希特的知识学是那个时代最重要的事件,称歌德与费希特在德国知识界中代表了真正生活的大方向。① 卢卡奇在分析浪漫派哲学时,指出当时"理性主义带来的后果是危险的和毁灭性的,但它至少在理论上废黜了一切既存的价值,有勇气来反对它的人最终只能做出原子式的、盲目的情感反应"②,他认为在这一方面做出成绩且实现了这一目标的,只有歌德。在歌德所处的时代中,许多人陷于虚无、混沌的文化状态之中,而歌德则最终达到了"从虚无走向一个某物(Etwas)的可能,从一个平庸文人的混沌状态……中解放出来、向着一个硕果累累的、创造文化的目标快步

---

① Georg Lukács, *Soul and Form*, New York: Columbia University Press, 2010, p.60.

② [匈] 卢卡奇:《卢卡奇早期文选》,张亮、吴勇立译,南京大学出版社 2004 年版,第 167 页。

飞奔的可能性"①。在清楚地认识到歌德超出同时代人的天才与卓越成就之后，卢卡奇明确指出："歌德把一切都化为了行动，而在他们那里，一切都只止步于方法和思想；为了解决自己的问题，他们只能提出对成问题的事物的反思，而歌德却实际地超越了自己的问题；他们努力地要创造一个新世界，在这个新世界里，天才人物、他们的诗人能找到自己的家园，然而，歌德却已经在自己的时代的生活中发现了他的家园。"② 从以上言论不难发现，卢卡奇对歌德的喜爱与溢美之情，认为后者虽处于浪漫派时代，却超越了浪漫派的局限，突破了个体的问题意识，摆脱了浪漫派在方法与思想上的拘囿，将一切转化为行动来解决个人与时代的问题，在不断尝试中寻找自己的家园。

歌德的这种以行动来解决问题的探索精神深深地影响了卢卡奇，前者为后者当时的创作也提供一种哲学上的起点。③《小说理论》的创作便是卢卡奇对当时个人出路的思索、探寻自己的精神家园归处、寻求时代与民族问题解决的一个表征。面对第一次世界大战的爆发和匈牙利社会各界对战争的狂热态度，卢卡奇在对战争充满了拒斥、对世界局势充满了绝望的心绪中创作《小说理论》，探寻能够解决社会与民族问题的答案，然而，他的这种探寻直到 1917 年才有了明确结果。在《小说理论》中，卢卡奇无论是对内容与形式的分析，还是对戏剧、史诗、小说等的探讨，歌德及其作品时常是他引证分析的对象。其原因在于，在卢卡奇看来，歌德所采用的艺术形式，尤其是《威廉·迈斯特》所作的综合尝试，能够显现被隐藏的一切，通过探寻主人公与其内在世界的关系以及与外部世界的关系，更好地跨越现实的距离，接近意义，解决问题，发现出路。

同时，卢卡奇认为歌德的文学创作具有历史真实性和现实主义精神。歌德认为要克服文学发展中与现实脱离的问题，必须使文学真正面对历史、传统及现实，使文学成为人们命运的一部分、一个因素、一个表现和一个反映。歌德或许没有这样明确的文学观念，但他的《铁手骑士葛兹·冯·贝利欣根》的确展现了这样的历史真实。卢卡奇认为，歌德在这部剧作中既未看到贵族起义的反动性，亦未看到农民起义的进步性，尽管他的剧本本身有着些许问题，却展现了历史的真实性和现实主义精神，某种意义上取得了现实主义的胜利。卢卡奇看到歌德在探讨真正意义上的古典作家时，不仅看到了这种历史真实性，更清楚地看到了民族精神，认同歌德的观点，认为

① [匈] 卢卡奇：《卢卡奇早期文选》，张亮、吴勇立译，南京大学出版社 2004 年版，第 169 页。

② [匈] 卢卡奇：《卢卡奇早期文选》，张亮、吴勇立译，南京大学出版社 2004 年版，第 171 页。

③ 参见 [匈] 卢卡奇《小说理论》，燕宏远、李怀涛译，商务印书馆 2012 年版，第 11 页。

从歌德对古典的民族作家的分析中,可以发现真正富有民族精神的作家所应具有的条件,"真正意义上的古典作家…… '一个古典的民族作家……他在他的民族历史中碰上伟大事件及其后果的幸运的有意义的统一;他在他的同胞的思想中抓住了伟大处,在他们的情感中抓住了深刻处,在他们的行动中抓住了坚强和融贯一致处;他自己被民族精神完全浸透了,由于内在的天才对过去和现在都能同情共鸣……'"①歌德谙熟德国古典文学产生的基础,认识到自己努力所面对的社会历史难题。同样地,面对时代的变化和社会政治革命,卢卡奇清楚地看到,"歌德和席勒所创立的现代文学的理论,是建立在双重认识基础上的,即既认识到新生活的丰富性,同时又认识到它对艺术的危害性"②。这一点,同样适用于卢卡奇生活的20世纪上半叶,达达主义、超现实主义等现代派艺术,虽然触及新生活的内容,却模糊甚至危害到了文学艺术的战斗性、阶级性等内容。对卢卡奇而言,从这一点来看,歌德《威廉·迈斯特》的成绩与不足是并存的,成绩是这部小说的布局和性格塑造比较灵活简洁,思想内容具有生气勃勃、范围广阔的人民性;不足之处在于小说在整体性的广度和现实主义的深度,逊于巴尔扎克和司汤达。卢卡奇指出,尽管魏玛古典文学过于讲究形式,背离了直接的人民性,但歌德文学作品的表现内容却未脱离人民。"从青年时代开始一直到古典时期,他创作了一系列富于人民性的妇女形象,从甘泪卿和克雷尔欣到窦绿台和菲莉娜都是这样的形象。而且在做人的道德方面和人道主义精神方面,这些富于人民性的形象越来越显示出她们高于那些上流社会的妇女形象。"③在人民性的艺术形象塑造和历史内容表现方面,卢卡奇肯定了歌德为女性和爱情解放哲学的发展做出的重要贡献。

卢卡奇肯定歌德关于古典主义与浪漫主义的区分,歌德认为古典的是从客观现实出发,更富有生命力,而浪漫的则从主观世界出发,多具有感伤病态的风格,歌德的文艺创作具有现实主义倾向。卢卡奇"钟情"于歌德,认为后者的创作倾向是健康的,某种程度上也是由于创作的态度所决定的。歌德把古典的称为"健康的",把浪漫的称为"病态的"。关于"健康的""病态的",卢卡奇通过对歌德的分析之后作了非常明确的阐释:"健康的应理

① [匈] 卢卡契:《卢卡契文学论文选:论德语文学》第 1 卷,范大灿编选,人民文学出版社1986 年版,第 27 页。

② [匈] 卢卡契:《卢卡契文学论文选:论德语文学》第 1 卷,范大灿编选,人民文学出版社1986 年版,第 36 页。

③ [匈] 卢卡契:《卢卡契文学论文选:论德语文学》第 1 卷,范大灿编选,人民文学出版社1986 年版,第 39 页。

解为自觉地与社会、与人类及人类的发展相联系,病态的应理解为主观地、颓废地与之相分离……为什么歌德到了垂暮之年能够充分理解巴尔扎克和司汤达最初的巨著并表示欢迎,为什么他又不持'过时的拟古主义'立场了呢? 歌德所谓的健康的和病态的,不是拟古主义诗学的形式主义范畴,而是分别表达同社会生活的正确关系或被歪曲了的关系的两个名词,而从这两种同社会生活关系中,必然产生出两种文学,一种是符合现实的,一种是歪曲地反映现实的。"① 从卢卡奇的论述中可以发现,首先,卢卡奇赞同歌德所作的关于文学创作的"健康的"与"病态的"区分;其次,文学实践中产生并存在着这样的事实:符合现实生活的文学与歪曲地反映现实生活的文学;再者,卢卡奇对巴尔扎克和司汤达的推崇,是有着歌德对巴尔扎克和司汤达喜爱的影响,或者说卢卡奇对巴尔扎克和司汤达的喜爱某种程度上推动了对同样喜爱他们的歌德的研究,或者我们可以认为是,卢卡奇对歌德、巴尔扎克和司汤达的研究是相辅相成、不可分割的。从歌德所实践的健康的创作倾向出发,以及从歌德的全部著作来考察,卢卡奇通过歌德以古代美的复兴清算封建主义来重塑歌德的形象,从而提出个体与人类的内在的、辩证的联系问题,人与类、个体的特殊性与人类的普遍性、内容与形式的有机辩证统一问题。真正的美包含了和谐的内容以及与之相应的形式,若把内容过于纯洁化就会"很容易使作品脱离生活,使内容变得抽象而肤浅,使形式变成拟古主义的、学院派的形式"②。出于这种美的艺术追求,歌德特别注重自然及其规律性,从其中探寻提升艺术作品的内容与形式及其艺术形象的方法。

二、艺术创作方法

歌德不仅具有现实主义的创作精神,同时对艺术创作的方法也有独到的见解,歌德的艺术创作风格、艺术创作方法对卢卡奇都有一定程度的影响。在卢卡奇看来,歌德创作的中心问题存在于两个方面。一是在内在精神方面,歌德同时代的斗争。歌德的这场斗争具有双重性,一方面要反对德国的一切鄙陋,反对渗透了封建残余思想意识的专制体制;另一方面是同资本主义进行斗争,反对世界的资本主义化,尽管他看到并肯定资本主义积极的进步的因素,但是"歌德同样清楚地看到,上升的、胜利的资本主义使文化与艺术失去人的个性的倾向"③。二是在艺术追求方面,歌德注重作品的

---

① 《卢卡契文学论文集》(二),中国社会科学出版社 1981 年版,第 546 页。

② 《卢卡契文学论文集》(二),中国社会科学出版社 1981 年版,第 547—148 页。

③ 《卢卡契文学论文集》(二),中国社会科学出版社 1981 年版,第 533 页。

新形式。无论是莎士比亚和巴尔扎克的创作,还是海涅和波德莱尔的作品,都存在各自典型的形式——莎士比亚的典型的戏剧形式、巴尔扎克的典型的长篇小说形式、海涅与波德莱尔的典型的抒情诗形式,而歌德则不存在这种典型的戏剧、长篇小说或抒情诗的形式,尽管他也有一时的应景或习俗之作,但习套作风或因循守旧却并未成为其作品的基本格调和要素。

卢卡奇对歌德的艺术创作风格有着辩证的思考。一方面,卢卡奇赞赏歌德的艺术风格,认为"歌德的风格化纯粹是艺术性的,或者仅仅是艺术性的";另一方面,卢卡奇认为风格上的纯粹艺术化会使歌德进一步走向庸俗化。在探析德国文学发展问题的过程中,卢卡奇曾指出,它发展的最重要的障碍是理想主义的遗风、庸俗习气以及真正传统的缺乏。[①] 针对此,德国启蒙运动形成了内在的统一性,有了明确的共同敌人——专制主义、贵族和庸俗习气。正是基于此,歌德力图使启蒙运动的理念在魏玛这个小城邦的政治和社会生活中得以实践。但启蒙运动思想所存在的理论与政治社会实践之间的脱节或对立,导致了像歌德、浮士德或塔索那样的悲剧或失败。但这并未妨碍天才作家歌德在《少年维特之烦恼》《浮士德》等作品中,利用社会"真空"的思想空间进行深入思考社会问题或深刻刻画艺术形象。"德国第一部荣获世界声誉的作品是歌德的《维特》……英国人和卢梭所发现的新人和新人的感情世界,在这部作品中比它的伟大先驱者要写得更完善、更全面、更深入,同时也更富于个性特征和典型性。但除此之外,《维特》还展示出——虽然就其实质还只是预感到的和暗示式的——资产阶级社会内在矛盾的图像,尤其是个人道德领域的内在矛盾,而这些矛盾甚至在法国也还没有支配生活的内容和形式,更别说德国了。"[②] 不难看出,卢卡奇给予歌德《少年维特之烦恼》极高的评价——"德国第一部荣获世界声誉的作品",认为相较同时代作品而言,后者已触及德国启蒙运动最根本的特征——资产阶级社会和个人道德领域的内在矛盾。卢卡奇认为德国文学发展中出现的这三种问题是具有内在统一性的,认为在德国狂飙突进运动之前,德国文学缺乏真正的历史、现实及人民的内容,缺乏真正意义上的公众生活。歌德尽管在以上方面有着不朽的功绩,然而却未能摆脱德国在文学艺术方面追求风格纯粹艺术化的弊病。这种风格上的纯粹艺术化是导致德国文学发展中庸俗习气形成的一个重要因素。"德国文学拥有大批有才华的作家,但很

---

① [匈] 卢卡契:《卢卡契文学论文选:论德语文学》第 1 卷,范大灿编选,人民文学出版社 1986 年版,第 4 页。

② [匈] 卢卡契:《卢卡契文学论文选:论德语文学》第 1 卷,范大灿编选,人民文学出版社 1986 年版,第 19—20 页。

难找出一个完全不沾染庸俗习气的德国作家。"①在卢卡奇看来,伟大的作家歌德亦不例外。这种风格上的纯粹艺术化使歌德不可避免地进一步走向庸俗化,如《托尔夸托·塔索》。总体而言,歌德的博学、活跃、富有血肉以及敏锐,将其推向现实生活,并展现出真实的现实生活,同时这也造就了歌德的伟大和局限性。正如恩格斯对歌德的评价:"有时非常伟大,有时极为渺小,有时是叛逆的、爱嘲笑的、鄙视世界的天才,有时则是谨小慎微、事事知足、胸襟狭隘的庸人。"②卢卡奇认同恩格斯对歌德的分析与评价,"正是对歌德的这种无情批判,正是这种断然拒绝对他的弱点和不彻底性进行任何美化,使辩证唯物主义者恩格斯有可能挽救歌德的伟大和不朽,为未来保护了歌德的遗产"③,有助于科学地认识、学习歌德。

　　个性问题是卢卡奇对歌德研究的又一个重要内容。"个体的发展,保护个体的个性、理智、艺术和道德的完整性,使之不受资本主义制度日常的影响,诚然构成了歌德一生和毕生著作的一个重要契机。可是,具有决定意义的,则是歌德关于个性,关于人和族类间关系的观点。"④歌德在《歌德谈话录》中通过回顾自己一生的实践,提出有一个中心问题:人与族类之间的关系问题。歌德的《浮士德》和黑格尔的《精神现象学》是德国古典时期两部最伟大的作品,它们同以往和同时代人的著作相比,杰出贡献之一在于歌德和黑格尔能够客观地、真实且艺术地提出个体与族群之间的关系及其交互作用问题。在《浮士德》中,歌德艺术化地再现了这一问题,表现了法国启蒙运动及其革命所开创的理性王国,只不过是资产阶级的王国,揭示了在这一王国中个体与族群之间的真正矛盾——个体的毁灭与人类的进步之间的矛盾。歌德尽管不能完全认识并揭示社会发展的基本规律,却为认识这一规律提供了基础,即:"人——在他的劳动中,通过他的劳动——创造自身,发展自身"⑤。歌德提升了旧的文学艺术的使命,在他那里,诗人超越了个人悲剧及自身的个体意识,成了人类更高发展的承担者和倡导者。因此,歌德的诗能成为明确表达思想的诗,使主客体相融合并表现现实生活,这不是狭义、简单的诗学问题,而是诗人的世界观问题。卢卡奇从歌德的诗中看到现

①　[匈]卢卡契:《卢卡契文学论文选:论德语文学》第1卷,范大灿编选,人民文学出版社1986年版,第4页。

②　恩格斯:《诗歌和散文中的德国社会主义》,《马克思恩格斯论艺术》第2卷,人民文学出版社1963年版,第370—371页。

③　《卢卡契文学论文集》(一),中国社会科学出版社1980年版,第16页。

④　《卢卡契文学论文集》(二),中国社会科学出版社1981年版,第539页。

⑤　《卢卡契文学论文集》(二),中国社会科学出版社1981年版,第543页。

实生活、主客体的统一融合,以及诗人世界观的决定性问题,批判颓废派文学艺术,尤其是达达主义和超现实主义的非理性主义特质,指出它们将个体的意识凌驾于族群、人类命运之上的本质。通过一系列分析论证,卢卡奇明确指出,歌德同颓废派是对立的。甚至到了晚年,卢卡奇也依然很重视歌德关于个体与社会间关系的论述。卢卡奇认同歌德的观点,认为"歌德……从自身的生活经验出发,强调指出个体与社会间的相互关系在任何一种生命表现中都是不可避免的"①,在理论与实践中都是有意义的。

在歌德那里,个体对自我的认识同对社会的认识是统一的,个体只有在从事实践活动的过程中,在现实社会中享乐或受苦之中才能内省,认识自我,而离开社会实践的真正的"认识你自己"是无法实现的,只能将内省引向虚空的主观,因为个人的命运同人类的命运是内在地联系在一起的。

同时,卢卡奇从社会主义角度考察了歌德的人物形象,充分肯定歌德独特的人物个性。在《我们的歌德》(1949)中,卢卡奇指出,"一八四八年革命的失败,导致建立德意志帝国这一性质反动的错误,其所以错误,是因为虚假的德意志人民的民族统一的建立,是一种反动"②,并未实现德意志人民所面临的任务,而歌德一生则是致力于解决并实现这一任务——民族形式。面对1917年俄国的伟大十月革命、苏联社会主义的诞生、东欧各国社会主义的建立以及"社会主义在中国革命军队的胜利中高奏凯歌"③,卢卡奇从社会主义角度出发来审视歌德这一形象,来考察并揭示作为人和诗人的歌德的最内在的个性,肯定歌德把充分发展的个性摆在我们面前。

同时,歌德强调艺术创作的真实性。在《歌德谈话录》中歌德对于青年人的创作提出了几点忠告,他认为应该从生活中汲取作诗的材料,例如画家在画风景画时首先要仔细地观察自然,不放过自然中的每一个细节,长此以往,他就能在创作时形成一个胸中之景,即所谓的成竹于胸,这样将利于作家创作出富有真实性、能够打动读者的艺术作品,正如歌德所说:"诗人的本领,正在于他有足够的智慧,能从惯见的平凡事物中见出引人入胜的一个侧面。"④ 艺术来源于自然,但是作家创造出来的艺术作品已经不同于粗糙直露的自然,作品已然浸染了个人独特的情感,艺术真实性的艺术魅力正在于此。

---

① [匈] 卢卡奇:《关于社会存在的本体论》(上卷),白锡堃、张西平、李秋零等译,重庆出版社1993年版,第759页。

② 《卢卡契文学论文集》(二),中国社会科学出版社1981年版,第523—524页。

③ 《卢卡契文学论文集》(二),中国社会科学出版社1981年版,第524页。

④ [德] 艾克曼:《歌德谈话录》,朱光潜译,人民文学出版社1982年版,第6页。

　　歌德创作中所体现出来的艺术真实性和其富有人民性的叙述技巧在一定程度上影响了卢卡奇的文艺思想观。从卢卡奇赞赏歌德作品中所展示的人民性,看到后者所表现的生活整体性,但对前者而言,后者所描写的生活整体性和塑造的人物形象中仍存在着问题的对立,许多矛盾仍未解决。但也正是在分析歌德等优秀作家的作品之后,卢卡奇才逐渐意识到:"对伟大文学的发展来说具有决定意义的是:从什么样的思想出发才能更深刻、更广泛、更真实地概括生活的整体性。"①他鲜明指出,像毕尔格、克林格尔、让·保尔等作家,尽管也许他们创作的出发点是好的,甚至是高尚的,然而,他们的人民性所产生的结果却是在美化小资产阶级庸俗的鄙陋状态。他从歌德等作家作品中获取思想资源,认为只有超越启蒙运动的悲剧性创作原则,将个体与人类的发展相结合,将个体的悲剧性同人类发展的非悲剧性相结合,将主人公的命运、理想同自由的人民的发展相结合,将人的命运、社会、时代发展中的无法解决的矛盾放在历史发展进程中加以解决,融入人道主义精神,才可能产生伟大的现实主义,创作出具有真正人民性的文艺作品。卢卡奇非常注重对德国古典文学的研究,尤其倾注大量精力加强对歌德的研究,从中挖掘非常宝贵的古典人道主义思想,因为在他看来,"古典人道主义着意要认识人和表现人,为的是促进和捍卫人在多方面都能得到发展,为的是促进和捍卫人的尊严和人不可侵犯"②。卢卡奇肯定歌德作品所具有的生活整体性和保持人物的独立性,认为正是歌德作品中真正的民歌式的、富有人民性的叙事技巧,有力地反映了人民运动和人民生活。

三、时代价值与影响

　　关于歌德的时代价值与影响,卢卡奇给予充分的肯定和赞赏:"象歌德那样的伟大诗人们,始终在满足'当代的要求',而且他们还通过发掘和提出隐藏在他们身上的真正的人类问题,不断扩大和加深这种要求。"③那么,在歌德那里,这种"当时要求"和"真正的人类问题"究竟是什么呢? 卢卡奇通过弗里德里希·施莱格尔对法国革命、费希特哲学和歌德《威廉·迈斯特》的分析,指出歌德所具有的在思想上为德国民主革命作准备的形象,逐渐为资产阶级所破坏和抹杀,并且资产阶级转而将歌德描绘为"奥林匹

---

① [匈] 卢卡契:《卢卡契文学论文选:论德语文学》第 1 卷,范大灿编选,人民文学出版社1986 年版,第 39 页。

② [匈] 卢卡契:《卢卡契文学论文选:论德语文学》第 1 卷,范大灿编选,人民文学出版社1986 年版,第 43 页。

③ 《卢卡契文学论文集》(二),中国社会科学出版社 1981 年版,第 524 页。

斯山上的神""超脱一切弱点的人间的半人半神""实际而伟大的人生楷模"，粉饰他作为人和诗人的弱点；到了尼采那里，歌德竟成了帝国主义生存哲学的鼻祖，他们从歌德的著作中为任何反动的、非理性的、反科学的帝国主义流派寻找理论根据，企图将歌德同现实、同民主对立起来。

卢卡奇指出了关于歌德研究的进步倾向及重要影响。相较这种将歌德研究予以反动化、非理性化的倾向，卢卡奇也看到关于歌德研究的进步倾向，指出这种倾向最伟大的代表人物是托马斯·曼。卢卡奇高度评价托马斯·曼，肯定后者"所塑造的歌德形象，拯救和恢复了歌德进步的以及恰恰寓于这种进步性之中的伟大的生活倾向"①，这种生活倾向将现实——活的现实纳入其中。不过，卢卡奇也指出托马斯·曼的歌德研究的抽象性与局限性，后者笔下的歌德"是一个处在狭隘而落破的市侩世界中茕茕孑立、形影相吊的巨人"②，染着历史哲学的悲观主义色彩，仍失具体化。卢卡奇看到，阶级立场不同，不同的社会思潮会产生不同的需要，会导致对歌德研究的不同结果甚至是对立的结果。衡量这些研究结果多大程度上符合歌德本身真实性的原貌，需要一个用以衡量的客观真理的标准。这一标准不是资产阶级的，而是社会主义的、马克思主义的。"社会主义的临近，在文学评论中马克思主义立场的形成，已经使歌德基本的、正面的特征得到日益清晰的说明。"③ 卢卡奇指出，歌德的一生不仅反封建、想要铲除封建的残余，而且渴望实现普鲁士的统一。在歌德作为魏玛大臣的这一阶段，尽管这些愿望在政治上遭到了失败，但他并未完全放弃积极的政治活动，因为生活在魏玛无论是成熟的还是年迈的歌德始终都是争取复兴德国的斗士。到了拿破仑时期，歌德的这些政治理想得到了短暂的复苏。对歌德而言，拿破仑是进步的社会政治革命的继承人，是盼望已久的肃清德国封建势力的践行者，是歌德任魏玛大臣时所推行的未完成政策的继续。卢卡奇分析了歌德的这种政治理想也融贯于后者的创作之中，无论是早期的戏剧《葛兹·冯·伯利欣根》，还是代表作《浮士德》，歌德都如实地、客观地、依据法国革命和拿破仑时期的经验描绘了那个时代。

通过以上对歌德人生经历及作品的分析，卢卡奇揭露并批判那种将歌德描绘成"奥林匹斯山上的神"的错误做法，他拒绝对歌德进行美化或神化，坦露后者的这些失败与妥协，认为展现一个真实、客观的"身处逆境，几

---

① 《卢卡契文学论文集》(二)，中国社会科学出版社1981年版，第527页。
② 《卢卡契文学论文集》(二)，中国社会科学出版社1981年版，第527页。
③ 《卢卡契文学论文集》(二)，中国社会科学出版社1981年版，第528页。

番努力,几番受挫,固执地沉默,嘲笑着隐退"①的歌德形象,才是保护歌德作为人和诗人的个性的最好方式。年轻时对革命向往充满激情,年迈时为人处世圆通老练,这些在歌德身上是客观存在的。卢卡奇赞同恩格斯对歌德的评价——"有时伟大,有时渺小",提出歌德的一生及创作既有对现实的妥协,又有对现实社会变革的积极努力,生活与创作的主线仍是进步的,这才是德国的歌德研究的任务。②

艺术创作方面,卢卡奇认为歌德在艺术创作中的现实主义精神具有重要的时代价值与影响,赞赏了歌德将艺术的保护与现实的接近相统一的精神。卢卡奇从歌德身上看到:后者既保护艺术又保护艺术家,反对那些驱使艺术家脱离生活而走上"纯艺术"道路的倾向。歌德的这种立场,对卢卡奇而言,有助于抵制日趋腐朽没落的资本主义对文化的有害影响,抵制自然主义、形式主义对艺术的消极作用。歌德在努力维护艺术纯洁性的同时,并未忽视作为基本社会根源的现实生活状况,没有割断艺术家同人民之间的联系。"歌德在创作上和艺术理论上所作的努力,旨在抵制时代的客观倾向"③,尤其在当时语境下,有助于抵制自然主义和形式主义等艺术的不良影响。在《威廉·迈斯特》《少年维特之烦恼》《浮士德》中,歌德不仅看到了资本主义生产力的发展,而且也注意到了同资本主义生产力缠绕在一起的各种矛盾。卢卡奇批判资产阶级作家的脱离生活的创作倾向,赞赏歌德的艺术贡献——对艺术的保护同对现实的接近相统一。通过以上分析,卢卡奇从歌德的生活与创作中总结出"唯有从丰富的生活中才能产生出最真实的文学"④的艺术真实规律。

歌德对于"民族文学"和"世界文学"的关系有着辩证的认识,这对于世界各民族的文化交流有着积极的影响。在歌德看来,"民族文学"具有独特的魅力,反映了各个民族的社会生活、道德风尚以及文化习俗等特质,是其在文学上立足于世界、发展自身的根本。随着各国经济与文明的发展,彼此之间的交流也日益紧密和更为迫切,"世界文学"已成为一种趋势。歌德说:"世界文学的时代已经快来临了。现在每个人都应该尽力促使它早日来临。"⑤他意识到世界各民族文化交流的重要性,而文化上的沟通与交流亦将进一步地推动各国经济的发展。歌德的思想具有包容性和开放性,他

---

① 《卢卡契文学论文集》(二),中国社会科学出版社1981年版,第531页。

② 《卢卡契文学论文集》(二),中国社会科学出版社1981年版,第531页。

③ 《卢卡契文学论文集》(二),中国社会科学出版社1981年版,第535页。

④ 《卢卡契文学论文集》(二),中国社会科学出版社1981年版,第539页。

⑤ [德]艾克曼:《歌德谈话录》,朱光潜译,人民文学出版社1982年版,第113页。

能用广阔的视角来看待不同民族之间的差异性和共通性,这对于文学的发展具有重要的意义。

卢卡奇从歌德的作品中发现弃绝是一项伟大的基本原则,这是其人民性思想的体现,表现了歌德对于人类命运的关注,这种思想对于时代与个人都有积极的意义。歌德从人类的实际命运出发,在具体的复杂性和调解中,抓住了所有这些表现在个人命运中的问题。"歌德像主要的启蒙者一样,对被压迫的人民有着强烈而热烈的同情,对压迫者也有着尖锐的批评。"① 从歌德作品(如《威廉·迈斯特》)中,卢卡奇发现要解决个人幸福与公共利益之间的冲突,解决个人理想与现实问题之间的矛盾,弃绝是一项重要的原则,因为在歌德看来,弃绝是所有愿为公众服务的、心胸豁达的、高尚的人的最根本的伟大的基本原则。

此外,从歌德及其作品上,卢卡奇还有几点给予了高度重视与深入研究。首先,从歌德那里,卢卡奇看到了自由对于艺术存在的重要性——自由不仅是艺术存在的基础,更是同一切鄙陋、一切德国的反动势力与鄙陋进行斗争的条件。其次,尽管歌德作品中具有丰富而浓郁的现实内容,但这绝不意味着他是社会主义者,卢卡奇指出,那些把歌德及其作品解释成某种具有社会主义内容的,是非常可笑且幼稚的做法。再者,在民族问题上,卢卡奇给予了歌德极高的评价,称其是"一位没有民族的伟大民族诗人",因为歌德的理想是将各民族如兄弟般地不可分割地联系在一起。歌德将美的问题同现实结合,同各种社会矛盾与斗争问题相结合,将个体与人类(族群)、个人与自然、人与外在社会之间的现实予以再现,充分地表现了人的渴望与内在精神世界,努力将人从资本主义的枷锁中解放出来,艺术地再现了人从个体到阶级、社会层面的解放问题。卢卡奇认为歌德有着最优秀最高贵的品格,其作品中寻求解放、解脱的倾向是具有人民性的,具有民主主义精神,有着自己独特而辉煌的文学艺术贡献。然而,歌德并非是"奥林匹斯山上的神",他有自己的弱点和缺点,有他的失败、妥协和局限性,需要正确、公正地评价他,这应成为时代的任务。

综上,歌德是卢卡奇非常钟情的作家,其现实主义的世界观、艺术创作方法对卢卡奇的文艺思想产生了深刻的影响。卢卡奇从歌德的探索精神、艺术化的表达风格、人民性的文学思想以及对个性化的发展与保护中,汲取营养,深入思考文学艺术的创作实践、未来发展等理论问题,突显其在理论创作方面关注时代、民族及人民生活等现实内容,从而形成自己的现实主义

---

① 　Georg Lukács, *Goethe and his Age*, London：Merlin Press, 1968, p.163.

文艺思想。卢卡奇对歌德艺术创作理念与方法的辩证思考,对现实主义的倡导、对人民现实的关注等内容的批判性接受,对于深入认识卢卡奇、理解歌德乃至现实主义理论,具有非常重要的理论价值和实践意义。

第二节　卢卡奇对巴尔扎克现实主义的弘扬

巴尔扎克是卢卡奇推崇的一位伟大作家。早在《小说理论》中,卢卡奇便发现巴尔扎克所描写的小说事件中揭示了社会现实的本质,察觉后者小说中所表现出的独特的、无限的、不可估量的、交织的命运与孤独的灵魂。[①]到 20 世纪 40 年代,卢卡奇在《论党的诗歌》中又称赞巴尔扎克以其伟大的作品"展示社会生活发展的宽阔而深刻的全景"[②],多次盛赞后者是"伟大诗人""伟大作家"。晚年之时,卢卡奇仍坚称实现"现实主义的最伟大的胜利"是巴尔扎克"最重大的特点之一"[③],赞誉后者是"对法国资本主义发展认识极深的历史学家"[④]。

卢卡奇的文艺思想充满了战斗性,尤其是在 20 世纪三四十年代,他反对现代派艺术对文艺思想中的阶级性、人民性与世界观的淡化表现,肯定巴尔扎克、歌德、托尔斯泰等人的文艺创作技法和思想。从其对巴尔扎克的研究中可以发现,卢卡奇在文学创作的真实性与预见性方面,对巴尔扎克推崇备至,对巴尔扎克的研究已经成为卢卡奇走向马克思哲学的前奏。[⑤]

一、真实性

作为经历了法国大革命,亲身感受了法国巨大的社会变革的巴尔扎克,在饱尝社会虚伪与黑暗后,决心以笔来展示社会现状,揭露各种类型的人在动荡的社会中的生活与思想,基于反映整个社会的目标,巴尔扎克的作品中可以看到他对于社会风俗人情的充分描画,看到他对贵族阶级的同情和未来历史发展的预见,尊重历史真实,以丰富的细节真实、典型性的人物形象展示生活全貌,被恩格斯称赞为"现实主义的最伟大的胜利"。卢卡奇

---

① 参见 Georg Lukács, *The Theory of the Novel*, London：Merlin Press, 1971, p.108。

② 《卢卡契文学论文集》(一),中国社会科学出版社 1980 年版,第 258 页。

③ [匈]卢卡奇:《关于社会存在的本体论》(上卷),白锡堃、张西平、李秋零等译,重庆出版社 1993 年版,第 755 页。

④ [匈]卢卡奇:《关于社会存在的本体论》(下卷),白锡堃、张西平、李秋零等译,重庆出版社 1996 年版,第 94 页。

⑤ 参见 Georg Lukács, *Record of a Life*, London：Verso, 1983, p.166。

非常崇尚巴尔扎克在作品中所表现出来的真实性及倾向性,对后者现实主义描写的广度与深度、叙述的整体性和涵盖社会矛盾的典型形象都予以高度赞赏。

1. 反对虚幻历史,追求历史真实

巴尔扎克作品的真实性最鲜明的特点在于能够在他的意识形态下真实地反映社会面貌,卢卡奇否定作家世界观决定作品的内涵这一论断,明确指出即便是意识形态很坏,作家亦能创作出优秀甚至伟大的文学作品,如站在保皇派立场的巴尔扎克,因为,巴尔扎克的作品"具有极大的内在的真实性"①。之所以会如此,其中非常重要的因素是巴尔扎克的创作忠实于历史,忠于现实。卢卡奇认为作品的思想与艺术成就并不完全决定于作家的意识形态,坏的意识形态亦能产生优秀的作品。"伟大的现实主义作家的作品的内在的真实性,在于这些作品是从生活本身中产生的,而它们的艺术特点是艺术家本人生活于其中的社会结构的反映。"②巴尔扎克以其丰富的文学作品,再现法国大革命之后的时代巨变,揭示欧洲资本主义从封建解体中不断生长、迅速发展的历史,既充满矛盾冲突又不失历史的真实。看到这种历史的真实,卢卡奇称赞"巴尔扎克就是法国处于这个过程的伟大历史家;在这一过程中,金钱的势力战胜了一切贵族的门阀;在这一过程中,那些当真接受复辟思想的个别人,成了悲喜剧中的'悲哀的骑士'"③。在卢卡奇看来,"伟大作家"巴尔扎克清楚地看到当时欧洲浪漫主义化思潮产生的清算革命思想这一不良苗头与倾向,并在其文学作品中加以全面而深刻的展现,揭示出现实的复杂与历史发展的必然。

熟知法国从封建主义崩溃到1848年二月革命历史的巴尔扎克,"作为那个时代的伟大现实主义者,他在《人间喜剧》中,创造了一个从资产阶级社会的土壤中生长出来,并在人与人之间的关系中表现出来的悲剧的、悲喜剧的和喜剧的矛盾的概要。巴尔扎克作品的巨大规模构成了一幅巨大的壁画,在这幅壁画上,资本主义'精神上的动物王国'在庞大的世界中,以其矛盾、受害者以及对其自身非人道的英勇而徒劳的斗争来描绘。"④巴尔扎克批判对历史的虚幻的描绘,崇尚对历史的真实表现,两者相互交织共同构成

---

①　《卢卡契文学论文集》(二),中国社会科学出版社1981年版,第264页。

②　《卢卡契文学论文集》(二),中国社会科学出版社1981年版,第334页。

③　[匈]卢卡奇:《理性的毁灭》,王玖兴、程志民、谢地坤等译,江苏教育出版社2005年版,第87页。

④　Georg Lukács, *The Young Hegel*: *Studies in the Relations between Dialectics and Economics*, London: Merlin Press, 1975, p.400.

了其小说的独特风貌与意义。对历史的客观性的描写，从中揭示社会生活中"现实的"人与"真正的"人之间的对立，人类历史与其承担者的个人之间的对立，这是卢卡奇所发现的巴尔扎克小说的一大特点。

卢卡奇认为伟大的现实主义所描写的是客观之上的现实倾向，指出作家应当掌握历史发展的潜在潮流。而巴尔扎克现实主义的伟大之处不仅在于他将历史现状如实描绘在作品中，而在于其作品超越了对表象的描写，呈现出了历史逻辑性，其中人与人之间的关系、行动、社会的发展演进都合乎真实的逻辑、合乎历史的发展规律，使作品内容以一种可信的方式展现出来。人类的文学实践活动必须摆脱对虚幻历史的描写，必须同真正的、伟大的历史遗产相结合，必须同现实的、真正的人相结合，同时成为人民大众的一种号召。文学实践是非常复杂的，卢卡奇从恩格斯对巴尔扎克的分析中，清楚地看到了产生伟大的现实主义实践这一复杂而清晰的辩证过程。卢卡奇赞赏并引用恩格斯对巴尔扎克的评价，称巴尔扎克实现了"现实主义的最伟大的胜利"："这样，巴尔扎克就不得不违背自己的阶级同情和政治偏见；他看到了他心爱的贵族们灭亡的必然性，把他们描写成不配有更好命运的人；他在当时唯一能找到未来的真正的人的地方看到了这样的人，——这一切我认为是现实主义的最伟大的胜利之一，是老巴尔扎克最大的特点之一。"[1] 巴尔扎克克服了对自身所处阶级的同情与政治偏见，真实地再现了上流社会的奢靡与底层人民群众的苦难，书写并揭示出贵族阶级没落灭亡、新兴资产阶级发展的历史必然。从恩格斯对巴尔扎克的研究中，卢卡奇看到后者实现"现实主义的最伟大的胜利"并不在于后者政治意识形态或世界观的"好"与"坏"，而在于其文学对现实描写的真实性以及对社会未来的可预见性；告诫对巴尔扎克的研究不能是简单地"社会学地"考证其作品的取材来源，而是研究他的这种真实性与预见性的现实主义的伟大贡献，并且警惕对巴尔扎克反动的或"坏的"一面所做的任何简单化或机械的研究。

2. 深刻亦不失细节真实

卢卡奇主张现实主义的真实性体现在对历史、社会、生活与人物的描写不仅要有广度，而且要具有深度。《人间喜剧》是巴尔扎克以毕生心血创作的由 91 部独立而又相互关联的小说作品构成，塑造了 2400 多个人物形象，被誉为"资本主义社会的百科全书"，展示了 18 世纪末至 19 世纪中期法国社会的广阔面貌，"是作为人类生活方式的资本主义范畴逐渐渗入资

---

① 《马克思恩格斯文集》第 10 卷，人民出版社 2009 年版，第 571 页。

产阶级社会这个过程在文学上的反映"①。一方面,巴尔扎克多角度描写当时法国社会的历史,表现包括不同阶级人物、生活场景等在内的具体社会风貌;另一方面,他也对此进行深刻剖析,揭示社会的深刻变革和世界历史发展的必然性。从恩格斯对巴尔扎克现实主义的研究中,从莎士比亚、巴尔扎克等伟大作家作品中,卢卡奇汲取营养并明确强调:"从对社会的世界历史性变革的深刻认识中汲取力量的真正伟大的现实主义,只有当它确实包括了社会的各个阶层,突破了对历史和社会的'官方的'见解,并且生动、形象地抓住了那些实行了真正的社会变革,创造了真正的新型人物的社会阶层和社会潮流时,才能做到这一点。当伟大的现实主义者进入这样的深度,并且把这个深度形象地表现出来时,他才完成了文学的真正本来的、真正创造性的任务。"②对卢卡奇来说,伟大的现实主义者对世界历史、社会时代的发展变革有着非常深刻的认识,并在此基础上创造真正的不同新型人物,刻画鲜活、生动的人物形象,反映社会阶层与社会潮流的真正变革,挖掘出人物心灵世界与社会时代的深度变化,唯有此,才可能创作出真正伟大的文学作品。

巴尔扎克作品的伟大之处不仅体现在对历史真实的追求,也在于其中对真实细节的描绘。他的这一描写并揭示现实的方法,在造就自身作品伟大的同时也推动了现实主义的发展。也由此,"恩格斯才能说,甚至在经济细节方面,他从巴尔扎克那里学到的东西,'比从当时所有职业的历史学家、经济学家和统计学家那里学到的全部东西还要多'"③,因此,文学实践中尤其是关于叙述与描写中细节的真实性问题,也应成为研究马克思主义文艺理论的基本工作。

关于细节的真实性,卢卡奇通过对叙述与描写问题的探讨,指出巴尔扎克在细节真实上的成功,强调作家创作方法的重要性。在对左拉《娜娜》的分析中,卢卡奇不仅将其中关于赛马的场景和托尔斯泰的《安娜·卡列尼娜》做了对比,而且对其关于剧院的描写在与巴尔扎克的《幻灭》对比中进行了细致研究,指出左拉无论是对赛马场景还是关于剧院的描写,尽管都淋漓尽致地展现了其艺术上的辉煌造诣,但却因为过于追求精妙、精致,使赛马的事件、剧院的场景同整个小说的故事情节、主题联系松散;巴尔扎克在《幻灭》中对剧院及相关内容的描写,尽管没有左拉式的客观、严谨以及

① 《卢卡契文学论文集》(二),中国社会科学出版社1981年版,第334页。
② 《卢卡契文学论文集》(一),中国社会科学出版社1980年版,第32页。
③ 《卢卡契文学论文集》(一),中国社会科学出版社1980年版,第32页。

资料上的完整，但将这一描写同小说主人公吕西安的命运转折紧紧相扣，完美地展现了人物命运的斗争与冲突，同时在这些斗争与冲突中表现了资本主义制度下的各种社会问题。幻想的破灭成为巴尔扎克小说《幻灭》的主题，在卢卡奇看来，更为重要的是这部作品揭示了社会的悲剧——"幻想是在一种绝望的斗争、一种跟社会发展的危机进行悲剧的、有时是悲喜剧的搏斗的形式中被社会现实粉碎了的"①。当然，通过对剧院的描写，左拉在一定程度上也反映了资本主义社会的问题，然而，"巴尔扎克却表现出，资本主义制度下的剧院是怎样被变成了妓院的"②。在巴尔扎克的作品中，人的周围环境中的事件同他的命运是紧密地联系在一起的。卢卡奇将左拉与巴尔扎克对剧院及事件的刻画与再现的创作手法上的不同，概括为叙述与描写之间本质上的差异。左拉《娜娜》中对剧院的精细、资料式的"描写"，过于热衷于专论式的"描写"的完整性，仅是将"描写"穿插于小说故事中，同人物命运、情节发展的关系松散，使描写最后仅成为一个单纯的"描写"事件；巴尔扎克《幻灭》中所"叙述"的剧院事件，指向对人及其命运的叙述，直接关系到故事情节的发展，是人物命运转折的关键。通过对一系列作家作品做非常仔细的对比分析，卢卡奇推崇巴尔扎克、托尔斯泰、司汤达等人作品中的叙述，认为其将人物命运、事件、场景、社会生活等有机地统一，将生活细节的真实同作家的世界观、人生观完美融合，实现了现实主义的胜利；相反，他批评福楼拜、左拉等人作品中的描写（或者说将叙述沦为单纯的描写），将人物及其命运、场景、事件变成各自偶然存在的个体，使它们之间的联系变得松散。

　　卢卡奇进一步分析这些不同的创作方法产生的根源。他认为叙述是以体验为基础，描写则是以观察为基础，它们表面上是创作技法上的不同，而实际上却反映了不同作家对生活、对社会问题的认知与评判，反映了作家的世界观与意识形态观念。不过，这并非意味着巴尔扎克不重视描写，只注重叙述。在巴尔扎克对司汤达《帕尔马修道院》的研究中，卢卡奇看到巴尔扎克对描写的重视，看到后者所强调的作为现代写作方法的描写的价值与意义，但巴尔扎克同时也意识到，描写在创作实践中对于人物的性格、外貌与命运，以及故事情节与环境的反映所存在的不足。因此，卢卡奇认为巴尔扎克作品中的描写不再是单纯的描写，不是描写个人病态的变态，而是将个体的真实、生活的真实和社会的典型融入其中，入木三分地加以表现，并且

①　《卢卡契文学论文集》（二），中国社会科学出版社 1981 年版，第 384 页。

②　《卢卡契文学论文集》（一），中国社会科学出版社 1980 年版，第 42 页。

能够将这种"描写"转换为行动。

经过对大量作家作品细致对比分析后,卢卡奇认为作家对叙述与描写的认知的不同,体现了作家世界观与人生观的不同,揭示出作家创作方法背后的世界观与意识形态问题,与作家所处的时代背景及其个人经历和人生态度紧密相关。卢卡奇明确提出:"描写乃是作家丧失了叙事旨趣之后的代用品……叙述要分清主次,描写则抹杀差别。"①描写以观察为基础,它的对象是眼前所见的一切,把对象变成死一般的静物,不分主次,从而淡化对象的本质内容和作家的世界观、人生观,因此,描写是静止的、呆滞的、消极的、肤浅的;而叙述以体验为基础,其对象是往事,聚焦并反映人及其命运、现实生活,表现内容有取舍、分主次,突显现实的矛盾与问题,彰显作家的世界观,因此,叙述是有生命的、生动的、真实的、深刻的。在卢卡奇看来,巴尔扎克、托尔斯泰、司汤达等人的作品侧重以叙述为主要创作手法,将人物命运、社会问题、矛盾与冲突、作家的世界观有机联系并统一起来,取得了现实主义的成功;而福楼拜、左拉等人的作品侧重以描写为主要创作方法,将对象作为静止的物加以表现,其与要表现的内容、作家的世界观联系松散,这使人的命运成为孤立、静止的存在,使生活丧失了诗意的空间与水平。卢卡奇认为,叙述与描写所产生不同的创作倾向、创作结果,同作家所处的不同时代背景与个体经历差异有着密切的关系。巴尔扎克经历了法国社会从封建主义到资本主义的巨变,是"新生的法国资本主义的狂热投机事业的参加者和牺牲品……是文艺复兴时期和启蒙时期的古老作家、艺术家和学者们的后继者:那些古人都积极地、多方面地参与了当时伟大的斗争,他们由于有了多方面的丰富的生活经验才成为作家。他们还不是资本主义分工意义上的'专家'"②。巴尔扎克在创作实践中,将自己参与社会革命或斗争的生活经验与体验融入其中,对故事或历史事件的叙述是融入其体验的,他的"描写"是为人物命运服务的。"福楼拜和左拉则不然。他们是在一八四八年革命之后,在业已组织就绪的资产阶级社会中开始创作的,他们并没有积极参与这个社会的生活,他们也不想参与。"③卢卡奇明确指出,福楼拜和左拉是属于过渡时期的作家,他们拒绝参与资产阶级社会生活,对资本主义社会的政治、制度、生活持拒绝与憎恨态度,但却无力参与到对资本主义社会的抗争中,只是成为社会批判的观察者,成为资本主义社会分工意义上的职

① 《卢卡契文学论文集》(一),中国社会科学出版社1980年版,第55—56页。
② 《卢卡契文学论文集》(一),中国社会科学出版社1980年版,第47页。
③ 《卢卡契文学论文集》(一),中国社会科学出版社1980年版,第47页。

业作家,因而,他们的作品成了商品,他们本人也成了商品的出售者,不能像巴尔扎克、歌德、托尔斯泰等作家那样,不以笔耕为生,将自己的生命与阶级抗争,同资本主义社会的原始积累、工业革命、政治革命等实践相结合进行创作,而只是作为社会静态的、旁观的观察者。他们是孤立在社会生活之外而不是深处其中,在经验之外而不是融入社会经验之中的,所以自然主义者的作品才会缺少对社会整体的参与性,缺少对人物命运深刻的体察与关照,也便缺少了作品中重要的倾向性与潜在情思。反之,现实主义作者由于亲身经历了社会变革,他们对国家、对人民有着更深切的情感,使其在作品中更好地体现了生活的本质。巴尔扎克作品中的细节描写能够与作品中表现出来的社会整体相联系,是具有整体性的而不是孤立的,从中可感受到巴尔扎克深厚的现实主义精神。

3. 以典型描写刻画社会现实

巴尔扎克称自己为社会生活史家,“在《人间喜剧》序中谈到自己的时候,几乎逐字逐句地重复了这一点”①,然而他不仅描写社会生活的广阔内容,更以其文学典型性描写并揭示社会历史深层的内在性问题。在卢卡奇看来,巴尔扎克创作占主导地位的中心倾向是“展示社会生活发展的宽阔而深刻的全景”,并且其“影响人们的主要手段是真正而忠实地反映社会生活”。② 卢卡奇认为巴尔扎克与后来的法国小说家(莫泊桑、左拉等)之间的冲突,表面上是语言美学的冲突,实际上是现实主义和自然主义的冲突,巴尔扎克的小说赋予了现实主义文学主要范畴和标准——典型,而自然主义小说则游离甚至不具备此范畴和标准。

典型的范畴和标准涵盖了巴尔扎克小说的广度与深度,是对其现实主义作品在美学与哲学上的凝练与深化。卢卡奇认为:“社会主义现实主义在现实及世界观方面具有可能性,在社会自己运动法则的基础上以艺术的手法展现出具体直接的社会的总貌。”③巴尔扎克的《人间喜剧》以广阔的视野描画了社会的总貌,反映了社会的整体性、现实性以及未来的可能性,而这种刻画社会总貌的创作方式为其他现实主义文学所继承,如苏俄的现实主义文学,但也为自然主义所曲解——迷恋于描写社会整体的全面性,缺乏深层次的典型。在卢卡奇看来,以巴尔扎克为代表的批判现实主义对社会主义的意义在于,“指出社会主义发展在非社会主义的觉悟中的反映,借此

---

① 《卢卡契文学论文集》(一),中国社会科学出版社 1980 年版,第 258 页。
② 《卢卡契文学论文集》(一),中国社会科学出版社 1980 年版,第 258 页。
③ 《卢卡契文学论文集》(二),中国社会科学出版社 1981 年版,第 110 页。

表达新生活的丰富性,它的改变人的力量,在它的主观与客观的影响中人们
所走道路的曲折性"①。卢卡奇指出绝不能将这种丰富性、整体性等内容片
面化,将社会主义现实主义沦为宗派主义的工具,变成描写方法的公式主
义,而应该像巴尔扎克那样,从具体的人的命运出发将社会生活提升到典型
的高度,突显人与生活现实、具体问题的直接联系。"典型形象之所以成为
典型是因为它的个性最内部的本质受着客观上属于社会重要发展倾向的规
则所左右和限定。只有通过最普遍的社会客观性而从个性的最真实的深处
生长起来,一个真正的典型才能在文学上产生。"②巴尔扎克笔下的人物,如
伏脱冷,表面上看起来极端甚至怪癖,实际上体现了这种典型的特性,从个
性的真实中反映普遍的社会客观性,在创作上融合了个别人物和典型之间
的辩证关系。不仅如此,典型人物受环境的影响,巴尔扎克能够精准抓住社
会的本质,找到具有"类"的特点的人物形象,并擅长将人物与环境相互衬
托,将人物描写置于特殊的环境之中,以典型的方式表现生活中的主要事
件,从而在充分展示社会面貌的同时,更好地表现人物的典型性。因此,卢
卡奇强调"一个作家的真正伟大,其根源在于他对现实的关系的深度和丰
富程度"③,主张以完整的真实性和真正普遍的典型,来消除颓废的形式主
义、宗派主义的公式主义,纠正斯大林时期的社会主义现实主义,突显现实
生活的真实面貌。

　　卢卡奇认为,典型问题不仅是指个体与普遍、现象与本质的问题,更是
一个矛盾体,涵盖各种冲突与矛盾。巴尔扎克的历史伟大性的一个重要构
成要素是他以《人间喜剧》揭示了其主观意图与客观实践之间的矛盾。"巴
尔扎克的伟大恰恰在于这个事实,那就是他不管自己在政治上和思想意识
上的一切偏见,还是用不受蒙蔽的眼光观察了已经出现的一切矛盾,并且忠
实地描写了它们。"④巴尔扎克以其伟大的创作手法,以其作品艺术性和思
想性的真实性与典型,描绘出一幅法国资本主义社会的完整画卷,再现当时
人的真实存在、生存问题、社会关系以及社会矛盾,揭示出支配社会历史发
展的那些潜在的社会力量、阶级矛盾、经济力量与历史发展规律,而这恰是
巴尔扎克式的现实主义的特质。卢卡奇意识到巴尔扎克的现实主义反映生
活现实的真实,揭示社会内在结构的特征,同时"必须描写社会内部蕴藏的
动荡,描写掌握其运动、其初步的趋向、它的看不见的成长以及它的革命巨

---

① 《卢卡契文学论文集》(二),中国社会科学出版社1981年版,第123页。
② 《卢卡契文学论文集》(二),中国社会科学出版社1981年版,第141页。
③ 《卢卡契文学论文集》(二),中国社会科学出版社1981年版,第156页。
④ 《卢卡契文学论文集》(二),中国社会科学出版社1981年版,第180页。

变的那种内在规律"①,揭示社会进展的真正动力,力图将人、生活与社会现象的真实、典型与本质的特征提供给读者。综上,对卢卡奇而言,巴尔扎克现实主义的真实性与典型是相辅相成的,真实性是文学典型的基础,而典型则是对文学真实性的凝练与升华。

二、预见性

巴尔扎克以其真实性与典型再现广阔的社会历史画卷,揭示诸种社会矛盾,在对现实本身矛盾自身运动的描写中呈现历史发展的真实进程和方向,显现出其作品的预见性,成为一位具有预见性的伟大作家。"巴尔扎克不是社会主义者,实际上被称为社会主义的反对者,但他对资本主义世界的文学模仿却表明了一个新世界的必要性,与傅立叶对资本主义的讽刺批评同样鲜活生动。"②卢卡奇意识到,无论是伟大的历史遗产,还是人民性文艺作品的创作实践,无不与人生观的、世界观的、方法论的观点紧密联系,并且这个问题同人类发展的历史使命,与无产阶级摧毁资本主义这个非人的世界,建立共产主义社会的使命亦有着紧密联系。文学作品不仅要真实地反映现实世界,描写时代与人物的典型,也要预示或揭示人类社会发展的方向,具有前瞻性或预见性,"巴尔扎克不仅描写了他那时代最重要的典型,而且'具有预见地创造了在路易·菲力浦统治下刚刚具有雏形、到了路易·菲力浦死后拿破仑第三执政时才充分发展的典型'"③。

1. 忠实于现实真实性

文学作品要具有预见性,必须立足真实的社会现实,同人民的真实生活保持紧密的内在联系。基于唯物论的历史观,巴尔扎克以现实主义的眼光看待文学创作,以分析、揭露的方法探究生活的本质,巴尔扎克即便带有"错误的意识"——保皇派的落后思想,但作为作家却能够深入地扎根于人民生活中,从熟悉人民生活的最重要问题出发进行创作,"正确地、合乎客观真实地塑造了人类经济生活与精神道德生活之间的真正的交替作用"④,正确深刻地把握住了经济生活与经济道德生活的真实内容,凭借其对现实的热情与真诚,把握造成生活现状的内在动因,从而达到了真正的历史真实,创作出了不朽的文学作品。基于此,卢卡奇明确提出:"作家与各式各

---

① 《卢卡契文学论文集》(二),中国社会科学出版社 1981 年版,第 196 页。

② Georg Lukács, *The Young Hegel: Studies in the Relations between Dialectics and Economics*, London: Merlin Press, 1975, p.400.

③ 《卢卡契文学论文集》(二),中国社会科学出版社 1981 年版,第 266 页。

④ 《卢卡契文学论文集》(一),中国社会科学出版社 1980 年版,第 140 页。

样的人民生活、与社会的全部阶级的真实生活深深联系是绝对必要的。"①
巴尔扎克的《农民》对资本主义与小土地的关系的塑造与反映,在再现农民
生活真实性的基础上,揭示出经济对生活的必然性的决定性力量。除此之
外,历史精神是卢卡奇所推崇的文艺创作的新的伟大准则,巴尔扎克便是这
一新的创作准则的真正伟大的代表与传承者。这种历史精神是巴尔扎克从
瓦尔特·司各特那里习得并传给了后世作家的创作准则,是从作家的广阔
而丰富的经验与经历出发形成优秀作品的基础的准则,是对现实的理解的
强有力的精神。② 卢卡奇认为,从瓦尔特·司各特、巴尔扎克、托尔斯泰等
伟大现实精神作家以来,现实主义出现了衰落的现象,"现实主义的衰落一
直是表现在动摇中,抽象中,表现为逃避描写现实的历史精神,表现为对现
实的问题、现实的人和命运做形而上学的理解"③,巴尔扎克的作品之所以
实现了现实主义的伟大成功,其重要原因在于,他的作品对现实真实性的忠
实,对现实的历史精神的勇敢面对与反映,对现实问题的揭露,对现实的人、
人民及其命运的具体、形象生动而深刻的反映和揭示,同时亦不乏对时代要
求的顺应与重建。这种对现实真实性与人的问题、历史精神与时代要求的
联结与重建,在艺术与美学上促进了历史小说古典形式的复兴,促进了对古
典遗产的继承同发扬具有人民性的民主主义人道主义精神的结合,促进了
对现实主义问题的深入讨论与思考,而巴尔扎克、托尔斯泰等优秀现实主义
作家的作品,为这些内容的实践提供了很好的学习范本。

　　2. 以人物形象追求人的完整性

　　人物艺术形象的智慧风貌,是卢卡奇所强调的作品人物形象除典型之
外的又一重要的特性,智慧风貌是指典型人物在特定时代下所形成的世界
观,它既是人物自我的特征,亦是对时代的表现,引导着人物的思想与行动。
人物形象的智慧风貌体现了巴尔扎克对人物形象塑造方面的深刻理解与认
识,凝聚了预见性的认识与判断,使人物形象成为活的生动的富有诗意的生
命个体。面对阶级社会中人所遭受的政治、经济等方面的压迫以及个人道
德的衰落,卢卡奇赞同巴尔扎克所提出的智慧的重要性——巴尔扎克将社
会上的人分为两类:出纳员(诚实的傻子)和贪污犯(聪明的流氓),"在这种
情况下,谁要成为道德上完整的人物——在大多数情况下——那么他必须
具备道德的天才"④,具备智慧。卢卡奇从巴尔扎克的《不为人知的杰作》中

---

① 《卢卡契文学论文集》(一),中国社会科学出版社 1980 年版,第 140 页。
② 参见《卢卡契文学论文集》(一),中国社会科学出版社 1980 年版,第 163 页。
③ 《卢卡契文学论文集》(一),中国社会科学出版社 1980 年版,第 163 页。
④ 《卢卡契文学论文集》(一),中国社会科学出版社 1980 年版,第 361 页。

发现,其中的人物"以其对抽象问题的生动的个人的态度而个性化了的;智慧的风貌,又是描画活的性格的主要手段"①,而人物的智慧风貌通常是世界文学中伟大杰作的重要特征。

卢卡奇在20世纪三四十年代的文艺论著中常常提及文学的衰落、现实主义的衰落,而衰落的一个重要表征便是在文学表现方面智慧风貌的模糊。卢卡奇首先廓清了两种对智慧风貌的误解的观点。"首先,文学上人物的智慧风貌,意思并不是说他们的意见常常是正确的,并不是说他们的个人的世界观是客观现实的一个正确的反映。"② 其次是,智慧风貌的完全的描画,并不意味着包含一种抽象的智力的描画。在卢卡奇看来,人物的智慧风貌,对于实现作品中的中心任务是必不可少的,但这类人物却不必拥有正确的观点,像巴尔扎克、莎士比亚、托尔斯泰等作家笔下的人物拉斯蒂涅、哈姆雷特、康斯坦丁·列文那样。那么,究竟怎样的人物才具有智慧风貌呢？卢卡奇认为,"在所有伟大的作品中,它的人物,必须在他们彼此之间,与他们的社会的存在之间,与这存在的重大问题之间的多方面的相互依赖上被描写出来。这些关系理解得越深刻,这些相互的关联发展得越是多方面,则这作品越成为伟大的,因为,它是越接近生活的实际的丰富"③,除了对这些关系的深刻理解与多方面刻画,使人物更"接近生活的实际的丰富"之外,智慧风貌的刻画还必须具有人物的"非常广大、深刻和普遍的人类的性格创作"④。

同时,实现智慧风貌的深刻而有力的描写,必须对人物性格与情景的刻画在最高度、最纯粹的水准上作矛盾的表现。卢卡奇主张,这种高度与纯粹的水准必须从两个方面获得,一是客观方面所涉及的智力的水准,一是主观方面所涉及的情景、人物,以至于所谈及的人物的经验的反映的交织。卢卡奇借用巴尔扎克《高老头》作为例证来阐明这种高度的获得。拉斯蒂涅被伏脱冷劝说娶弃女维多莉,因为维多莉是大富翁泰依番的女儿,伏脱冷预谋在一场决斗中杀死大富翁的儿子,这弃女便成为富翁的唯一继承人,之后他和拉斯蒂涅便可瓜分那笔产业。在这一情景中,巴尔扎克以极高的智力水准,写出了人物拉斯蒂涅的内心矛盾与斗争,勾画出多彩而不同的人物形象,表现了拿破仑时代之后年轻一代的斗争、社会问题与矛盾。同时,将高老头的命运融入其中,将一个个犯罪的情景、人物的悲剧提升至社会的大悲

① 《卢卡契文学论文集》(一),中国社会科学出版社1980年版,第173页。
② 《卢卡契文学论文集》(一),中国社会科学出版社1980年版,第174页。
③ 《卢卡契文学论文集》(一),中国社会科学出版社1980年版,第174页。
④ 《卢卡契文学论文集》(一),中国社会科学出版社1980年版,第181页。

剧。巴尔扎克通过描写拉斯蒂涅对伏脱冷和鲍赛昂安子爵夫人对社会可能但必须采取态度的同一想法感到惊奇，通过这种平行的情景、同一而平行的感悟的描写，把非常的情景提升至艺术上普遍的内容，将智慧的风貌转化为可见可感的东西，凝练并提高了人物、情景的典型性，成功地获得了艺术形象的智慧风貌的高度。卢卡奇认为，伟大的作品无论是内容还是情景的描写中，总是充满了社会与人性中的奋斗与抗争，作家只有具有"觉醒的"意识与现实，才可能创造出智慧的风貌。在这一方面，巴尔扎克以其优秀的作品为世人作出了贡献，以其作品对现实再现的广度与深度，超越简单的直接反映方法，而福楼拜、左拉和龚古尔兄弟虽然在文学革新的大旗之下，提倡一种新的现实主义——自称描写现实更为客观的现实主义，却把自己局限于对现实生活片段的忠实描写，最终沦为肤浅的、机械的、图式的、平庸的水准，描写仅停留于现实的外在表面而丧失了内在的预见性感知。

　　文学上的预见性并非是一个静止的、平面的内容，而是一个充满了矛盾冲突与斗争的综合体，并在"现实主义的胜利"这一概念中很好地得到表现。卢卡奇在分析文艺理论时喜爱且经常使用这个概念。他赞赏恩格斯对巴尔扎克所作的准确而精辟的评价，所谓的"现实主义的胜利"，"就是恩格斯分析巴尔扎克的作品时曾经精辟地确定的现实主义形象塑造的胜利，文学上正确而深刻的真实反映对巴尔扎克个人的和阶级的成见的胜利"①，是一个充满矛盾与斗争的复杂而辩证的过程。现实主义的胜利不会屈从于作家个人的世界观与意识形态的倾向，不会逃避社会生活的重大问题，不会歪曲社会的进步性与生活的真实性。卢卡奇从马克思的论断中，深刻理解"人的根本就是人本身"②的内涵，从马克思有关巴尔扎克的论述中逐渐认识到——"文学的惊人的社会力量恰恰在于，在文学中，人是直接地，连同他内在和外表生活的全部丰富性，如此具体地出现，这是其它反映客观现实的领域所办不到的。文学能够把社会生活中的矛盾、斗争和冲突塑造得那样真实，就象它们显露在真正人的灵魂中、生活中那样，而这一切冲突的相互关系的塑造就象它们汇集在真正的人身上那样……在这里，文学——真正深刻的和现实主义的文学，还能够给社会关系最深刻的认识者，提供全新的、意想不到的、十分本质的体验和认识。"③从此段论述中，可以发现：卢卡奇非常肯定文学的力量，文学是发现和探索人及现实的一个广大而重要的

---

　　① 《卢卡契文学论文集》（一），中国社会科学出版社 1980 年版，第 222—223 页。

　　② 《马克思恩格斯文集》第 1 卷，人民出版社 2009 年版，第 11 页。

　　③ 《卢卡契文学论文集》（一），中国社会科学出版社 1980 年版，第 228—229 页。

领域；其次，文学不仅能够反映人内在和外在生活的全部内容，而且能够反映现实生活的丰富性与复杂性；再者，文学的这种表现与反应力是其它反映客观现实的领域无法媲美的；最后，真正的文学能够带给人对社会关系的理解以惊人的、新的、本质的认识。这些认识与结论，可以从巴尔扎克伟大的文学作品中来获取，也可以从马克思和恩格斯有关巴尔扎克、托尔斯泰等人的论述中来探知。卢卡奇看到，巴尔扎克在认识自我和世界的过程中，意识到文学绝不能脱离人及其现实生活世界，文学内容绝不能沦为空洞的无物，洞悉人与现实世界所共同具有的丰富性、复杂性与相通性，实现了人类的创作经验的突破，取得现实主义的伟大胜利。而这种现实主义的胜利，根本在于作家对人类与生活的热爱，以及与之相对的对不平等社会、剥削阶级、残酷现实的仇恨，这种爱与恨促使作家发现并揭示人类生活中的不平等、阶级性与复杂性，把阶级社会中的泯灭人性的现实作为一种非人性的、反人道主义的内容来加以描写，与之抗争。

　　卢卡奇非常肯定巴尔扎克对社会生活的真实而典型的文学再现，同时进一步强调文艺应该具有预见性，"借助于理解社会生活的、表现社会生活的和发掘社会生活规律的描写，而促进人类的继续发展"①。巴尔扎克的小说不仅驳斥了作者自身保皇主义的空想，而且洞察人类发展的道路与方向，表现人道主义倾向——为完全的、发展完美的人而斗争。文学应反映社会历史的真实发展，因为后者反映人的本质和内在的价值需要，揭示人民的思想与情感，并且"指出与资产阶级对党的诗歌所作的诽谤相反的东西"②。资产阶级文学某种程度上具有虚假性与欺骗性，诽谤无产阶级的党的诗歌，而"党的诗歌便是人民真正最后解放的前驱者和尖兵，同时也是消除一切诗歌问题、一切艺术问题——它最终产生于社会问题——和一切悲剧性的冲突的先驱者和尖兵"③，从这个意义上讲，巴尔扎克是真正伟大的思想深邃的艺术家。将对人类发展远景——远大目标的展望和世界历史奋斗目标相统一，与艺术创作有机地结合，在思想内容与艺术手法上的预见性，成为卢卡奇盛赞巴尔扎克的重要因素——"马克思在说到伟大社会客观反映者巴尔扎克时说，他在创作典型时是有预见性的，他所发现和描写的人物，在他所处的时代，几乎还处于萌芽状态中，在以后的时代中，这些萌芽才发展成为真正的典型"④。尽管巴尔扎克属于保皇主义，但他的文艺观却符合马克思

① 《卢卡契文学论文集》(一)，中国社会科学出版社 1980 年版，第 258 页。
② 《卢卡契文学论文集》(一)，中国社会科学出版社 1980 年版，第 259 页。
③ 《卢卡契文学论文集》(一)，中国社会科学出版社 1980 年版，第 265 页。
④ 《卢卡契文学论文集》(一)，中国社会科学出版社 1980 年版，第 270 页。

主义的现实主义观,他的现实主义小说符合马克思主义的美学思想,生活的真实、艺术形象的典型便是例证。

"马克思主义始终承认意识形态的预见作用。"① 卢卡奇认为巴尔扎克以文学的艺术形式实现了这种预见性,并借用马克思的话给予巴尔扎克非常高的评价——"巴尔扎克不仅是他时代的社会历史家,而且也是一位预言家式的人物塑造者"②,展示意识形态的预见作用,以鲜活生动丰富的形象揭示社会生活的本质和人类未来发展方向,维护人的完整性。保护人的完整性是巴尔扎克在法国复辟时期资本主义发展所看到和强调的重要内容。他看到当时的封建与半封建状态带来的人的剥削、肢解与畸形化,以真正现实主义的客观态度加以观照,将自己的爱憎融入艺术形象的塑造之中,突显并保护人的完整性,实现真正的现实主义与人道主义的辩证统一。卢卡奇认为,"真正的、伟大的现实主义"是"把人和社会当作完整的实体来加以描写,而不是仅仅表现他们的某一个方面……现实主义的意义就是给予人物和人的关系以独立生命的立体性、全面性……反对的就是由于过分崇拜瞬息的心情而破坏人的个性的完整和人与环境的客观典型性"③。巴尔扎克在小说《未名的杰作》中以其艺术形象预见了由于过分崇拜瞬息的心情而导致对人的完整性以及人与环境的典型性的破坏。小说中的伟大画家弗朗霍费耗时十载,企图以现代主义精神的情感与色彩创作一幅对现实最完美表现的肖像画,然而这一切的努力却只是徒劳,带来极大的混乱,破坏了艺术形象的完整性和典型性。在卢卡奇看来,"现实主义主要的美学问题就是充分表现人的完整的个性"④,而左拉等自然主义作家则将人的社会的、历史的与道德的内容降低至生物水平,虽然提供了艺术上所谓的新的内容和新的表现技法,却破坏了现实主义的美学本质和原则——表现并保护人的完整的个性。卢卡奇明确主张:"只有作家企图创造典型的时候,才有可能生动地描绘人的完整的个性。"⑤

正是如此,作为思想家和作家的巴尔扎克,"从与人的完整性的关系上看到了资本主义经济秩序中的矛盾,看到了资本主义文化有问题;具有创造力的巴尔扎克所反映的世界与他伟大的同时代人——社会主义者傅利叶所

---

① 《卢卡契文学论文集》(二),中国社会科学出版社 1981 年版,第 20 页。
② 《卢卡契文学论文集》(一),中国社会科学出版社 1980 年版,第 292 页。
③ 《卢卡契文学论文集》(二),中国社会科学出版社 1981 年版,第 48 页。
④ 《卢卡契文学论文集》(二),中国社会科学出版社 1981 年版,第 49 页。
⑤ 《卢卡契文学论文集》(二),中国社会科学出版社 1981 年版,第 50 页。

描绘的正在兴起的资产阶级社会批判的图画非常接近"①,以文学作品及艺术形象实现其小说艺术创作的预见性。卢卡奇认为巴尔扎克对 19 世纪人类社会发展的伟大时期作了充分描画,已经"成为恢复人的完整的个性而进行的思想斗争中的路标"②。

3. 对未来的预见

巴尔扎克以人道主义的远大眼光,以其超时代的远见,实现了私人的与公共的、个体的与国民的、特殊的与普遍的思想与情感相统一。例如他在《赛查·皮罗多盛衰记》中所描写的皮罗多的破产,既写出人物情感的真实与独特性,又具有社会的普遍性。在卢卡奇看来,巴尔扎克尽管在政治上是保守的,但却并未受自己政治信仰偏见的束缚,作为真正的现实主义者"正确地看到了自上而下和自下而上的冲击社会的力量的斗争……首先看到了那些存在的事物,这种客观性必然导致作家对被压抑的伟大的人民力量的正确认识,产生对他们的谅解般的同情"③。巴尔扎克从历史的真实观照社会,以广博复杂的作品洞察人类的未来发展问题,写出了对当时作为潜在社会力量的人民的正确认识以及对他们的深切同情,揭示了革命的力量、人民的力量。卢卡奇指出"巴尔扎克在七月革命以后写了揭露大革命起到七月革命止的法国革命的历史与组织"④,通过对巴尔扎克及其作品的大量分析和研究,揭示真正现实主义文学的任务——"真正伟大的现实主义的文学必然肩负其伟大的社会使命,并易于为社会找到正确的道路,在这里揭示出新问题的人与社会、心灵与道德的基础"⑤。巴尔扎克的《幻灭》既是如此,表面上是以幻想破灭为主题,"而小说的真正主题,而是资本主义的向前发展和胜利"⑥,呈现现代机器化生产取代传统手工业、文学商品化的资本主义发展的历史趋势,而且其创作方法"包含着一种对社会各种错综复杂关系的更为深刻的理解,包含着一种对社会发展的各种趋势的更为正确的估计"⑦。

在分析探讨批评现实主义在现代的发展可能性与社会主义的远景问题时,卢卡奇认为在实现社会主义的斗争中,"远景问题是一切问题的中

---

① 《卢卡契文学论文集》(一),中国社会科学出版社 1980 年版,第 299 页。
② 《卢卡契文学论文集》(二),中国社会科学出版社 1981 年版,第 47 页。
③ 《卢卡契文学论文集》(一),中国社会科学出版社 1980 年版,第 307—308 页。
④ 《卢卡契文学论文集》(一),中国社会科学出版社 1980 年版,第 320 页。
⑤ 《卢卡契文学论文集》(一),中国社会科学出版社 1980 年版,第 320 页。
⑥ 《卢卡契文学论文集》(二),中国社会科学出版社 1981 年版,第 251 页。
⑦ 《卢卡契文学论文集》(二),中国社会科学出版社 1981 年版,第 249 页。

心"①，主张"要从内部而不是从外部去考察这种远景和促使其实现的力量"②，强调首先要从内部考虑形象的塑造，具有典型特征的人物形象塑造应该通过人物环境及其遭遇方面，寻求人物身上的个性和典型性的统一，从个体的矛盾冲突发掘社会意义，指出社会主义文学的远景和倾向性在于："社会主义现实主义则从人为创造一个积极的、崭新的现实而显示出的愿望和能力中去考察人的特质、才智等等"③，而巴尔扎克作品中的堂吉诃德式的老贵族的描写与塑造便是从内部刻画形象的成功范例，完美地反映了这种远景内容。

在卢卡奇看来，文学的这种远景预见性并非是虚空的，要符合社会发展的历史趋势。关于艺术的预见性与现实性问题，卢卡奇认为除了立足于真实性之外，文学艺术应与新的民主相符合，简言之，社会的真实性应反映新的民主发展倾向和需要，只有这样的文学艺术才可能是真正的现实主义。从这一意义上讲，巴尔扎克是真正的伟大现实主义者，因为他正视并再现了社会历史的真实，而这种"真实是一个整体，而且这个整体是动的、发展的，是产生罪恶和美德、繁荣和不幸的一个整体"④。不仅如此，人们可以从像巴尔扎克这样伟大的现实主义作家中，寻找到解决现代主义文学中两种虚妄——抽象化的概念与迷恋于私生活的细节描写——的方案，并且可以从巴尔扎克作品中发现"现实主义的胜利"，探知现实主义的实质——"伟大作家对真理的渴望，他对现实的狂热的追求……作家的真诚和正直"⑤，因此，那些随意决定自己作品中人物及其命运的作家，绝不是真正的优秀作家、真正的现实主义者。在卢卡奇看来，巴尔扎克以其动人的故事内容、真实的反映、典型的艺术形象，预知未来社会的发展及人们将遭受的苦难，以及伴随社会巨变所带来的生活与精神层面的尖锐的矛盾与冲突，"没有一个人比巴尔扎克更深刻地体验到向资本主义生产方式的转变使各阶级人民受到的痛苦，以及必然会伴随着社会各方面的这种变化而来的道德上和精神上极度的堕落"⑥，像巴尔扎克这样伟大作家，其获得成功的道路"在于对人民的热爱，对人民的敌人和对人民自己的错误的深切的憎恨，对真理和现实的无情的揭露，以及对人类和对他们自己的人民走向美好的未来的不可

---

① 《卢卡契文学论文集》（二），中国社会科学出版社 1981 年版，第 102 页。
② 《卢卡契文学论文集》（二），中国社会科学出版社 1981 年版，第 103 页。
③ 《卢卡契文学论文集》（二），中国社会科学出版社 1981 年版，第 103 页。
④ 《卢卡契文学论文集》（一），中国社会科学出版社 1980 年版，第 322 页。
⑤ 《卢卡契文学论文集》（二），中国社会科学出版社 1981 年版，第 53 页。
⑥ 《卢卡契文学论文集》（二），中国社会科学出版社 1981 年版，第 55 页。

动摇的信心"①。卢卡奇高度赞赏巴尔扎克的现实主义,以后者来对抗、批判自然主义和现代主义,将现实批判与对未来社会的预知相结合,倡导激发文艺所潜在的社会力量,批判法西斯主义、集权主义等反人民的文艺,塑造民族的民主的人民的文学,从而将文学与文学家的责任与使命相统一。

综上,卢卡奇对巴尔扎克作品中的现实主义力量表现出高度的赞赏与弘扬,倡导文艺应将现实批判与对未来预知相结合,激发文艺潜在的社会力量。他认为巴尔扎克结合自身所处的社会背景即法国社会从封建主义到资本主义的巨变,在作品中对历史与细节作了真实的叙述,使作品具有伟大的真实性;同时,巴尔扎克以其作品在对历史精神、人物形象的智慧风貌等内容的深刻表现中,将现实的真实与时代要求相联结,呈现社会历史发展的进程与方向,具有预见性。在真实性与预见性的相互关联与促进中,巴尔扎克以其创作实践实现了现实主义的伟大胜利。

无论是真实性问题还是预见性问题,卢卡奇认为巴尔扎克的现实主义为文艺创作树立了一座丰碑,他借用巴尔扎克对艺术的探讨,指出现实主义艺术的核心问题,即:"艺术是什么? 不过是集中起来的自然罢了。不过这种集中决不是形式上的;相反,它是内容的最大可能的强化,是一个场景的社会和人的本质。"②卢卡奇认为巴尔扎克的艺术超越了一般照相式的复写,以其对现实与人物摹写的广度与深度的真实性,以及对人类社会发展的预见性的呈现,这些共同成就了巴尔扎克现实主义的伟大之处。"作为一位诚实的艺术家,他总是只描写他所看到、听到和经历到的事情,根本不管他对于自己看到的东西所作的逼真的描写是不是跟他心爱的理想正好相反"③,加之他在艺术上对社会现实的广博、丰富、真实而透彻的描写,成功地揭示人类和社会的根本关系,揭示出求生斗争的人的和社会的意义,巴尔扎克实现了恩格斯所说的"现实主义的胜利"。从卢卡奇对巴尔扎克的伟大现实主义作品的研究中可以发现,真实性是对人及其生命、世界的关照,是围绕人的存在与社会问题的艺术化再现;预见性则是对现实主义的真实性、典型等具体创作内容与方法的超越,是在此基础上对未来的间接刻画、展现和预言。

---

① 《卢卡契文学论文集》(二),中国社会科学出版社 1981 年版,第 62 页。
② 《卢卡契文学论文集》(二),中国社会科学出版社 1981 年版,第 258 页。
③ 《卢卡契文学论文集》(二),中国社会科学出版社 1981 年版,第 423 页。

第三节　卢卡奇对托尔斯泰现实主义的发展

在西方学界,尤其是德国学界对列夫·托尔斯泰知之甚少——"20 世纪 20 年代的德国文学界对俄国知识分子生活的发展知之甚少,即便有一些好的对俄国知识分子的描述,也已基本上绝版或被大量的杂志埋没,即便是有这些内容,也无法替代对作者的直接了解。因此,俄国文学中的伟大人物,如托尔斯泰和陀思妥耶夫斯基,在德国读者的意识中是孤立的现象:不过是被赋予了某种神秘的'俄罗斯性'。"①然而在卢卡奇的思想中列夫·托尔斯泰的印迹时常可见,阅读《欧洲现实主义研究》可以发现作为批评家的卢卡奇对托尔斯泰满怀热情。总的来看,卢卡奇认为托尔斯泰的作品能够非常接近旧时代的特征,并且能够"自觉地从人出发,力求在理论上解决人的存在问题"。此外,加上俄国十月革命的莫大影响,卢卡奇对托尔斯泰的研究更加丰富、深刻。在托尔斯泰研究中,卢卡奇从托尔斯泰为莫泊桑作品所作的俄文版序言中注意到托尔斯泰认为真正的艺术家对现实的态度必须具备的三个条件——"一,作者对主题的正确的,道德的态度;二,叙述明晰,或者说,形式的美,这是同一个东西;三,真诚,即艺术家对他所描写的事物的真诚的爱憎感情"②。这一方面成为卢卡奇衡量、评判托尔斯泰作品的标准,另一方面也是他喜爱托尔斯泰的重要缘由。

一、道德态度

道德态度对托尔斯泰而言是指主题的正确。卢卡奇认为艺术家在价值观念间的转变中,如扭曲的与和谐的;病态的与正常的;垂死且具有毁灭性的与充满生机的,重要的是使微不足道的显得重要。不过一些作家丧失了艺术的智力和道德的基础,缺乏对所描绘的主题的艺术洞察力和精确的认识。"艺术是为了什么? 为了艺术创造而牺牲艺术家本人,在道德上是否值得? 在回答这个问题时,托尔斯泰不止一次地直接反对艺术。"③在《小说理论》中,卢卡奇已经认可列宁对托尔斯泰的肯定,指出在托尔斯泰之前,俄国文学中从未有过真正的农民。托尔斯泰尝试探寻一种新的革命形式,

---

① Georg Lukács, *Reviews and Articles*, London: Merlin Press, 1983, p.41.

② 《卢卡契文学论文集》(二),中国社会科学出版社 1981 年版,第 392 页。

③ Georg Lukács, *The Culture of People's Democracy: Hungarian Essays on Literature, Art, and Democratic Transition, 1945—1948*, Leiden & Boston: Brill, 2013, p.119.

以"革命"揭示一种空想的前景,从而建立一种道德标准。①

卢卡奇认为尽管托尔斯泰在其作品中并非描述社会历史的全貌,而是从中汲取一段情节,但这并不影响其作品正确地反映了俄罗斯人民生活的主题。比如,"作为伟大历史作家"的托尔斯泰并非全面描述拿破仑战争的全貌,而是从战争中汲取一段情节,通过选择和描绘这些情节,从而使俄军的整个情绪以及俄罗斯人民的现实状况得到生动的表达,这对他笔下主要角色的人的发展具有特别重要的意义。卢卡奇指出伟大作家身上存在着共同的东西、自觉性的内容——完整的人:"共同的东西——在每个伟大诗人身上存在着的——人道主义的倾向:为完全的、发展完美的人而斗争。"②同时,托尔斯泰作品具有"关于人的本质、人的最内在的价值以及与社会生活的密切联系的更高的和更深刻的觉悟"③,忠实而天才般地揭示社会生活的进程、复杂性与客观辩证法,洞察人类发展的道路。卢卡奇通过托尔斯泰、歌德、易卜生和托马斯·曼等作家的研究,发现这些伟大作家的绝望以及作品中弥漫着悲剧性的基调是由资本主义社会的发展以及社会未给艺术家和作品以恰当的地位造成的。在创作实践中,卢卡奇强调作家忠诚的态度,批判无政府主义的主观主义不认识忠诚、甚至反对忠诚的态度。所谓"忠诚",在卢卡奇看来是指"忠实于本质和对本质的联系"④。忠诚的态度是伟大作家作品的内在品质,而文艺作品要忠诚地接近、复制、反映现实。"几乎一切伟大的作家的目标就是对现实进行文学的复制。忠于现实,热烈追求着把现实全面和真实地重现——这对一切伟大作家来说是衡量其创作伟大程度的真正标准(莎士比亚、歌德、巴尔扎克、托尔斯泰)。"⑤

托尔斯泰作品中对社会历史事件的依托必定要处理与政治相关的问题,在这一方面他有着独特的处理方式。"托尔斯泰努力处理战争的整个政治与策略问题时,例如在他对拿破仑的描述中,放弃了自己历史哲学的积淀。他这样做不仅是因为他在历史上曲解了拿破仑,而是出于文学上的考虑……但无法以艺术方式表现其作品之时,他从根本上放弃了文学表达手段,并试图通过智力或道德的方式来把控他的主题。"⑥ 这为巴尔扎克对斯

---

① ［匈］卢卡奇:《卢卡奇自传》,杜章智编,李渚青、莫立知译,社会科学文献出版社1986年版,第29页。

② 《卢卡契文学论文集》(一),中国社会科学出版社1980年版,第260页。

③ 《卢卡契文学论文集》(一),中国社会科学出版社1980年版,第259页。

④ 《卢卡契文学论文集》(一),中国社会科学出版社1980年版,第271页。

⑤ 《卢卡契文学论文集》(一),中国社会科学出版社1980年版,第287页。

⑥ Georg Lukács, *The Historical Novel*, Boston: Beacon Press, 1963, p.43.

科特小说的分析，及托尔斯泰以后分析批评的正确性提供了切实的证据。托尔斯泰是俄国从 1861 年农民解放到 1905 年革命这一转变时期的有力描绘者，呈现这一转变中的重大历史问题，从中探寻其文学作品的社会基础和主题。卢卡奇指出："托尔斯泰艺术真正的决定性的特点，可以追溯到资产阶级现实主义的古典时期，因为他性格中的社会和思想源泉，来自一个伟大的转型时期与民族生活中心问题的深层次联系，同时他的艺术仍以这一时期矛盾的进步性为中心主题。"① 例如，《战争与和平》是一部关于世俗生活的现代史诗，对世俗生活的描写更加广阔，人物形象也更加丰富多彩，对作为历史事件的真实基础的世俗生活的强调也更自觉。对此，卢卡奇认为："托尔斯泰《战争与和平》的核心是历史的主人公与世俗生活的鲜活力量之间的矛盾。那些不顾历史前沿的重大事件，继续过正常的、个人的和利己的生活的人，事实上正在推进真正的（无意识的、未知的）发展，而那些有意扮演历史上的'英雄们'则是可笑和有害的傀儡。"② 在卢卡奇看来，托尔斯泰的基本思想是这些世俗个体的自发行动的斗争，这些奋斗真正推动了历史的进程，共同构成了世俗的力量。"托尔斯泰的伟大，部分是因为他对历史上的'官方领导人'没有信心，对公开的反动派和自由派都没有信心。"③ "《战争与和平》通过对人民的经济和道德生活的广泛描写，提出了托尔斯泰式的农民问题，以及与之相关的不同阶级的、阶层的和个人的问题。《安娜·卡列尼娜》提出了在农民解放后，对抗进一步激化时同样的问题。"④ 从中可以观察到托尔斯泰在思想上的相似之处，他的大多数作品是对经典名著的有价值且富有独创性的继承，扩展了经典名著的生活丰富性。

托尔斯泰的思想与作品是俄罗斯特殊发展时期——民主革命准备期间——的产物，无论他有意识地反对什么，他都是一个受到强烈影响的文学革命民主的当代人。因此，他在作品中能够突破自己有意识的世界观的狭隘限制。然而，西方的一些评论家对托尔斯泰的评价未能忠实于作家本人的作品，卢卡奇指出某些评论家片面、甚至歪曲地解释托尔斯泰作品中的精神内容，使人们对俄国人民生活产生错误的认识，认为托尔斯泰的道德态度源于俄国现实生活并非为了解决社会生活中的矛盾与问题。在卢卡奇看来，正常的、健康的、完美的艺术家是"心明如镜，明辨是非，道德均衡"⑤

① Georg Lukács, *The Historical Novel*, Boston：Beacon Press, 1963, p.86.

② Georg Lukács, *The Historical Novel*, Boston：Beacon Press, 1963, p.86.

③ Georg Lukács, *The Historical Novel*, Boston：Beacon Press, 1963, p.87.

④ Georg Lukács, *The Historical Novel*, Boston：Beacon Press, 1963, p.88.

⑤ 《卢卡契文学论文集》（二），中国社会科学出版社 1981 年版，第 460 页。

的。作为贵族地主的托尔斯泰之所以伟大，根源在于他的为人，始终与人民运动打成一片，"托尔斯泰的根源在农民阶级……以整个的心灵投身到这些寻求人民解放、为人民解放而斗争的运动之中"①。"托尔斯泰认为，威胁着艺术的大危险便是，艺术会失去它跟重大生活问题的联系。"② 卢卡奇指出，托尔斯泰的艺术始终同生活保持着密切联系，以个别人物的个别命运揭示人类社会道路的未来发展，与进步的、寻求农民解放的人民运动保持紧密联系，"与农民兄弟般的基督教平民梦"③ 是其文学创作的一大主题与目标。从卢卡奇对托尔斯泰、陀思妥耶夫斯基等俄国作家的研究中可以发现，科学的研究方法应该首先仔细考察作家所赖以存在的真正的社会基础，探查影响作家个性和文学上个性的发展的真正的社会力量，其次才是研究作家为表现这些内容所努力建构的美学形式。事实上，伟大作家作品的内容与形式都是对反动文学倾向的一种斗争，同人民生活保持着密切联系，能够有效地教育人民、改变社会舆论，"对民族的民主的新生能够起主导的作用"④。

卢卡奇秉承马克思主义美学，认为马克思主义继承并发展了世界文学中托尔斯泰、莎士比亚、歌德、巴尔扎克等作家真正伟大的艺术传统，坚守"艺术的任务是对现实整体进行忠实和真实的描写"⑤ 这一信念，批判对现实进行照相式复写的或抽象的空洞游戏的艺术。托尔斯泰以其文学作品反映了俄国社会错综复杂的历史发展过程，"表达了千百万人俄国人的情绪，他们痛恨他们的主人，但是还没有走上对其进行自觉的、坚持不懈的、无情的斗争的阶段"⑥。卢卡奇认为托尔斯泰本着人道主义精神，对人民生活的苦难充满同情，将金钱、政治或战争等问题同作为具体人的具体现实相结合，以其伟大艺术向生活的广度与深度追求，力求从整体的各个方面把握社会生活与人类历史，从现象把握本质，主张小说的现实主义应从历史中产生，就像"从《战争与和平》到《安娜·卡列尼娜》的现实主义的描写那样"⑦，书写俄国历史上真正的农民，展现人民的命运，描写并揭示民族与社会的新生。

卢卡奇尽管推崇托尔斯泰的伟大文学，但并未完全赞同后者。关于人

---

① 《卢卡契文学论文集》(二)，中国社会科学出版社 1981 年版，第 40 页。

② 《卢卡契文学论文集》(二)，中国社会科学出版社 1981 年版，第 392 页。

③ Georg Lukács, *Essays on Thomas Mann*, London：Merlin Press, 1964, p.16.

④ 《卢卡契文学论文集》(二)，中国社会科学出版社 1981 年版，第 62 页。

⑤ 《卢卡契文学论文集》(一)，中国社会科学出版社 1980 年版，第 288 页。

⑥ 《卢卡契文学论文集》(二)，中国社会科学出版社 1981 年版，第 309 页。

⑦ 《卢卡契文学论文集》(一)，中国社会科学出版社 1980 年版，第 310 页。

们生活、道德的改变问题,对托尔斯泰、陀思妥耶夫斯基、卢梭和罗伯斯皮尔等人而言是"自上"开始的。卢卡奇深受马克思、恩格斯和列宁等人的影响,在这一问题上批判了这种泛泛的形式主义的空谈,主张通过以人民为主体的、以辩证唯物论为基础的、形式与内容有机统一的、理论与实践相结合的革命活动,实现人民道德与生活的改变,指出这是新的人道主义与过去的人道主义的区别。卢卡奇对陀思妥耶夫斯基的道德问题——"突然间的勇敢",即:"在人们内心里存在着深刻的道德的体验,激发着人们的热情、甚至是变成行动的热情"[①]——进行评价的同时指出"人们却不能从这一点表现出人们精神生活最正确、也是最有个性的内容,也无法在原来的水平提高一步"[②],这种关于道德问题的论述同样亦适用于托尔斯泰。卢卡奇在《战争与和平》中看到了这种"突然间的勇敢",指出当安娜病重快死之际,死亡的阴影使她产生这种"突然间的勇敢",从中涌现出强烈的基督教的忏悔感情,这一感情紧紧攫住安娜和沃伦斯基却并未产生新的生活。卢卡奇看到个体道德的衰落是由社会上的政治压迫、经济剥削等所造成的,提出"必须改变生活物质基础,人们才可能获得真正的、彻底的改变"[③],在阶级社会里被歪曲了的道德才会消失。改变社会物质结构,消灭一切压迫与剥削,是马克思主义和现代反动的道德之间不可调和的矛盾。

卢卡奇非常重视作家在道德方面的态度与倾向,肯定托尔斯泰作品中鲜明的道德态度倾向,指出作家应该有明确的是非概念,不应该完全漠视道德上的考虑,能够描写实在而真实的人与事,以艺术揭露恶的内容、表现人内心真正的善。解决好这一问题,将有助于处理艺术家与作品之间的关系,消除资产阶级文艺创作中的颓废倾向问题,将文艺创作回归生活的真实、人的解放与完整性,贴近文艺同人民的距离,突显文艺作品中关于人民的人道主义精神。

二、形式之美

"艺术形式,作为客观现实的重要的、有规律的与个性的特征的集中而提高的反映,从不容许孤立地作为这类问题来对待。"[④] 托尔斯泰的作品在整个历史小说史上的地位是极高的。卢卡奇认为托尔斯泰以其伟大的作品,实现了从斯科特的历史小说到当代资产阶级社会的艺术史的这一转

---

① 《卢卡契文学论文集》(一),中国社会科学出版社 1980 年版,第 360 页。
② 《卢卡契文学论文集》(一),中国社会科学出版社 1980 年版,第 360 页。
③ 《卢卡契文学论文集》(一),中国社会科学出版社 1980 年版,第 361 页。
④ 《卢卡契文学论文集》(一),中国社会科学出版社 1980 年版,第 149 页。

变。卢卡奇将《战争与和平》称为古典类型的历史小说,这表明他不主张以狭义的文学历史或形式艺术的意义来解释历史小说,强调不能从孤立的观点而应从广阔的社会冲突中审视人物形象和社会问题。"卢卡奇对现实主义喜爱的实质是,现实主义产生了巴尔扎克式和托尔斯泰式的英雄人物,他们之所以卓越非凡,并不是因为他们像浪漫主义文学中的英雄那样是孤立的,而是因为他们在自己所处时代的社会冲突中躁动沸腾,这形成了戏剧意识。"① 卢卡奇认为托尔斯泰从人物形象的不同层次来完成现实主义的艺术真实性,如《战争与和平》中的图库佐夫虽是小说布局上的配角,作为上层社会的人物,同下层的人们直接经历着历史,以历史性与艺术性真实地反映社会生活、时代问题,以个体命运的偶然性表现社会历史的必然性,成为托尔斯泰历史小说的重要构思特色与形式风格。

在《叙述与描写》中,卢卡奇围绕赛马一事将左拉的《娜娜》与托尔斯泰的《安娜·卡列尼娜》进行对比,认为左拉的赛马场景是其艺术造诣的例证,却未同整个小说故事保持紧密联系;托尔斯泰的赛马事件是"宏伟戏剧的关节",是沃伦斯基和安娜生活及其命运突变的转折事件,"是一系列真正戏剧性的场景,是整个情节的关键"②。从叙事风格的集中性来看,赛马仅是左拉小说本身的一个穿插,一个事件;但在托尔斯泰的小说中,赛马是同叙述人的命运息息相关的。从赛马开始,卢卡奇进而讨论事件的偶然性问题及其重要性,偶然性有助于提升艺术表现的意义。关于艺术表现与偶然性问题,他提出并作了明确回答:"在艺术表现的意义上,什么东西是偶然的呢? 没有偶然性的因素,一切都是死板而抽象的。没有一个作家能够塑造出活生生的事物,如果他完全避免了偶然性。另一方面,他又在创作过程中必须超脱粗野的赤裸的偶然性,必须把偶然性扬弃在必然性之中。"③ 从上可见,卢卡奇非常强调偶然性对艺术创作的重要性,对塑造具有"诗意"的事或人的意义,但又指出艺术的偶然性必须要超脱世俗的粗野,同必然性有机统一。卢卡奇批判左拉的极为严谨、客观的、资料式的但却缺乏体验的、无生命的、孤立的完整性描写,肯定托尔斯泰的叙事艺术,后者将偶然性的故事同人物命运紧密联系,同重大的人生戏剧和社会生活相联系,实现了偶然性事件同人物命运发展的悲剧这一必然性相统一。

卢卡奇对托尔斯泰的研究,非常重视艺术的形式问题,但相较而言,艺

---

① Alfred Kazin, Introduction, Georg Lukács, *Studies in European Realism*, New York: Grosset and Dunlap, 1964, p.XI.

② 《卢卡契文学论文集》(一),中国社会科学出版社 1980 年版,第 39 页。

③ 《卢卡契文学论文集》(一),中国社会科学出版社 1980 年版,第 40 页。

术形式背后的内容更应是强调的重点,"至于技巧和手法,我们比历来都多些。但是我们缺少内心生活、事物的灵魂、作家的主题思想"①,艺术形式应该为内容服务、为作者的思想服务,"艺术始终是传达一定内容的工具,而艺术形式就是争取读者接受他的见解的手段"②。卢卡奇认为文学技巧是同文学所要表现的事物、刻画的人物密切相连的,"技巧以什么来开始,而它的目的又何在? 以这么一个技巧能表现什么呢? 此种文学所要描写的,并由于它的适当的描写,这才使这种技巧发展到最高的精美的一点上的中心事物,是未知的和不可知的人"③,也就是说,文学技巧是要为表现人这一中心服务的。卢卡奇对艺术形式问题的探讨,并不仅仅停留于创作方法(如典型与真实问题),更多关注于形式之中或形式背后的人道主义精神,观照人民的生活、命运及其苦难。"从古典的典型到历史小说传统的艺术转换,首先不是美学——艺术问题。而主要是革命民主主义精神和重要的人道主义者代表人物同人民命运具体与内在的结合的精神即将取得的决定性的完满的胜利的必然结果。"④卢卡奇希望借助对托尔斯泰等人历史小说的分析,重新唤起古典历史小说的精神的世界观——艺术问题,同人民现实生活的——社会政治问题的具体联系,发展马克思主义美学思想。

　　"艺术形象的智慧风貌"是卢卡奇美学思想中的重要内容,是描画人物个性化的、活的性格的主要手段。在卢卡奇看来,"文学上人物的智慧风貌,意思并不是说他们的意见常常是正确的,并不是他们的个人的世界观是客观现实的一个正确反映"⑤。"在智慧风貌的刻画方面,托尔斯泰无疑是一位杰出的大师。以《安娜·卡列尼娜》中的康斯坦丁·列文为例,作者清晰地描绘了这个具有显著智慧风貌的人物形象,该人物什么时候是对的? 严格地讲:从未有过。托尔斯泰以无情的笔触刻画了他最喜欢的人物一成不变的判断错误。"⑥托尔斯泰通过对小说中人物的世界观与人物的个体存在之间关系的描画,实现对人物智慧风貌的描画,这种描画并非是抽象的、空洞的,而是具体且直接的,是丰富的、活生生的、清晰的,比如列文同他哥哥或奥布朗斯基的辩论,将个体的生活同社会事件的重大问题相交织,创造出抽

① 《卢卡契文学论文集》(二),中国社会科学出版社 1981 年版,第 327 页。

② 《卢卡契文学论文集》(二),中国社会科学出版社 1981 年版,第 390 页。

③ 参见《卢卡契文学论文集》(一),中国社会科学出版社 1980 年版,第 199 页。

④ 《卢卡契文学论文集》(一),中国社会科学出版社 1980 年版,第 154—155 页。

⑤ 《卢卡契文学论文集》(一),中国社会科学出版社 1980 年版,第 174 页。

⑥ Georg Lukács, *Writer and Critic: and Other Essays*, New York: Grosset and Dunlap, 1971, p.151.

象的思想同人物的个体经验之间充满活力的联系,既生动描画列文观念上
的变化,又展现了该人物形象智慧风貌的丰富性与内在统一,实现对人物
的整个个性的再创造。在卢卡奇看来,只有"在一个极其强调的情境中的
人物的非常的行为,表现出一定的社会问题的错综的最深刻的矛盾"① 的时
候,独特人物与情境的描绘才能成为典型。

　　卢卡奇认为,苏联文学尽管有一系列关于现实主义文学的探讨,但"讨
论几乎没有触及自然主义和形式主义的原则性问题"②。在他看来,形式问
题很少为当时作家所理解、认识,常常同技巧问题混为一谈,"形式问题同
世界观的深化、同在世界观领域内资产阶级残余的清算等问题的关系,则一
般无从谈起;如果谈到,那也是出之于一种庸俗化的态度,只能把问题搞得
更混乱"③。卢卡奇反对自然主义,反对将自然主义转化为形式主义或伪现
实主义的努力,实质是反对淡化作家的世界观问题,以所谓艺术的名义将人
与社会的关系、个体与集体的关系歪曲、抽象或非人化。自然主义派作家作
品虽然批判资本主义社会,但仅"揭露了资本主义事物复合体的虚空性"④,
苏联作家作品虽然最后显示了正确原则的胜利,但缺乏情节的个性、生活的
丰富性、人物的生动性,因为这些作家的写作方式都是抽象化和图式化的。
卢卡奇认为要克服这些创作上的弊端——抽象化、图式化的问题,可以从以
往伟大现实主义作家作品中寻找解决问题的方式,如《战争与和平》中安德
烈·保尔康斯基之死。受伤的安德烈·保尔康斯基偶然地在阿纳托尔·库
拉金被锯掉腿的房间中进行手术,而后被送往莫斯科,偶然地被送进罗斯托
夫家中。在卢卡奇看来,托尔斯泰以现实主义的眼光,即"超出对广大表象
的描写之外,超出对无论被观察得怎样正确的社会现象的抽象陈述之外的
眼光,即正在这两者之间看出联系、并在作品中把这种联系综合成故事情节
的眼光"⑤,实现以生活的偶然性来表现人物的人性的必然性。以观察为基
础的描写方式是资本主义的残余,"体验与观察的对立,叙述与描写的对立,
也是一个作家对生活的态度问题"⑥。

　　形式问题、创作方法问题绝不是单纯的文学技巧,而是牵涉到作家内
在的体验、世界观和情感态度。早期,卢卡奇将托尔斯泰小说的史诗形式视

① 《卢卡契文学论文集》(一),中国社会科学出版社 1980 年版,第 183 页。
② 《卢卡契文学论文集》(一),中国社会科学出版社 1980 年版,第 78 页。
③ 《卢卡契文学论文集》(一),中国社会科学出版社 1980 年版,第 78 页。
④ 《卢卡契文学论文集》(一),中国社会科学出版社 1980 年版,第 81 页。
⑤ 《卢卡契文学论文集》(一),中国社会科学出版社 1980 年版,第 82 页。
⑥ 《卢卡契文学论文集》(一),中国社会科学出版社 1980 年版,第 86 页。

为"心灵的乌托邦"的世界,与"内心世界的心灵相适宜"的场所。① 之后,他走向马克思主义,认为形式问题背后藏着鲜明的阶级观、世界观等政治问题。"历史小说的历史恰好最清楚地表明,在看来似乎是纯形式、纯结构的问题……之后隐藏着同等重要的世界观——政治问题。"② 卢卡奇看到托尔斯泰历史小说所具有独特的艺术规律性,其中非常重要的一点便是作家作品对待世界观与政治问题的态度,对待人民生活的态度。他指出托尔斯泰"用比我们时代最重要的作家所用的更深刻和更真实,更人性和具体的历史的方法,理解与描写了人民生活……历史小说的古典形式是适合于它的作者们的生活感受的表达方法,布局与结构的古典形式恰恰是为了把人民生活的本质、丰富性和复杂性明确地表现为历史上变迁的基础"③。托尔斯泰在形式方面作了非常积极的努力,避免形式上空洞的技巧和自然主义的平庸,汲取现实主义的传统,展现沙皇农奴制时代中人物形象的抗争与命运,描绘人的性格力量,显示了其艺术上的独创能力与独立精神。在卢卡奇看来,托尔斯泰历史小说的艺术形式反映了作者的世界观和政治态度,是同反映人民生活的内容有机结合的,具备了伟大现实主义的必要条件——"作家应当忠实地记下他所看到的周围一切事物,既没有恐惧也没有偏爱"④。卢卡奇进而批判其所处时代的许多作家仅看到历史小说艺术形式的外在规律性,而忽视艺术形式同世界观的内容、人的情感态度的内容有机联系,割裂了艺术与真实的真正联系,脱离人民生活的方向,往往走向资产阶级颓废主义的文学。卢卡奇主张马克思主义的美学不仅有义务历史地、发展地解释历史面貌的社会,而且也应该从美学方面来衡量历史真实的艺术反映的最高要求,将艺术表现形式同社会历史内容、人民生活的真实有机统一,孤立的、纯粹的艺术形式是不存在的。⑤

综上,在艺术形式问题上,托尔斯泰一生是现实主义艺术与史诗形式的伟大的创造者,富有想象性与创造性地将现实主义的伟大艺术形式,同生活史诗的广阔画卷——俱乐部、舞会、田间劳作、赛马场景、法庭、监狱等相融合,描绘生活的真实与人的完整性,展现世界的诗意。

---

① [匈] 卢卡奇:《小说理论》,燕宏远、李怀涛译,商务印书馆 2012 年版,第 133 页。

② 《卢卡契文学论文集》(一),中国社会科学出版社 1980 年版,第 149 页。

③ 《卢卡契文学论文集》(一),中国社会科学出版社 1980 年版,第 150 页。

④ 《卢卡契文学论文集》(二),中国社会科学出版社 1981 年版,第 322 页。

⑤ 《卢卡契文学论文集》(一),中国社会科学出版社 1980 年版,第 151 页。

三、真诚情感

前面已经谈及托尔斯泰与左拉关于赛马事件与各自小说故事的关系问题,卢卡奇对此经过细致的分析,指出二者在叙事艺术上的不同是由写作艺术手法的差异造成的,而写作手法的不同又是由各自的情感态度所决定的。福楼拜、左拉处于 1848 年革命以后的趋以稳定的资本主义社会,以描写为主要写作手法,以旁观者的立场进行讲述,成为社会的、批判的观察者,最终只成为资本主义分工意义上的作家。"表明了对他们当时的政治、社会制度的憎恨、厌恶和轻蔑"①,亦流露他们拒绝参与也不想参与资本主义社会生活的情感态度;托尔斯泰、巴尔扎克、司汤达等人处于封建社会向资本主义社会过渡的动荡年代,积极参与这个进程的过渡,"托尔斯泰作为大地主,作为社会机关(户口调查局、赈灾委员会)的活跃分子,经历了最重要的变革事件"②,积极参与了当时伟大的社会斗争。他们以叙述为主要艺术创作手法,以体验者的经历讲述故事,展现了他们对社会、对人及其存在的鲜明情感态度。描写融入了福楼拜、左拉等人现代艺术中的无聊、单调成分,把一切摆到眼前,未区分生活的琐碎与重点、现象与本质,抹杀差别,是"作家丧失了叙事旨趣之后的代用品"③,"把人降到死物的水平"④;叙述则有作家主体情感的参与,有轻重缓急,分清主次,表现生动的、有诗意的人和物,通过强调世界与人的命运之间的关系获得诗意的内容,以个体揭示普遍性,强调本质的内容。描写与叙述是不同的创作艺术手法,体现了两种根本不同的风格,源于作家的方法论与世界观,体现了作家"两种根本不同的对现实的态度"⑤。卢卡奇通过对比发现,福楼拜、左拉"采用描写方法的作家们在世界观和创作上的基本弱点就在于,他们毫不抵抗地屈服于既成的结局,屈服于资本主义现实的既成的表现形式"⑥,表现了他们的屈从与妥协态度;托尔斯泰的体验式的叙述方式,生动地呈现人物命运过程的连续性,将人与事件紧密结合,融入了对资本主义社会的斗争与反抗。"自然主义和形式主义缩小了资本主义现实……自然主义和形式主义的残余,描写和观察的方法同样地缩小了人类最伟大的革命的变革过程,使它变得表面

①　《卢卡契文学论文集》(一),中国社会科学出版社 1980 年版,第 47 页。

②　《卢卡契文学论文集》(一),中国社会科学出版社 1980 年版,第 47 页。

③　《卢卡契文学论文集》(一),中国社会科学出版社 1980 年版,第 55—56 页。

④　《卢卡契文学论文集》(一),中国社会科学出版社 1980 年版,第 63 页。

⑤　《卢卡契文学论文集》(一),中国社会科学出版社 1980 年版,第 48 页。

⑥　《卢卡契文学论文集》(一),中国社会科学出版社 1980 年版,第 76 页。

化了。"①

　　创作上的情感态度并非意味着作家世界观或意识观念的正确,而是作家是否植根于人民的生活并从熟悉人民生活的重要问题出发进行创作。托尔斯泰的作品反映生活现实的过程,直接或间接反映俄国农民或知识分子的真实生活,揭示历史的伟大规律性,展现了阻碍历史进步的问题与力量,以及真正起决定性作用的历史发展倾向。托尔斯泰将人物形象的刻画、景物的描写同问题的展现与揭露相结合,"托尔斯泰《安娜·卡列尼娜》中的乡村田园就笼罩着其灭亡的社会必然性的挽歌气氛,若没有托尔斯泰对莫斯科和彼得堡贵族使自身适应资本主义发展的讽刺刻画,这是不可能的。"② 托尔斯泰从现象探寻本质,从社会现象与自然景物的描绘中实现历史上正确的潮流的相应流露。卢卡奇明确指出:"以托尔斯泰长篇小说的客观性为例,他后来作品中预言的悲痛与之形成鲜明对比。尽管如此,两者是紧密结合的,都是试图通过对整个社会生活的客观反映来实现诗人的既定目标。"③

　　作者对人民、对社会的情感态度可以在其作品中展现出来。在《历史与阶级意识》中,卢卡奇两次提到托尔斯泰,指出后者对人民的热情、对现实问题的关注使得他的作品有着深刻的期冀,尽管他所采取的"'对恶不抵抗'的形式"无法触动经验现实及其社会存在,但是他"自觉地从人出发,力求在理论上解决人的存在问题"④。卢卡奇注意到托尔斯泰作品中存在着"那个直接的和立刻可以把握到的与现代国民生活的联系"⑤,"在《复活》一书中,托尔斯泰通过指出统治阶级、手无寸铁的受害者和革命者对国家、法律、法庭和监狱的态度,展示了存在与意识之间的各种关系。因此,要实现任何令人满意的成就感和完满感,就必须把存在与意识、环境与人的关系拓展为一个密集的整体。"⑥ 他对现实政治、民族、农民等问题的刻画是真实具体而丰富,而非悬空的、空洞的。真正为人民的文学,对人民充满热烈情感,而非脱离人民生活,是为人民而描写人民,将人民置于文学作品中的主要地

①　《卢卡契文学论文集》(一),中国社会科学出版社1980年版,第85页。

②　Georg Lukács, *Goethe and his Age*, London: Merlin Press, 1968, p.125.

③　Georg Lukács, *The Culture of People's Democracy*: *Hungarian Essays on Literature, Art, and Democratic Transition, 1945—1948*, Leiden & Boston: Brill, 2013, p.115.

④　[匈] 卢卡奇:《历史与阶级意识》,杜章智、任立、燕宏远译,商务印书馆1999年版,第286页。

⑤　《卢卡契文学论文集》(一),中国社会科学出版社1980年版,第118页。

⑥　Georg Lukács, *Essays on Thomas Mann*, London: Merlin Press, 1964, p.100.

位。托尔斯泰作品中的"主角们绝大多数是出身于上层社会,然而在他们一生的事件中仍反映出了整个人民的生活与命运"①。为什么托尔斯泰作品中从中间贵族出来的人物却反映出具有人民性的形象,成为卢卡奇非常感兴趣的问题。这一问题的答案要在个体与社会的辩证关系中去寻找。卢卡奇以托尔斯泰的《战争与和平》为例,指出小说塑造的安德烈·保尔康斯基、尼古拉和彼得·罗斯托夫等人物的个体形象,同他们的社会历史命运相结合,这些个体不失其自身的性格又不超越生活的直接性,以个体的生活经历展现社会时代的重大问题,如1812年卫国战争,既表现社会生活的广阔画卷,亦突显人民群众的英勇伟大。

在《安娜·卡列尼娜》中,"托尔斯泰非常准确地把握了资产阶级社会的道德悖论:一方面,实现的愉悦是完全自卑的自我主义者的标志,它不仅是一个不值得的目标,而且其主观表现也是人为的贬低;另一方面,托尔斯泰所认识和描述的社会中道德纯洁、真诚的人,无论在主观上还是客观上,无论是在他们自身还是在其活动中,都无法获得满足,礼仪不可避免地变成自我折磨的禁欲主义。"②因此,作为慰藉,具体的托尔斯泰式的宗教经验出现了,例如康斯坦丁列文这个人物,他在尘世生活中忙忙碌碌地活着,经常感到空虚与无聊,总想为生命找到存在的依据,在经历了死亡的恐惧之后更加陷入对生命的沉思。但是列文的创造者,当然不是作为作家,一个对他所处时代的敏锐而杰出的观察者,不能长期抱有这样的幻想。相反,他必须用痛苦的、自我批判的讽刺来消除每条摆脱困境的想象之路,作者以真诚而自然的描写塑造列文这一形象而非因苦难而一味地呻吟。

真诚在作家创作中具有重要作用,能够有助于他们忠实地描绘社会现实与人的命运。卢卡奇认为,一个作家即使持有含着反动成分的观点,亦可描绘并揭示社会发展中某一阶段的主要因素;真诚的态度有助于作家发现社会问题,并寻求解决问题的途径。③在《评论和文章》中,卢卡奇通过对俄国文学的大量研究发现:"不管后来的俄国批评家们如何尖锐地评价他们的前辈,他们的力量总是在同一方法上——他们从未将艺术品视为孤立的、自由流动的存在物,而是作为社会整体的一部分。"④托尔斯泰以自己的艺术之笔描绘了俄罗斯文学中的"多余人"。托尔斯泰对列宁产生了巨大影响,后者非常喜爱前者并致力于解决其文学作品中所提出的各种社会问题。

①　《卢卡契文学论文集》(一),中国社会科学出版社1980年版,第126页。

②　Georg Lukács, *Essays on Thomas Mann*, London: Merlin Press, 1964, p.117.

③　《卢卡契文学论文集》(二),中国社会科学出版社1981年版,第322页。

④　Georg Lukács, *Reviews and Articles*, London: Merlin Press, 1983, p.43.

"托尔斯泰清楚地看到,普通人内心的'无知的完美'不足以使其对异化社会的改革产生积极有效和批判的态度。"① 尽管托尔斯泰在个人观点、阶级立场上存在着错误,但他正确深刻地把握经济生活,以此为基础解释、塑造正确且深刻的社会画像,揭示"人类精神生活与精神道德生活之间的真正的交替作用"②,充分展现其本人对农民、知识分子及社会的真诚情感与人道主义情怀。卢卡奇从托尔斯泰的作品中看到:托尔斯泰拥有作为作家的丰富激情,从人民的苦难表现其爱憎的情感态度,以其作品真正而忠实地反映整个社会生活和人类历史,展现社会生活发展的前景及其为人类进步和发展所作的努力,表现了托尔斯泰参与日常政治生活愿望的目的与真诚情感。

真诚态度可以消除作家作品中描绘社会运动所引起的幻想,解决幻想的、反动的乌托邦内容,使作家重新回归现实主义精神。托尔斯泰具有幻想的乌托邦观念——虔诚的宗教观、"对恶不抵抗"思想等,但其真诚态度使托尔斯泰走向现实主义,使其作品具有了革命民主主义精神、平民意识。"对于社会的任何复兴来说,平民因素是不可或缺的因素……任何真正的变革机构都必须超越纯粹的自我意识和普通平民的存在和意识。……必须牢记的是,文学不仅在革命民主主义者的作品中,而且在托尔斯泰的作品中,已开始朝着这个方向发展。"③ 卢卡奇看到作家真诚态度的重要意义,指出托尔斯泰、陀思妥耶夫斯基等人以其真诚态度来审视现实、书写俄国现实主义,谴责不人道的整个制度,揭示革命民主主义的历史发展方向。卢卡奇尽管指出天赋是艺术家不可缺少的因素,推崇托尔斯泰是一位极富天赋的作家,但同时指出托尔斯泰也是反对崇尚天赋的,认为"托尔斯泰反对崇尚天赋是对的"④,托尔斯泰以其现实主义彰显了强烈的情感态度——对统治阶级的厌恶、对一切剥削和压迫制度的憎恨以及对广大人民的深切同情。从托尔斯泰的创作实践中,卢卡奇发现即便是真诚的天才艺术家,他们的创作若是为"统治阶级的懒汉们"服务,这些作家在智力上和精神上便会受到影响、损伤,他们的作品也易于表现出虚妄的倾向,成为有闲的寄生虫的奢侈品。因此,真诚的天才作家们只要将目光和笔触聚焦人民的生活与困难,正确地观察、深刻地体验广阔的现实生活,以真诚情感来关注人的存在和社会

---

① Georg Lukács, *Solzhenitsyn*, London: Merlin Press, 1970, p.82.

② 《卢卡契文学论文集》(一),中国社会科学出版社1980年版,第140页。

③ Georg Lukács, *Solzhenitsyn*, London: Merlin Press, 1970, p.86.

④ [匈]卢卡奇:《卢卡奇自传》,杜章智编,李渚青、莫立知译,社会科学文献出版社1986年版,第183页。

问题,才有可能创作出优秀的现实主义文艺作品。"象当时一切诚实的天才的作家们一样,托尔斯泰跟统治阶级越来越疏远,而发现他们的生活越来越是罪恶的、无意的、空虚的、不人道的。"①

　　作家的真诚态度决定作品内在的真实性,促使作家从生活本身观察、思考,以强烈的情感刻画人物命运,反映现实生活内容,书写时代的史诗,描绘生活与生命的诗意。正是有了真诚的态度,农民问题才成为托尔斯泰作品的核心。

　　主题正确性的把握无论是对作家还是思想家来说都尤为重要,因为通过正确的主题,表达对现实的道德评述,是现实主义作品突显人道主义的关键。形式与内容的配合又能够更好地突出作品的思想,对于艺术作品来说,恰当的艺术形式不仅仅是对内容的充分展现,而且是文学的美的呈现。那些优秀的艺术作品最能震撼人心的是贯穿全文的情感态度,真挚的情感往往更容易使读者产生共鸣,流传深远。卢卡奇认为托尔斯泰的现实主义作品以主题的正确、形式的妥帖、情感的真挚影响着后世的作家们。尽管处于不同的国度,卢卡奇的思想仍然深受托尔斯泰的影响,通过上文论述可以看出卢卡奇对现实主义的看法有了进一步的发展,他结合马克思、恩格斯、列宁、陀思妥耶夫斯基等人的观点,更加深刻地揭示了阶级社会中被歪曲的道德的扭转必须改变社会物质结构,消灭一切压迫与剥削。关于形式问题,他在肯定史诗是"心灵的乌托邦"世界的同时也逐渐发觉形式背后的阶级观与世界观等政治问题。情感的态度也彰显着明显的对统治阶级的厌恶和对广大受压迫者的同情。总体而言,在卢卡奇的思想中,优秀的现实主义著作总是有对社会结构不合理的表现,而这一思想的发展与托尔斯泰著作对自身的影响密不可分。

　　卢卡奇一生钟爱文学,推崇现实主义理论,尤其是歌德、巴尔扎克、托尔斯泰等人对其思想产生着潜移默化且深远的影响。歌德是卢卡奇极为重视的一个作家,前者在不同方面给予后者引导和影响。歌德行动派的探索精神、艺术化的表达风格、人民性的文学体现以及个性化的发展与保护都使得卢卡奇深刻思考歌德的时代价值与影响,并从中汲取养分发展自己的文学观与价值追求。面对其他研究者对于歌德的非理性化评判,卢卡奇始终基于后者的真实经历以及作品,批判地做出自己客观公正的评价,但仍可以看出卢卡奇对于歌德的"钟情"与追求。卢卡奇非常重视文学作品中的现实主义,而巴尔扎克以其对社会现实、人生百态的真实描写得到卢卡奇的推

―――――――――

　　①　《卢卡契文学论文集》(二),中国社会科学出版社1981年版,第333页。

崇。巴尔扎克的现实主义不仅是对社会现状的真实摹写,更重要的是其中所蕴含的作者对国家、对人民的热爱,这种热爱使他能够超脱其所属的时代与阶级的局限,看到人类社会的未来,同时,亦赋予其作品深刻的真实性与预见性。所谓真实性在于巴尔扎克的作品立足生活,立足人民,以叙述而非描写的方法,刻画法国社会广阔的生活画面,展现法国大革命后的时代巨变,富有历史真实的同时不失细节真实;预见性则体现在作者克服自身"保皇派"的落后思想,在展现历史丰富面貌的同时,呈现历史发展的真实进程和方向。巴尔扎克作品中的这种特征深深地吸引着卢卡奇,使后者推崇并发展这种长于叙事的现实主义背后的历史意识和现实精神。托尔斯泰因其伟大的作品闻名遐迩,作为俄国现实主义的代表者之一,其对现实主义的理论认知也影响深远。卢卡奇作为西方理论界对现实主义的推崇者之一,对托尔斯泰的关注、研究更是深刻入微。现实主义的创作中作家对待现实的态度是尤为重要的,二人的跨国界对话由此展开。歌德、巴尔扎克和托尔斯泰均是现实主义大师,他们对卢卡奇的影响永远是一种潜力的解放,推动卢卡奇联系现实问题,将理论同人的解放与自由、民族独立、世界和平等问题紧密结合,从而促进了卢卡奇关于人、人民性思想的诞生与发展。

第四章　卢卡奇的社会主义民主思想

卢卡奇的社会主义民主思想,旨在实现人民的解放、自由与民主,终极关怀指向人民问题,追求人民民主,是卢卡奇人民性思想的重要组成部分。实现人的解放、自由与民主始终是马克思主义理论家关注与思考的根本问题。卢卡奇早期便开始从文学艺术领域关注人的现实与存在问题,思考人所面临的困境及人类解放的出路;第一次世界大战之后转向马克思主义,步入马克思主义学徒阶段,立足于马克思主义哲学与政治经济学,将解放问题的思考由人延展至人类,具体到无产阶级。20世纪30年代之后随着其思想认识的转变与深化,进一步将无产阶级解放的问题拓展至人民,并将对人民问题的思考提升至人民性的理论高度。至晚年阶段,在对马克思主义美学与哲学本体论思考的过程中,将人民解放、社会主义民主与人类和平等问题加以全面综合考量,指出社会主义民主化建构中所遭遇到的困境与挑战,探析如何可以更好地确保人民的民主与自由问题。卢卡奇的人民性思想,无论是对帝国主义、法西斯主义思想的批判,还是对社会主义民主化思想的建构,既源于西方独特的人本与民主的文化传统,又体现并凝聚着卢卡奇对世界、时代与现实问题的强烈的批判与建构意识。

第一节　理论建构之源

卢卡奇的人民性思想与社会主义民主化建构,在某种意义上可谓是同一问题的两个方面,辩证地统一于其对人的解放与自由的认识论与实践论之中。他的人民性理论,一方面致力于人和人民的解放问题,另一方面努力构建社会主义实现后如何更好确保人民权力的民主问题。尤其是卢卡奇对社会主义民主化问题的关注,直至晚年,仍是其孜孜探讨与追求的现实和理论问题,对西方社会思想文化中的民主思想既有继承又有超越和发展。目前,学界关于卢卡奇社会主义民主化思想的理论来源问题的成果,从古希腊城邦民主、精神哲学、经典马克思主义等方面,探讨他们与卢卡奇的关系或影响问题,从不同层面肯定二者之间的复杂关系,具有重要的借鉴价值与启示。① 不过,这些学术成果并未专门分析卢卡奇社会主义民主化的理论之源问题,仅是部分提及他们之间存在的影响,更谈不上全面系统地展开论述,而且在深度方面也有待挖掘。鉴于此,对卢卡奇社会主义民主化的理论之源问题进行全面系统的梳理与研究,不仅必要,而且有助于深化对其社会主义民主化的认识,全面理解卢卡奇对西方民主思想的继承与发展,以及存在的不足和问题。整体来看,卢卡奇人民性思想对社会主义民主化问题的探讨,同其所处西方社会自身的思想传统以及当时的文化思潮有着千丝万缕的复杂联系。

一、古希腊、古罗马民主思想的作用

悠久璀璨的古希腊、古罗马民主思想影响深远,潜移默化地熏陶着卢卡奇对社会主义民主化的建构。他的《民主化的进程》考察了古希腊城邦民主到资本主义民主的发展历史,探讨希腊城邦阶段与民主的关系,显现出卢卡奇所受的希腊民主文化的影响。在他看来,古希腊、古罗马以来的民主思想在西方文化中有着非常悠久深厚的传统,对法国大革命的民主思想产生了很大的影响,促成了现代资产阶级民主的经典形式的形成。

卢卡奇谙熟古希腊的民主文化,并以希腊城邦为例进行分析,认为"作为城邦民主积极参与者的城邦公民,不仅是一个政治上层建筑的特定范畴,而且每个城邦公民都与社会存在的经济基础密不可分"①。古希腊的民主制以雅典城邦为代表,针对当时氏族贵族掌控政治权力而发轫。"雅典的城邦民主产生于公元前 6 世纪初的梭伦改革,经过长期发展而逐步完善,到了公元前 5 世纪中期后,进入鼎盛时期,至 4 世纪下叶,由于内部政变和外部战败,雅典民主制随着城邦的衰落而逐渐消逝在人类的历史长河之中。"② 在这一长达千年的民主制时期,古希腊文化孕育了鲜明而独特的民主思想,诞

① 参见韩秋红的《西方马克思主义民主理论的困境及批判——以卢卡奇和哈贝马斯为例》(《马克思主义理论学科研究》2019 年第 3 期)、刘维春的《西方马克思主义民主理论的批判、建构与困境》(《青岛科技大学学报》(社会科学版) 2018 年第 3 期)、孟偲的《民主化与人类解放——卢卡奇民主思想研究》(南开大学博士学位论文 2014 年)、佟德志的《经济发展与民主化的进程——卢卡奇社会主义民主复合性理论评析》(《湖北行政学院学报》2013 年第 5 期)、杨琴冬子的《论卢卡奇政治文化思想的民主意蕴与伦理追求》(《中外文化与文论》2016 年第 2 期) 等文。

① George Lukacs, *The Process of Democratization*, Albany: State University of New York Press, 1991, p.72.

② 应克复、金太军、胡传胜:《西方民主史》(第 3 版),中国社会科学出版社 2012 年版,第 33 页。

生了对后世影响深远的思想家,如苏格拉底、柏拉图、亚里士多德等。这些理论家无不对卢卡奇产生了深刻影响,尤其是亚里士多德,成为卢卡奇最为推崇的三位伟大哲学家之一。①

民主的发展推动了古希腊思想文化的繁荣,反之,思想文化的繁荣又促进了民主的深化。卢卡奇认为,民众对民主的积极参与,有助于推进民主的建设,苏格拉底在这方面便做出了显著的贡献。面对统治者深化民主的一些措施,如节庆补助、公职津贴等公共福利政策,苏格拉底认为设立这类制度是民主的一个象征,有助于鼓励民众参与公共活动,但它也会将原来的义务事宜沦为有偿劳动,从而诱发甚至助长公民的私欲、贪欲。因此,他呼吁——不要因对财富与声誉的攫取而忽视对智慧、真理和灵魂的探寻。古希腊人关于政治上的寡头制与民主制之间的争论与博弈有着特定的语境,苏格拉底并未拥护寡头制,"只批评民主的某些缺陷而不反对民主本身"②,认为国家政治治理是需要智慧和专门知识的,而不是采取愚蠢的抽签方法来选用领导人,"用豆子拈阄的办法来选举国家的领导人是非常愚蠢的,没有人愿意用豆子拈阄的办法来雇用一个舵手、或建筑师、或奏笛子的人、或任何其他行业的人,而在这些事上如果做错了的话,其危害是要比在管理国务方面发生错误轻得多"③。此外,关于如何提升公民的民主抉择问题,苏格拉底指出了两个重要因素——说服的技术与专门的知识,揭示作为技术的演说术的骗人性,会控制人、令人盲从,影响公众的投票。因此,从整体来看,苏格拉底批评却并未否定民主制,仍属于民主派一方。

在卢卡奇看来,柏拉图的政治思想在某种程度上发展了苏格拉底对民主问题的论述,主要体现在混合政体思想方面。柏拉图的混合政体思想是为其理想政治、现实政治服务的,主要见于《法律篇》《理想国》等著述。通过将寡头政体、寡头型的人同民主政体、民主型的人相对比,柏拉图主张建立一个稳定、社会和谐、民主的理想国,但却是致力于维护贵族奴隶主阶级统治。在他看来,理想国的和谐与稳定在于阶级结构的稳定,而阶级结构稳定的前提是社会分工的绝对化,即:根据社会分工所形成的不同职业的人也应该固定,从事同一职业,从而确保社会稳定。在此基础上,他将社会分工引入政治领域,并将城邦中的人分为三个不同阶级:护卫者——兵士;统治者;生产者——农民、工匠和商人等。这种社会分工推动着当时政治从寡头

---

① 参见 [匈] 卢卡奇《卢卡奇自传》,杜章智编,李渚青、莫立知译,社会科学文献出版社 1986 年版,第 305 页。

② 郭小凌:《古希腊作家的民主价值观》,《史学理论研究》1998 年第 1 期。

③ [古希腊] 色诺芬:《回忆苏格拉底》,吴永泉译,商务印书馆 1984 年版,第 8 页。

政体向民主政体的转变。柏拉图强调民主政体的产生需要"把公民权和公职平均分配给其余公民"①,而且这种政体也有助于培养民主类型的人——"从这种政体性质中出来的人,显然将会是一个民主类型的人"②,有助于人们获得独立自主和言论自由。柏拉图一直致力于寻找一种包含各种各样类型或模式的政体,而民主政体恰好如此,"所以任何人若想组织一个国家……就必须到一个民主政体的城邦来选择他喜欢的模式,仿佛是在一个政治体制的市场里一样"③。不难发现,柏拉图所提出的混合政体思想,更倾向于民主政体,因为后者为独立自主与言论自由提供了良好的文化环境,有助于人与社会的和谐发展,实现建立以正义原则为指导的理想国的社会结构,推动社会和谐。

针对柏拉图混合政体思想中的政治民主问题,亚里士多德总结、继承并予以发展。围绕政治民主问题,他解释了其所处时代的权力分配情况,并对之进行分类,描述并评价当时的政治民主体系,因为在他看来,权力分配制度某种程度上是一种政治体制问题。不过,亚里士多德对民主政治问题的态度是比较复杂的,看到民主政治优点的同时,又批评民主政治的缺点。在《政治学》中,亚里士多德阐述了这种混合政体,认同老师柏拉图对民主政治的理解,体现于其对平民政体的论断方面,"'平民政体'一词的确解应该是自由而贫穷——同时又是多数——的人们所控制的政体"④。这种理解与伯里克利有所不同,后者强调民主政治指涉的全体性,而亚里士多德则强调的是多数人。因为亚里士多德意识到民主政治的弊端,无法保障民主的全体性,只能是保护多数人的利益——在阶级社会中,当贵族阶层与平民大众阶层发生冲突时,胜利一方永远是享有完全平等政治权利且人数占优势的平民大众,无论是在政治上还是经济上不能保护少数人的利益。基于此,亚里士多德按照绝对公正的原则将政体分为理想的正宗政体和现实的变态政体两大类,正宗政体包括君主政体、贵族政体与共和政体,变态政体包括僭主政体、寡头政体和平民政体。⑤ 在三类正宗政体中,最理想的是共和政

① [古希腊] 柏拉图:《理想国》,谢善元译,上海译文出版社2016年版,第440页。
② [古希腊] 柏拉图:《理想国》,谢善元译,上海译文出版社2016年版,第440页。
③ [古希腊] 柏拉图:《理想国》,谢善元译,上海译文出版社2016年版,第441页。
④ [古希腊] 亚里士多德:《政治学》,吴寿彭译,商务印书馆1965年版,第186页。
⑤ 参见 [古希腊] 亚里士多德《政治学》,吴寿彭译,商务印书馆1965年版,第179—182页。在亚里士多德看来,君主政体是指一人(君主)为统治者;贵族政体是指政体以少数人——不止一人也不是多数人,即贵族(贤能)——为统治者;共和政体是以群众(大多数民众)为统治者,这三类为正宗政体,均可以照顾到全邦人民的公益,是理想的。但是,在现实中这三类未必能实现,因此出现了相应的变态政体,即:僭主政体是君主政体的变

体,由中产阶级执掌且实行轮番制度。这一点从《政治学》开篇亚里士多德对城邦的定义中可以窥知一斑。城邦是为追求或完成一种至高至广的善业所建立的政治团体(或社会团体或城市团体),因为人是政治的动物,所有人参政、轮番成为统治者和被统治者才合乎善德和本性。① 他认为正宗政体可以顾及公共利益,虽是理想的,在现实中却未必能实现。正宗政体的变态政体尽管只照顾统治者们的利益,是专制的,却是现实的,并且进一步指出在三种变态政体中,多数人统治的平民政体是最好的,因为平民大众具有治国的政治智慧与能力,他们集体的智慧与力量远超个别少数的,而且这种政体也有助于自由人所组成的城邦的团结,有利于保持廉洁与稳定。不过,他认为这类平民政体必须在法治的前提下,否则便不是真正的政体。平民政体同寡头政体一样,原本不是民主政体,但由于人民的教育和习性,却保持着民主的作风和趋向。② 通过对两类六种政体的对比、分析,亚里士多德更倾向于建立一种混合政体,在平等民主的基础上,政权由富人和穷人共同轮番执掌。亚里士多德认为优良生活是人类追求的目标,实现这一目标需要合理的社会制度,混合政体有助于实现这一目标。

古希腊文明对后世的影响深入根髓,民主问题亦是如此。古罗马共和国的政体在古希腊政体的基础上,混合了君主制、贵族制、民主制三个方面。正如西塞罗所看到的,"罗马共和国下的民主符合了亚里士多德对民主内涵的阐释,是先进的,是积极的,是推动社会进步和发展的"③。古罗马从王政时期(公元前8世纪至公元前510年),从原始社会末期向奴隶制小国的转变阶段,主要实行的仍是军事民主制,具有民主制与贵族寡头制相结合的特点。到共和时代(公元前510年至公元前27年),罗马共和国建立民主制,摆脱希腊城邦的奴隶制民主政治,而是在贵族统治阶层中形成短暂且有限的民主政治。进入罗马帝国时代(公元前27年至公元1453年),由于军事上的不断扩张,帝国的强权与专制使罗马人放弃了希腊式的民主政治,并从希腊民主政治上形成自己的君主专制政治。相较古希腊人而言,古罗马人在民主理论方面却没有独特的创新之处,而是从希腊思想家那里寻求理

态,以一人为治,凡所设施以他个人的利益为依托;寡头政体为贵族政体的变态,以少数贵族(富人)的利益为依托;平民政体为共和政体的变态,以大多数民众(穷人)的利益为依托,三者都不考虑城邦全体公民的利益。

① 参见 [古希腊] 亚里士多德《政治学》,吴寿彭译,商务印书馆1965年版,第1—5页。

② 参见 [古希腊] 亚里士多德《政治学》,吴寿彭译,商务印书馆1965年版,第194页。

③ 沈双逸、洪霞:《冲突中的发展:早期古罗马共和国政治体制下的民主政治》,《无锡商业职业技术学院学报》2009年第4期。

论支撑,从而实践并总结罗马政治。

　　民主思想从古希腊到古罗马的延续及其间存在的问题,是卢卡奇晚年关心的重要内容,他希望从中探知希腊民主辉煌和瓦解的各自根源所在,为人民民主理论的发展和社会主义民主化的建构提供某些借鉴和启发。经过细致的研究,卢卡奇发现古希腊、古罗马的这种最令人尊敬的、最灿烂的民主模式的最终瓦解,尽管是由于政治衰败力量的直接作用,但归根到底是经济发展的结果,是与民主生活紧密联系的经济结构破裂、经济基础瓦解最终导致的。① 同时,通过将古希腊古罗马时期与资产阶级时期的这两者不同民主文化进行对比,卢卡奇发现,在资产阶级的发展和巩固过程中,在资产阶级逐渐独立,摆脱与封建贵族的专制君主的联盟的过程中,古代理想的形式和内容发生了变化。从历史的角度来看,这种古代理想的形式和内容在古典主义艺术中逐渐从罗马转向希腊,塞内卡被索福克勒斯取代,维吉尔也被荷马取代,等等。他指出,德国古典主义艺术尽管存在一些问题,但它模仿古代,创造了一种无愧于希腊人的艺术,进一步揭示其试图在现代资产阶级社会的基础上重建城邦民主,在意识形态上拒绝革命的精神实质。② 通过对比,卢卡奇深刻意识到并揭示古代城邦民主同雅各宾派民主复兴梦想之间的区别,指出资产阶级所建构的民主的欺骗性。

二、精神哲学的影响

　　精神哲学对卢卡奇民主思想观念的形成具有重要作用,滋润着后者的人道主义思想,为其人民性思想的建构提供了理论亮色。精神哲学在西方有着独特的文化传统,在 18 世纪和 19 世纪初是哲学重要的组成部分,内容涉及形而上、认识论和道德领域等,致力于从人的精神与心灵层面探索思维(意识)与存在(物质)之间的关系问题。黑格尔和克罗齐在西方现代精神哲学发展史上占据着非常重要的地位,前者是德国古典主义哲学的集大成者,后者某种意义上是在前者"绝对精神"哲学思想的影响下创造性地提出"精神哲学"的观点,他们都强调精神或主观心灵在事物发展中的决定性作用。精神哲学围绕"什么是人"的问题,探索人只是物质性的个体,还是兼具物质性和精神、心灵的个体,进而引申出身心问题,探析思维与存在的复杂关系。精神哲学的研究在 19—20 世纪涉及范围广泛,贯穿社会学、哲

---

①　参见 Georg Lukács, *The Process of Democratization*, Albany: State University of New York Press, 1991, p.72。

②　参见 Georg Lukács, *Goethe and his Age*, London: Merlin Press, 1968, p.112。

学、美学、政治学、伦理学等各个领域，同现代性问题关系非常密切，如马克斯·韦伯的社会学理论、狄尔泰的总体性思想与方法论、席美尔的社会学方法等。这些思想对卢卡奇形成自己独特的历史辩证法、阶级意识和总体性等思想，批判现代科学和社会制度，建立物化、现实主义以及日常生活批判等理论，均具有重要的意义。

　　辩证法思想是黑格尔哲学思想的精要，思辨意识与物质、思维与存在之间关系的复杂内容，对卢卡奇的思想产生了根本性的影响。黑格尔强调哲学意义上主体的能动性，主张可以把实体理解为主体，"实体本身就是主体"①，"实体将又会是知觉的世界"②，可以从内在世界来感知，设定作为自在世界的实体是感性的、知觉的世界来加以理解，赋予事物主体运动的能动性。作为实体存在的人同样具有这种鲜明的能动性，黑格尔将这种能动性称之为人的自由意志，认为这种自由意志缺乏固定的范式，遵循某种无意识的意志、集体的自由意志或者神的自由意志等。主体的活动与意识在现实中是不断变化发展的，是精神与实体的统一，不是绝对的肯定或绝对的否定，而是肯定和否定的辩证统一，精神与实体或对象有其运动的过程与特征，是在"肯定—否定—否定之否定"的运动中不断发展。"精神在否定的东西那里停留，这就是一种魔力，这种魔力就把否定的东西转化为存在。而这种魔力也就是上面称之为主体的那种东西；主体当它赋予在它自己的因素里的规定性以具体存在时，就扬弃了抽象的、也就是说仅只一般地存在着的直接性，而这样一来它就成了真正的实体，成了存在……"③在黑格尔看来，精神可以通过主体否定的魔力转化为存在，通过扬弃成为真正的实体、存在；精神的本质性在于纯粹的思想，是通过否定与扬弃来实现。他用"精神"这个概念来表现人的主体特性，"'精神'这个概念来表示人的本性，'精神'不同于理性或意识，不是单纯的认识能力，也不只是自我意识或个体主体，而是能够包容一切的具有实体性、历史性、社会性的能动性主体"④。在黑格尔看来，实体可以成为主体，主体的特性在于精神，同样，精神也可以变成对象、他物，"精神所以变成了对象，因为精神就是这种自己变成他物、或变成它自己的对象和扬弃这个他物的运动"⑤，因此，精神与实体之间是个

①　[德] 黑格尔：《精神现象学》，贺麟、王玖兴译，商务印书馆1979年版，第41页。

②　[德] 黑格尔：《精神现象学》，贺麟、王玖兴译，商务印书馆1979年版，第122页。

③　[德] 黑格尔：《精神现象学》，贺麟、王玖兴译，商务印书馆1979年版，第24页。

④　高尚荣：《现代性道德重构的精神哲学进路》，《河南大学学报》(社会科学版) 2010年第1期。

⑤　[德] 黑格尔：《精神现象学》，贺麟、王玖兴译，商务印书馆1979年版，第26页。

辩证运动的过程。

黑格尔批评地继承康德的主观唯心主义,克服后者认为精神现象之外还存有人无法认识的"物自体"的缺陷,将精神哲学上的不可知论发展至客观唯心主义,批评康德思维的客观性仍是主观的,强调思想不仅是人的思想,还包括物自身或对象性东西的本质——"思想的真正客观性应该是:思想不仅是我们的思想,同时又是事物的自身(an sich),或对象性的东西的本质"①。这种精神哲学关于主体、精神、物自身等纯粹思想的强调,对19世纪末20世纪初席美尔、狄尔泰、马克斯·韦伯等人思想的形成与发展均有影响。

席美尔既是卢卡奇的老师,又是一位对后者物化及异化思想的形成具有重要作用的社会学家和哲学家。他的社会学方法和文化异化理论在某种程度上受到黑格尔精神哲学的影响。黑格尔的精神哲学偏重于对主体精神内在性的辩证思考,席美尔出于资本主义货币经济的影响,将哲学思考的维度偏重于对主体与外在世界之间关系的探查,聚焦于货币经济对人及人际关系的异化问题。席美尔方法论的个体主义思想,强调个体自由的实现离不开客观化的人际关系。在《货币哲学》中,他注重解析货币对主体内在世界,对个人生命力及命运,以及对个体之外整个文化发展态势的影响,揭示货币经济对人自我与生命的迷失,对主体的异化等问题。席美尔从黑格尔等人有关主体、精神、物质与意识等相关哲学思想出发,肯定主体精神的重要功能,提出"唯物主义认为精神是物质,而超验主义哲学则认为物质本身就是精神……任何对象,不管是物质的还是精神的,都只在其可以为精神活动过程所认识这一点上才是存在的,或者更准确地说,它的存在只是因为它是精神的一种功能而已"②,认为一切存在不过是主体精神的一种功能。席美尔指出,货币为现代生活提供了精确性和衡量的尺度,已成为个体存在的尺度。在资本主义条件下,货币经济带来的交换看似给人提供了广阔的自由,"个体自由就越是随着经济世界的客观化和去人格化而提高"③,但本质上是一种虚假的自由,因为"货币所能提供的自由只是一种潜在的、形式化的、消极的自由,牺牲掉生活的积极内容来换钱,暗示着出卖个人价值……"④席美尔对主体、个体的生命、自由与精神等问题的关注,对货币物化、工人异化等经济文化方面的分析,暴露资本主义社会中的"文化悲

① [德] 黑格尔:《小逻辑》,贺麟译,商务印书馆1980年版,第120页。
② [德] 西美尔:《货币哲学》,陈戎女、耿开君、文聘元译,华夏出版社2018年版,第143页。
③ [德] 西美尔:《货币哲学》,陈戎女、耿开君、文聘元译,华夏出版社2018年版,第302页。
④ [德] 西美尔:《货币哲学》,陈戎女、耿开君、文聘元译,华夏出版社2018年版,第422页。

剧""文化病状""文化危机"等弊病,为卢卡奇探析并揭示工人被异化的真正根源提供了方法论上的支撑。

受精神哲学的影响,如果说席美尔是将主体精神与外在世界(货币经济)作为研究重点的话,那么同样作为卢卡奇老师的狄尔泰,则是从总体性上审视精神科学与自然科学之间的关系,探寻人与客观外界之间关系问题的密钥,力图从认识论与方法论上形成自己富有特色的精神科学。这些理论与方法,深化了卢卡奇对个体与生命、现实与历史本身的认识,推动了其总体性思想的生成和发展。在狄尔泰看来,自然科学针对客观对象,认知具有直接性,追求某种普遍的规律性与普遍性,并且这种规律性与普遍性适用于任何时间和地点;精神科学关注的是主体世界,把握的是意义的世界,侧重主体个体的差异性与个别性,表现主体对历史、生命以及它们关联整体的体验与感悟,主体通过体验、理解、感知、反思来建构意义,具有间接性。在自然科学中,人是主体,客观世界只是被研究的对象。狄尔泰认为,人既是主体又是客体,主客体是同一的,主体是生命,精神科学是以生命把握生命。他主张从总体上把握精神科学的研究对象,认为精神科学可以囊括"所有各种以社会实在和历史实在为研究主题的学科"①,其中,"各个组成部分都为了进行沟通而被联接成为一个整体"②,注重人类精神的同时,探寻人类本性及其所具有的总体性特征,将个体的科学置于作为社会—历史实在的成分来探查。个体对意义的建构,是通过在总体中回忆、体验、理解、表达各种关系来实现的。然而,狄尔泰所提倡的"总体"是神秘化了的,不是客观的,个体对意义的理解时常是主观主义的。同时,作为精神科学创始人的狄尔泰,其所提倡"返回事情自身"的主张方法,认为对生命的理解应回到生命本身,"哲学思考渴望生命。它想要返回一种强烈的生活喜悦,返回艺术等"③,因为"只有通过重新返回生活和社会,精神科学才能获得其最高的意义"④。狄尔泰的精神科学及其"返回事物自身"的方法对卢卡奇认识资本主义社会、文化与经济具有重要意义,思考人、人民与民主问题有很大助益,正如英国学者里希特海姆所言——"正是狄尔泰最早给卢卡奇以启迪,从而使他认识到自然科学与历史学之间的根本区别:历史事件的独一无二性,以

---

① [德]威廉·狄尔泰:《精神科学引论》第1卷,艾彦译,译林出版社2014年版,第13页。

② [德]威廉·狄尔泰:《精神科学引论》第1卷,艾彦译,译林出版社2014年版,第13页。

③ [德]威廉·狄尔泰:《精神科学中历史世界的建构》,安延明译,中国人民大学出版社2010年版,第243页。

④ [德]威廉·狄尔泰:《精神科学中历史世界的建构》,安延明译,中国人民大学出版社2010年版,第122页。

及那种要在其全部具体性中对它加以把握的需要。"①

相对狄尔泰和席美尔而言,"韦伯的影响来得较晚,但是更深刻"②,他的社会学思想中的合理化理论与方法对卢卡奇的研究起了澄清问题和开拓思路的作用③,助推了后者异化思想、人道主义思想与无产阶级意识的形成。马克斯·韦伯合理化分析的社会学方法,探讨精神同经济、政治、文化范畴之间的复杂性,揭示资本主义社会资本家对资本狂热迷恋与追逐的新教伦理。韦伯肯定马克思对资本原始积累的揭露,没有继续深化马克思有关经济物质与社会制度层面对资本主义的分析,而是拓展分析资本原始积累进程中的精神与文化因素,似乎染有"文化决定论"的色彩,但凸显了其文化论的特征,强化了对资本主义工业社会的文化批判。韦伯批判并拒斥唯物主义历史观,主张科学应"以人的文化制度和文化事件为对象"④。对他而言,人类文化生活科学最基本的任务之一就是从精神上理解人所给予的具有目的意义的概念,经济因素并非是决定历史文化的唯一的决定性因素,批判历史唯物主义倒置了经济与文化的关系。韦伯分析现代资本主义经济与精神文化之间的关系问题,明确指出尽管两者之间存在某种内在的关联性,但精神文化的因素却具有某种决定性,"因为,虽然经济理性主义的发展部分地依赖于理性的技术和理性的法律,但与此同时,采取某些类型的实际的理性行为却要取决于人的能力和气质"⑤。因此,韦伯非常强调个体精神文化主观能动性的决定作用。受德国古典哲学的影响,韦伯拒斥实证主义的社会认识论,拒绝将人客观对象化,倾向于将人的主观意图(心智、思想、目的及意图等主观精神)作为社会学研究的出发点,强调方法论上人的主体性精神。韦伯从方法论上思考如何建立社会学问题,凸显精神文化的重要因素,强调人的主体性作用,力图建立以价值中立性原则对社会现象进行合理化解释的科学的社会学。他的社会学思想对卢卡奇生成自己鲜明的物化理论,形成社会批判理论,批判非理性主义,无不具有重要的理论价值。

在早期阶段,卢卡奇深受精神哲学的影响,思考并探求人的存在与解

---

① [英]盖欧尔格·里希特海姆:《卢卡奇》,王少军、晓莎译,中国社会科学出版社1989年版,第23页。

② [匈]卢卡奇:《卢卡奇自传》,杜章智编,李渚青、莫立知译,社会科学文献出版社1986年版,第66页。

③ 参见[匈]卢卡奇《卢卡奇自传》,杜章智编,李渚青、莫立知译,社会科学文献出版社1986年版,第206页。

④ [德]马克斯·韦伯:《社会科学方法论》,韩水法、莫茜译,商务印书馆2013年版,第3页。

⑤ [德]马克斯·韦伯:《新教伦理与资本主义精神》,于晓、陈维纲等译,生活·读书·新知三联书店1987年版,第15页。

放问题。加入共产党后,卢卡奇坚定自己的共产主义信念,将对人及其解放问题的关注放到无产阶级的解放事业上,对人民与民主问题的思考与理论探索,依然无形之中从精神哲学寻求资源与养分,形成其鲜明的人道主义思想。20 世纪 50 年代,卢卡奇在创作《理性的毁灭》的过程中,深入理解精神哲学有关主体的理论,进一步思考民主化问题,认清精神哲学的本质并与之决裂,认为这些哲学本质上是非理性主义和浪漫主义的,而这种浪漫主义与非理性主义恰恰是欧洲法西斯主义盛行和民主沦丧的根源。卢卡奇出于对社会主义民主建构的思考,立足理论与现实统一的准则,着手构建马克思主义的社会本体论思想。

三、马克思恩格斯的影响

马克思、恩格斯关于人民与民主思想的形成,得益于古希腊丰富浓郁的人学、市民与民主思想,以及文艺复兴以来的人道主义精神,尤其是深受德国古典哲学的熏陶。立足于欧洲优秀的传统文化,借鉴全人类宝贵的思想资源,马克思和恩格斯在唯物史观、本体论、辩证法、人学思想与异化理论等方面,做出了非常杰出的创造性贡献,对卢卡奇人民性及民主思想的形成均有深刻的影响。

在唯物史观与本体论方面,马克思、恩格斯批判地吸收以柏拉图、康德等人为代表的西方唯心主义思想传统的合理成分,批判地接纳赫拉克利特、培根、费尔巴哈等人的唯物主义思想的科学部分,形成科学的物质本体论,充分肯定物质第一性的同时,高度重视意识的积极能动性,以科学辩证的态度审视物质与意识之间的关系。以物质本体论为基础,马克思、恩格斯为了消除旧的形而上学物质本体论中的僵化和不合理成分,建立科学的哲学,将哲学的形而上思考转向人类社会,拓展至人的社会具体存在层面,提出人类"社会生活在本质上是实践的"[①]命题,主张哲学的任务除了认识、解释世界之外,问题在于实践、改变世界,指明"哲学家们只是用不同的方式解释世界,而问题在于改变世界"[②],从而将物质本体论发展至实践本体论。在《德意志意识形态》中,马克思、恩格斯为了同以往旧的唯物主义相区分,提出"实践的唯物主义"。"实践唯物主义强调,人类的实践活动既能改变世界又能创造世界。"[③]通过实践活动,人可以有效地将认识世界、改变世界和创

[①] 《马克思恩格斯文集》第 1 卷,人民出版社 2009 年版,第 501、505 页。

[②] 《马克思恩格斯文集》第 1 卷,人民出版社 2009 年版,第 506 页。

[③] 王国坛:《近 30 年马克思主义哲学研究的逻辑进程——从物质本体论到马克思的感性思想》,《哲学动态》2008 年第 7 期。

造世界相统一,运用"思辨的辩证法重新创造世界"①,并在这一活动中提升人认识与改变世界的能力,在实践中实现主客体的统一,正是在此意义上,实践成为世界与历史的本体,从而推动物质本体论或自然本体论的进一步飞跃。

马克思、恩格斯对哲学问题思考的出发点与落脚点是人及其存在的问题,最终是实现人的解放、自由及全面发展,而要实现这一终极目标,必须全面审视人赖以存在的社会生活,乃至整个人类活动,进而将物质本体论与实践本体论进一步延展至社会存在。他们关于社会存在本体的论断,进一步阐释并揭示人类社会历史的发展问题,揭示人类历史发展的规律以及资本主义社会的秘密,指明"一切社会的历史都是阶级斗争的历史"②,社会历史的主体与创造者是人民群众,资本主义社会历史的主体是无产阶级,揭示资本主义社会及其劳动对人的异化,指明个体与社会的解放、自由与全面发展的出路,阐明个体与共同体及其二者间的关系。马克思与恩格斯虽然并未明确提出"社会本体论",但关于社会本体论的思想已然暗含于他们的论著之中。美国学者古尔德明确指出,暗含于马克思论著之中的社会本体论是一种社会实在之本质的形而上学理论,将给出关于社会存在(例如人和制度)的基本实体和结构,以及社会交往和社会交换的基本性质的系统性说明。③从物质本体论与实践本体论层面,马克思思考并提出人的解放与自由全面发展的问题,继而在社会本体论层面明确解决这一问题的根本在于改变世界、解放全人类的现实命题,"对实践的唯物主义者即共产主义者来说,全部问题都在于使现存世界革命化,实际地反对并改变现存的事物"④。从某种意义上讲,马克思的社会本体论更侧重于社会与人类的解放事业,实现个体与共同体的构建,阐释同社会性相关的解放、自由、平等、正义以及人的自我改变与人道主义等问题,涉及深层次的社会、经济、政治、文化等各方面的复杂因素。

马克思和恩格斯对西方思想文化的考察是全方位且深入的,以哲学的物质本体论为基点,深化对实践问题的探究,形成科学的实践唯物主义,进而提出有关人的解放、自由、全面发展的社会问题。他们对物质本体论、实践本体论和社会本体论等命题的论述,思考的核心是人以及人的异化的问

---

① 《马克思恩格斯文集》第1卷,人民出版社2009年版,第275页。

② 马克思、恩格斯:《共产党宣言》,人民出版社2014年版,第26页。

③ 参见[美]古尔德《马克思的社会本体论》,王虎学译,北京师范大学出版社2018年版,第1页。

④ 《马克思恩格斯文集》第1卷,人民出版社2009年版,第527页。

题。有关物化、异化问题，马克思和恩格斯在《德意志意识形态》中，马克思在《政治经济学批判（1857—1858 年手稿）》《资本论》等论著中便已有涉及，并在《1844 年经济学哲学手稿》中作了详细论述。在《德意志意识形态》中，马克思和恩格斯探讨与宗教相关的一系列问题时，已经注意到人的物化与异化问题，有关宗教对人的异化问题进行了充分论述，认为"个人的行为不可避免地受到物化、异化"①，指出在宗教社会活动中，个人的行为不依赖于个人，而是通过交往将个人的力量转化为"神圣的"力量，宗教决定并管制着个人，分析宗教的自我异化问题。他们围绕我与非我之间的异化关系进行深入分析，认为"非我就是异于我的东西，就是异物……与我相异的东西，是我的异化"②，揭示宗教是异化了的人的本质，指明在资本主义社会中，"货币、雇佣劳动等等是人的本质的异化"③，使人成为非我的异物。在《政治经济学批判（1857—1858 年手稿）》中，马克思关于对象化（物化）与异化及其间的关系做了更进一步的辨析，认为对象化即物化，是劳动实践的结果，"任何生产都是个人的对象化"④，产品、货币、交换价值等则是对象化劳动的产物，是社会性的对象化；在资本主义经济条件下，劳动及其产品的关系表现为一种极端的异化，劳动的对象化过程表现为全面的异化，因为"在资产阶级经济以及与之相适应的生产时代中，人的内在本质的这种充分发挥，表现为完全的空虚化；这种普遍的对象化过程，表现为全面的异化，而一切既定的片面目的的废弃，则表现为为了某种纯粹外在的目的而牺牲自己的目的本身"⑤。在《资本论》中，马克思进一步分析资本主义生产方式使劳动条件和劳动产品同工人相异化的本质，揭示工人自己的劳动同他相异化、被资本家所占有的社会真相，揭示资本同劳动相对立的异化性质。

马克思、恩格斯有关物化、异化问题的论述对卢卡奇产生了深刻影响。在早期完成的《小说理论》中，卢卡奇批判资本主义社会，指明后者对人的异化问题——使主体与客体相分离，指出在古希腊的史诗时代，主体与客体是统一的，"对于心灵来说，就没有什么外部，更没有什么他者"⑥，但他对异化问题的关注更多停留于人的心灵世界。进入马克思主义学徒期之后，卢卡奇继承并发展马克思和恩格斯关于异化理论的思想，尽管存在一定的误

① 《马克思恩格斯全集》第 3 卷，人民出版社 1960 年版，第 273 页。
② 《马克思恩格斯全集》第 3 卷，人民出版社 1960 年版，第 316 页。
③ 《马克思恩格斯全集》第 3 卷，人民出版社 1960 年版，第 576 页。
④ 《马克思恩格斯全集》第 30 卷，人民出版社 1995 年版，第 178 页。
⑤ 《马克思恩格斯全集》第 30 卷，人民出版社 1995 年版，第 480 页。
⑥ ［匈］卢卡奇：《小说理论》，燕宏远、李怀涛译，商务印书馆 2012 年版，第 20 页。

读——将物化与异化相等同,但在《历史与阶级意识》中侧重于批判导致人异化的外在世界——资本主义社会。他明确指出资本主义社会中人的一切关系的物化(异化),揭示商品社会物与人的对立,劳动对人的控制与异化问题。"人自己的活动,人自己的劳动,作为某种客观的东西,某种不依赖于人的东西,某种通过异于人的自律性来控制人的东西,同人相对立。"① 在卢卡奇看来,物化(异化)在资本主义社会无处不在。他认为:"物化结构越来越深入地、注定地、决定性地沉浸入人的意识里。马克思经常十分透彻地描述物化的这种加剧过程。"② 继承马克思对人异化的社会根源的揭示路径,卢卡奇将批判的重心从精神科学转向了政治经济学,从而使异化问题成为该书中对资本主义社会进行革命批判的中心问题。③ 卢卡奇的异化(物化)理论是随着时代的变化而发展的。在《历史与阶级意识》中,他的异化理论突出阶级与阶级意识,强调人的解放要通过阶级的解放才能实现,到晚年的《关于社会存在的本体论》,则突出人的个性问题,强调人的个性与地位,探索如何消除日常生活对人的异化问题。④

　　同异化理论一样,立足于人学思想、政治经济学批判的马克思和恩格斯的现实主义理论,对卢卡奇亦产生了巨大影响。鲜明的人道主义和批判性是马克思主义现实主义的基本精神品格。青年时期的马克思更多的是一位具有浪漫色彩的理想主义者,随着对康德、费希特、黑格尔等哲学家认识的深入,对资本主义现实社会认识的深入,开始从理想主义"转而向现实本身去寻求观念"⑤,逐渐转向具有批判色彩的现实主义。对于马克思而言,现实主义是其一切思想的基本方法和美学原则,突出批判的性质与品格。理论推动人对自我、对社会以及自我与他者二者间关系认识的深化,实现这一目标必须立足于现实与人民,以批判的眼光来审视,审视批判本身,突出批判的颠覆性与建构性,反对庸俗经济学的粗浅的现实主义,反对形而上学的空洞的、抽象的现实主义,因为在马克思看来,现实主义的批判性不仅在于对观点的突显——"批判的批判的主要秘密之一,就是'观点'和用观点

① [匈] 卢卡奇:《历史与阶级意识》,杜章智、任立、燕宏远译,商务印书馆1999年版,第150页。
② [匈] 卢卡奇:《历史与阶级意识》,杜章智、任立、燕宏远译,商务印书馆1999年版,第159页。
③ 参见 [匈] 卢卡奇《历史与阶级意识》,杜章智、任立、燕宏远译,商务印书馆1999年版,第17页。
④ 参见孙伯鍨《卢卡奇与马克思》,南京大学出版社1999年版,第384页。
⑤ 《马克思恩格斯全集》第47卷,人民出版社2004年版,第13页。

来评判观点"①,而且强调主体与客体、理想与现实、理论与实践之间的辩证统一,突出辩证法的本质"是批判的和革命的"②。

批判性是恩格斯与马克思共同追求的现实主义美学原则。马克思为现实主义理论的批判性确立了基本的精神品格,恩格斯则是将这种品格具体化为文学批评实践。马克思和恩格斯对反动的浪漫主义和积极的浪漫主义做了区分,批判热衷于探索神秘玄妙世界、缅怀中世纪、对过去历史加以理想化的反动的或消极的浪漫主义,肯定雪莱、拜伦、席勒以及雨果等人积极进步的浪漫主义对资本主义文明的批判,批评席勒这些浪漫主义者耽于幻想、脱离现实以及他们的阶级与时代局限性。恩格斯认为优秀的作家无不关心社会现实问题,浪漫主义作家亦不例外,以浪漫之笔书写人生社会而成为"天才的预言家"的雪莱,"满腔热情地、辛辣地讽刺社会"③的拜伦,以及作为法国浪漫主义杰出作家的维克多·雨果等人,他们关心工人阶级的命运与生活现实,为工人阶级书写。由于浪漫主义的虚幻色彩,突出作家的主体性,强调作家的见解,不利于客观地观察和真实地描写社会生活,因此,恩格斯更倾向于现实主义,认为文学的社会真实高于作者的见解——"作者的见解越隐蔽,对艺术作品来说就越好"④。基于此,他给现实主义下了一个对后世影响深远的定义——"除细节的真实外,还要真实地再现典型环境中的典型人物"⑤。从此理念出发,恩格斯批判作家玛格丽特·啥克奈斯的作品仅有真实性而忽略典型性,推崇巴尔扎克为现实主义大师,"他在《人间喜剧》里给我们提供了一部法国'社会',特别是巴黎上流社会的无比精彩的现实主义历史"⑥,高度评价巴尔扎克实现"现实主义的最伟大的胜利"⑦——巴尔扎克隐藏甚至违背自己的阶级同情和政治偏见,以细节的真实以及环境与人物的典型,揭示人类生活与社会历史发展的必然和未来方向。

关于现实主义理论,卢卡奇继承并发展马克思和恩格斯的批判性精神,提倡批判现实主义,反对自然主义、表现主义、意识流等现代派文学艺术,抨击现代派艺术过于追求艺术表现技法,而遮蔽典型性、真实性以及作

---

① 《马克思恩格斯文集》第 1 卷,人民出版社 2009 年版,第 356 页。
② 《马克思恩格斯全集》第 44 卷,人民出版社 2001 年版,第 22 页。
③ 《马克思恩格斯文集》第 1 卷,人民出版社 2009 年版,第 474 页。
④ 《马克思恩格斯文集》第 10 卷,人民出版社 2009 年版,第 570 页。
⑤ 《马克思恩格斯文集》第 10 卷,人民出版社 2009 年版,第 570 页。
⑥ 《马克思恩格斯文集》第 10 卷,人民出版社 2009 年版,第 570 页。
⑦ 《马克思恩格斯文集》第 10 卷,人民出版社 2009 年版,第 571 页。

家的世界观等问题,坚持以"人民民主"的观点来对待文学,批判当时苏联社会主义现实主义中的官僚主义与形式主义问题,强调现实本身,注重人的生命与存在问题。在《作为文艺理论家和文艺批评家的弗利德里希·恩格斯》(1935)、《叙述与描写——为讨论自然主义和形式主义而作》(1936)、《人民性和真实的历史精神》(1937)、《马克思和意识形态的衰落问题》(1938)、《问题在于现实主义》(1938)、《资产阶级美学中关于和谐的人的理想》(1938)、《马克思、恩格斯美学论文集引言》(1945)、《文学与民主》(1946)等多篇论著中,卢卡奇非常肯定马克思和恩格斯对文学艺术的独特贡献——"正是由于马克思和恩格斯始终了解文学对人类觉悟具有特别深远的影响,所以他们从未低估正确探讨文学和文艺理论的意义"①,明确指出"马克思主义美学将现实主义提到了艺术的中心地位"②,继承马克思和恩格斯对莎士比亚、歌德、巴尔扎克等作家现实主义精神的推崇,多次肯定这些作家实现了"现实主义的胜利",批判自然主义、表现主义、意识流等现代派强调艺术技巧而忽视人本身,认为典型性,忠实地真实再现社会生活,聚焦人完整性的人道主义,是马克思主义美学的基本原则。

四、罗莎·卢森堡、列宁的影响

第一次世界大战以后,卢卡奇受战争、革命形势等因素的影响,转向马克思主义。在无产阶级革命思想、人民性思想等方面,他明显受到卢森堡与列宁的影响,《历史与阶级意识》中一些思想的生成某种程度上得益于他们的作用。

卢森堡(1871—1919)是一位充满才华、勇于革命的波兰裔德国政治家和理论家,精通波兰语、德语、俄语、英语、法语等,国际共产主义运动著名的革命活动家,第二国际的"左派"领导人,德国社会民主党领袖、共产党以及波兰社会民主党的创始人,同伯恩施坦、考茨基、列宁等人论战,坚持"捍卫和发展马克思主义、批判修正主义、辩证对待俄国革命"③的三大主题。在某些具体的历史阶段里,卢森堡对卢卡奇的影响几乎是决定性的,正如后者在《历史与阶级意识》中所坦言——"大战期间,我又了解了罗莎·卢森堡的著作。所有这些造成了一种高度矛盾的理论混合物,它在大战期间和

---

① 《卢卡契文学论文集》(一),中国社会科学出版社1980年版,第2页。

② 《卢卡契文学论文集》(一),中国社会科学出版社1980年版,第288页。

③ 夏伟:《卢森堡总体性思想对卢卡奇的影响研究》,硕士学位论文,南京师范大学马克思主义学院,2018年,第8页。

战后的头几年对我的思想起着决定性的作用。"①细致阅读卢卡奇这一阶段的论著，尤其是在《历史与阶级意识》中，在革命与暴力、无产阶级专政与社会主义民主问题、批判庸俗经济学、总体性方法、人道主义等思想方面，明显受到罗莎·卢森堡的影响，推动其政治经济学、美学、哲学、人学思想进一步发展的同时，也助推了其这一时期"左倾"激进思想的形成。

　　作为杰出的马克思主义思想家与革命家，卢森堡批判资本主义社会，以总体性方法继承马克思主义的历史辩证法，批判当时庸俗经济学，敢于突破马克思《资本论》对政治经济问题认识的观点。通过对《资本论》《哲学的贫困》等论著的学习，卢森堡强调马克思主义的整体性，反对片面理解或肢解马克思主义的行为，主张运用唯物主义的辩证的历史观来考察人类社会发展历史，以总体性的方法考察资本主义的生产、分配、交换、消费再生产、货币流通等经济运作问题，分析并揭示资本积累问题，完成《资本积累论》和《国民经济入门》等论著，认为马克思的"理论中最有价值的唯物主义的辩证的历史观却只表现为一种研究方法"②，即总体性方法，力图恢复并推进马克思主义的总体性方法，希望打破同时代人对马克思主义的庸俗理解，但她本人仅将马克思主义更多理解为一种方法，肯定马克思主义的总体性方法的同时，也不可避免地片面地割裂了马克思主义。对于卢森堡及其论著《资本积累论》而言，"整体的逻辑界限不止被理解为是结构上的界限，而且根据这一传统深深扎根的历史主义，也被理解为发展界限"③。她站在马克思主义的立场，以总体性方法辩证地考察资本主义经济运转，揭示其中的矛盾与问题，探讨资本主义社会必然灭亡的历史命运。卢卡奇深受卢森堡分析社会经济问题的总体性方法的影响，在《作为马克思主义的罗莎·卢森堡》一文中，赞赏她对马克思主义的重要贡献，肯定总体观是马克思主义同资产阶级科学之间的本质区别——"总体范畴，整体对各个部分的全面的、决定性的统治地位(Herrschaft)，是马克思取自黑格尔并独创性地改造成为一门全新科学的基础的方法的本质。"④

　　关于党的建设与组织问题是卢森堡思想的重要组成内容。受当时革命形势与列宁有关党的建设观念的影响，卢森堡主张建立一个集中统

---

①　[匈]卢卡奇：《历史与阶级意识》，杜章智、任立、燕宏远译，商务印书馆1999年版，第2页。

②　[德]罗莎·卢森堡：《卢森堡文选》，李宗禹编，人民出版社2012年版，第101页。

③　[德]迪特马尔·达特：《永远的鹰——罗莎·卢森堡的生平、著作和影响》，金建译，人民出版社2016年版，第141页。

④　[匈]卢卡奇：《历史与阶级意识》，杜章智、任立、燕宏远译，商务印书馆1999年版，第77页。

一的工人阶级政党,却又同列宁存在分歧。针对列宁1904年发表的《进一步,退两步(我们党内的危机)》,同年7月,卢森堡发表《俄国社会民主党的组织问题》一文予以积极响应,赞同俄国建立一个具有"集中主义"特征的纪律严明的"统一的紧密团结的工人政党"①,肯定列宁所主张的社会民主党的集中制同布朗基主义的集中制有着本质的区别,但在对"关于集中程度的大小和集中化的更准确的性质"②的认识方面与列宁却存在明显分歧,认为列宁主张所要建立的这种集中制在俄国仍不具备条件,并且列宁并未认识到这一点,批评列宁的这种完全集中制在当时的可行性问题,批评列宁所倡导的集中制事实上是一种"极端集中主义",其实质是"没有积极的创造精神,而是一种毫无生气的看守精神""想把具有消极性质的独断专行的全权赋予党的领导机关"③,警惕一切组织恐将沦为极端集中主义的执行工具而已。对此,卢卡奇认为,卢森堡在党的组织问题上面对孟什维克和布尔什维克之间的冲突,她似乎是站在反对布尔什维克的立场上,但并非是政治上的反对,仍是坚定的布尔什维克的代表,她看到了奋起进攻的群众的力量——"认为真正的革命精神只有在群众的自然的自发性中才能找到"④,她肯定集中制的同时并非否定资产阶级社会民主的积极作用,从而赞赏卢森堡对群众及其民主力量的认同。正是受卢森堡关于党的组织问题观念的影响,卢卡奇"在准备《历史与阶级意识》这部书稿时才特地写了《关于组织问题的方法论》一文"⑤,深入分析匈牙利苏维埃革命失败后共产党的组织与领导问题,深刻意识到革命的有机的群众自发斗争的意义,看到人民群众行动的积极力量。

关于党的组织与领导问题,卢卡奇受卢森堡和列宁的影响是非常显著而复杂的。从历史发展的眼光来看,在《历史与阶级意识》成书以前,他更多的是受到卢森堡的直接影响,专门撰写同后者直接相关的两篇批判性文章——《作为马克思主义者的罗莎·卢森堡》《对罗莎·卢森堡〈论俄国革命〉的批评意见》,认为"只有通过对罗莎·卢森堡的基本理论著作的批判

---

① [德]罗莎·卢森堡:《卢森堡文选》,李宗禹编,人民出版社2012年版,第118—119页。
② [德]罗莎·卢森堡:《卢森堡文选》,李宗禹编,人民出版社2012年版,第119页。
③ [德]罗莎·卢森堡:《卢森堡文选》,李宗禹编,人民出版社2012年版,第124页。
④ [匈]卢卡奇:《历史与阶级意识》,杜章智、任立、燕宏远译,商务印书馆1999年版,第381页。
⑤ 杜章智:《〈历史与阶级意识〉译序》,见[匈]卢卡奇《历史与阶级意识》,杜章智、任立、燕宏远译,商务印书馆1999年版,第9页。

性探讨,才能达到真正革命的、共产主义的和马克思主义的立场"①。而卢卡奇的另一篇文章《关于组织问题的方法论》则明显是受列宁与卢森堡的共同而复杂的影响,但卢卡奇的观点更倾向于列宁。对卢卡奇而言,在走向革命的、共产主义的和马克思主义的道路上,"列宁的著作和演说在方法论上具有决定性的意义……列宁作为理论家对于马克思主义的发展具有何等重要的意义"②。不过,他在肯定列宁重要意义与贡献的同时,亦明显存在着对后者及其论著的误读。在卢卡奇看来,卢森堡与列宁在政治上和理论上对机会主义的抨击与反对是一致的,卢森堡只是从思想层面将其视为无产阶级政党内部的思想斗争,她过于强调自发的群众行动,低估党的组织与建设问题,而列宁则是从组织层面上来解决机会主义的问题,强调党的组织与建设。关于 1904 年卢森堡与列宁之间围绕集中制问题的争论,卢卡奇认为它属于党内同志间的讨论,在某种意义上推动了 1906 年列宁无产阶级政党的民主集中制原则的提出。

1923 年《历史与阶级意识》问世后,受到来自第二国际、苏俄以及匈牙利等共产主义阵营及学者的严厉批判,卢卡奇对自己"左倾"激进思想进行反思,意识到自己在卢森堡的自发的群众运动与列宁的党组织思想之间的徘徊,努力转向列宁的立场与思想上来,通过对列宁及其思想的进一步学习,1924 年完成《列宁:关于列宁思想统一性的研究》一书。"卢卡奇从《历史与阶级意识》转向列宁,显然是在寻求政治上的庇护,以支持他针对马克思而提出的非正统的反马克思主义黑格尔式阐释。"③在这一转向过程中,我们不否定卢卡奇在遭受严厉批判过程中有寻求政治庇护上的可能和因素,但这并不意味着他是反马克思主义的,进行的是"非正统的反马克思主义黑格尔式阐释",亦不能否定其试图转向的列宁主义者的身份。1924 年前后,思想界出现了许多针对列宁的哲学批评。面对当时学界针对列宁的批评,卢卡奇仍坚持以肯定的姿态来认识列宁及其思想的统一性,足以彰显对其列宁主义者身份的接受与捍卫。从《历史与阶级意识》到《列宁》,从卢森堡与列宁之间思想的徘徊到列宁主义者的坚定立场,卢卡奇并非完全"是用政治取代了经济"④。事实上,在此之前,卢卡奇在《论议会制问题》

---

① [匈] 卢卡奇:《历史与阶级意识》,杜章智、任立、燕宏远译,商务印书馆 1999 年版,第 40 页。

② [匈] 卢卡奇:《历史与阶级意识》,杜章智、任立、燕宏远译,商务印书馆 1999 年版,第 40 页。

③ [美] T. 洛克莫尔:《卢卡奇与列宁》,《马克思主义与现实》2018 年第 6 期。

④ [美] T. 洛克莫尔:《卢卡奇与列宁》,《马克思主义与现实》2018 年第 6 期。

（1920）一文中，"反对资产阶级议会制，拒绝一切不能立即取得胜利的策略"①，遭到列宁的批评，而后认识到自己宗派主义思想的偏颇。在认识学习列宁的《共产主义运动中的"左派"幼稚病》之后，他进一步将列宁作为自己的思想导师，高度正视革命的现实性问题，坚持将辩证法同历史唯物主义相结合，分析社会历史现象，进而高度肯定"列宁是从马克思以来由革命的工人阶级运动所造就的最伟大的思想家"②。通过对列宁的深入学习与研究，卢卡奇充分认识到无产阶级革命取得胜利的决定性力量在于人民，看到俄国革命者在反对沙皇统治中所寻找到的同质因素——人民，主张在无产阶级革命实践中，投身革命运动的知识分子必须"与人民结合，并且只代表人民的利益，乃是他们义不容辞的职责"③，揭示资本主义与民主发展之间的公式化、机械化与虚幻性本质。不过，这一时期，卢卡奇对民主问题的认识尚不成熟，某种程度上低估了革命对民主的决定性力量，未能充分认识到革命方式在从资产阶级民主转变到无产阶级民主过程中的必要性，片面地以为用革命方式捍卫民主只有在某些环境之下才是必要的。④

综上可见，卢卡奇的社会主义民主化思想，首先同西方古希腊以来的民主文化传统有着密切的渊源。无论是马克思、恩格斯，还是卢森堡、列宁，他们无不受到古希腊、古罗马民主政治文化的熏陶，卢卡奇亦不例外。卢卡奇晚年阶段分析古希腊思想家不同的民主主张及模式特征，探查希腊民主的辉煌与瓦解问题，认识到希腊民主思想对人的肯定，公民积极参与的作用，以及经济基础的决定力量，从中寻求人民民主和社会主义民主化建构的文化资源。其次，精神哲学对主体的强调，对总体性哲学的突显，重视方法论上人的主体性精神，这些对于卢卡奇早期人道主义思想的形成，批判资本主义社会的异化问题，生成无产阶级的阶级意识理论，探索民主与人民性理论，具有重要的思想价值。随着对社会主义和法西斯主义认识的深化，20世纪50年代以后，卢卡奇深入分析并认清精神哲学有关主体问题的本质，逐渐同精神哲学决裂，开始从本体论上探寻社会主义民主化的构建之路，肯

① 见 [匈] 卢卡奇《列宁：关于列宁思想统一性的研究》，张翼星译序，远流出版事业股份有限公司 1991 年版，第 3 页。

② [匈] 卢卡奇：《列宁：关于列宁思想统一性的研究》，张翼星译，远流出版事业股份有限公司 1991 年版，第 25 页。

③ [匈] 卢卡奇：《列宁：关于列宁思想统一性的研究》，张翼星译，远流出版事业股份有限公司 1991 年版，第 32 页。

④ Georg Lukács, *Lenin A Study on the Unity of His Thought*, London and New York: Verso, 2009, p.62.

定人民作为历史主体的社会存在。再者,马克思和恩格斯对卢卡奇民主思想形成的全面而根本性影响。无论是从哲学、政治经济学等角度,还是从文学、美学等层面,马克思和恩格斯对卢卡奇社会主义民主化思想的产生都具有决定性的作用。马克思和恩格斯的辩证唯物史观、批判性精神、现实主义理论、人学思想等,促使卢卡奇深入思考资本主义社会中的一系列问题,走向共产主义,解答无产阶级解放及其阶级意识的形成问题,批判并揭示法西斯主义的根源,探索无产阶级革命和社会主义建设的路径,如何实现人的自由、平等与民主,寻求人类解放与实现和平的道路,为社会主义民主化建设、人类的民主发展道路,探索了一条富有理论价值和现实意义的路径。此外,卢森堡和列宁的影响也是非常不容忽视的。关于人民民主与集中制问题的思考,卢卡奇明显深受卢森堡和列宁的共同作用。列宁关于集中制问题的论述以及卢森堡对群众及其民主力量的强调,二者对卢卡奇民主问题的研究均产生了极其重要的影响,尽管前者具有决定性的意义,但后者的作用也是深远的。卢森堡批评列宁主张的集中制有可能导致权力的"极端集中主义",这种担忧在斯大林时期变成了现实。卢卡奇吸收卢森堡和列宁各自的理论特点,汲取斯大林时期高度集中的政治经济体制的教训,主张应充分发挥人民在社会主义民主中的决定性力量,建构人民积极参与的社会主义民主。从以上理论来源的耙梳中,可以发现,完全厘清卢卡奇社会主义民主化的理论资源几乎是不可能的,因为卢卡奇本身的思想便是多元而复杂的,而且其所处的语境也是多变的。然而,通过对这一问题的重新审视,显现卢卡奇人民性思想对一系列问题辩证而深度的思考,如民主与集权、主体与客体、个体与群体、自由与平等。其中,方法论、整体性和人民思想成为卢卡奇建构社会主义民主化强有力的理论和方法支撑。他运用历史唯物主义探索人类的解放和发展问题,辩证地思考主体存在的本体,对不同理论家的主张既有借鉴、吸纳,亦不失批判、扬弃,从人的存在与人民发展的现实,剖析资本主义、法西斯主义以及斯大林主义等对民主的削弱,以及各自民主的欺骗性,揭示以民主之名损害人民民主的现实和本质,探寻社会主义民主化建构的思想资源和现实依据。

第二节　现实之基

卢卡奇的社会主义民主以及有关人民民主方面思想的产生,除了受西方民主思想传统以及马克思主义民主思想的影响之外,也有着深刻的社会原因与现实基础,同当时资本主义发展中出现的各种矛盾与问题,社会主义国家民主政治与文化发展中存在的弊端,以及其个人对社会主义民主化的建构,无不有着非常紧密而复杂的联系。

一、对资本主义民主的批判

质疑与批判精神,既是卢卡奇个人独特的气质,亦是卢卡奇从马克思主义经典作家那里继承的传统。对资本主义民主的批判,是卢卡奇人民性与社会主义民主思想形成与发展的思想武器和社会基础。第一次世界大战引发了资本主义的各种危机,引发了一系列无产阶级的革命运动,同时也促使作为理论家的卢卡奇对资本主义社会有了更为全面的认识,对资产阶级的民主政治问题有了更为清醒而深刻的认识。1919 年匈牙利革命失败后,卢卡奇全面辩证地考察资产阶级的自由与民主问题,深入思考无产阶级的民主。他肯定资产阶级的自由与民主在历史上的贡献与进步性,相对封建专制,这种自由与民主推进了人类解放的历史进程,曾为广大市民阶层带来希望。卢卡奇认为,原则上讲,完全民主的实现与资本主义的力量并不冲突,事实上民主也的确促进了资本主义的发展,不过,资产阶级都不可避免地试图在革命爆发后突然废除"最发达的民主",并尽快重建"正常民主",以确保资本主义的力量。[①] 资产阶级自由与民主所具有的这种历史进步性,主要存在于 18 世纪末和 19 世纪初的欧美世界,前提是资产阶级在意识形态上是强大且不可动摇的,并且资产阶级的自由与民主思想还没有从内部被经济合乎自然规律的自动发展破坏的条件下。[②] 在大多数欧洲国家里,民主是资产阶级革命的结果,被压迫和被剥削的阶级与资产阶级一起战斗了几个世纪或至少几十年,推翻封建专制,建立资产阶级民主。在卢卡奇看来,尽管在美国盛行的民主制度为我们提供了一个近乎完美的范例,但人民群众很难认识到帝国主义所造成的新问题——作为统治者的资产阶级成功地创造了各种形式的民主,在这种民主中,资本的自由发展、积累和扩张成为可能,却只保留民主的外部形式,在这种民主形式中,工人群众不能对实际的政治领导施加任何影响。当代欧美世界民主国家的政治发展,虽然表面上越来越倾向于创造各种形式的民主,但实质上却仅是代表执政者的资产阶级利益的民主。卢卡奇认为,20 世纪 20 年代以来,整个国际社会民主运动面临并提出一个问题:民主还是法西斯主义? 通过提出这一问题,它向

---

①　Georg Lukács, *Tactics and Ethics*, *1919—1929*: *The Questions of Parliamentarism and Other Essays*, London & New York: Verso, 2014, p.242.

②　[匈] 卢卡奇:《历史与阶级意识》,杜章智、任立、燕宏远译,商务印书馆 1999 年版,第 314 页。

工人隐藏了在当今帝国主义环境下可能实现的那种民主的真实阶级目标：支持镇压阶级斗争，从体制上防止工资斗争，支持工会法西斯化，将工会官僚机构融入法西斯国家机器。因此，正如在无产阶级革命的初期阶段，首要任务是揭露专政问题的错误表述，进而明确真正的问题，即资产阶级专政还是无产阶级专政，因此，现在的首要任务是揭露"民主或法西斯主义"这一误导性的选择。

随着资本主义经济的迅速发展，资产阶级的民主问题不断被暴露，其制度仅提供了自身阶级内部的、少数人的民主，将社会存在的大多数人——无产阶级排斥在外。资产阶级的民主只是形式上的自由，权利与义务相分离，绝不是真正完全的民主，"真正的民主、消灭权利和义务的分裂，决不是形式的自由，而是集体意志的成员们的密切联系的和团结合作的行动"[1]。卢卡奇指出，资本主义制度是为资产阶级民主服务的，那种要求通过合法的途径或方式，可以实现无产阶级从压迫者那里获取真正的民主，实现向社会主义的和平过渡，本身只能是一种幻想。资产阶级的合法性在于，"无产阶级是在它内心仍然承认资产阶级社会制度是唯一真正合法制度的时候和精神状态下被迫夺取政权的"[2]。在卢卡奇看来，资本主义的危机暴露了这种合法性的虚假存在。"事实上，资产阶级议会民主的神话恰恰取决于议会的能力，即它不是作为阶级压迫的机构出现，而是作为'全体人民'的机构出现。"[3] 不过，同任何法律制度的基础一样，苏维埃政权的基础，即它的合法性也是必须得到广大人民群众的承认和拥护。

卢卡奇对资产阶级民主的揭示与批判，在很大程度上是受到列宁的影响，认为资产阶级民主只是对少数人的，不是真正的、完全的民主。列宁批判那种以为资产阶级民主可以覆盖到无产阶级的幻想，主张必须反抗资本家的剥削与统治，通过共产主义才有可能实现真正的民主。在列宁看来，扩大民主的范围并不是社会主义民主的唯一任务，真正完全的民主是不存在的，因为社会主义民主也只是广泛的多数人的民主。在资本主义社会中，民主是建立在统治者、压迫者、资本家对大多数人剥削与统治的基础之上，资产阶级以民主与自由为名，反抗贵族专制，使人类从奴隶制或农奴制下获得

---

① ［匈］卢卡奇：《历史与阶级意识》，杜章智、任立、燕宏远译，商务印书馆1999年版，第439页。

② ［匈］卢卡奇：《历史与阶级意识》，杜章智、任立、燕宏远译，商务印书馆1999年版，第361页。

③ Georg Lukács, *Tactics and Ethics, 1919—1929*: *The Questions of Parliamentarism and Other Essays*, London & New York: Verso, 2014, p.57.

解放,建立资本主义国家,推进了人类社会民主政治的进程。与资产阶级统治有着质的不同,无产阶级专制旨在消灭一切剥削与不平等的社会制度,追求人类的解放与自由,建立社会主义社会,最终实现由社会主义过渡为共产主义,在共产主义条件下是可以提供完全的民主的,"只有共产主义才能够提供真正完全的民主,而民主愈完全,它也就愈迅速地成为不需要的东西,愈迅速地自行消亡"①。在《历史与阶级意识》中,卢卡奇尽管受到列宁对资产阶级民主批判的影响,肯定无产阶级专政在革命中的重要地位,但并未完全接受后者有关无产阶级专制的思想,不认同列宁强调的关于阶级镇压的观点,看到罗莎·卢森堡关于民主问题论述的合理性——肯定民主制的必要性,将民主与专政辩证地统一起来。在探讨无产阶级阶级斗争问题上,卢卡奇详细分析了阶级斗争的合法性与非法性,指出这两个概念必然涉及法律和国家的问题,本质是意识形态的问题。他看到马克思主义是革命的学说,承认马克思主义为无产阶级的解放指明了道路,运用这一科学理论分析资本主义在经济、文化与民主政治方面存在的问题。卢卡奇坚定地站在马克思主义立场,批判资产阶级民主是建立在唯心主义之上,认为这种虚假的民主是通过其社会自身的内在机制来实现的,有着其自身的经济基础。在卢卡奇看来,人在社会日常生活中的关系看似简单,实则是由经济与政治所决定的。在《历史与阶级意识》中,他使用"物化"一词来批判资本主义经济对人的异化问题。在资本主义商品经济背景下,物对人的控制与支配力在不断强化,人与人之间的关系赤裸裸地被物化,由货币——金钱所掌控。资产阶级民主巧妙且成功地遮蔽了这种人由物所支配的现实,同时假以广泛的民主,欺骗劳动群众。卢卡奇虽然看到资本主义的限制在资本自身,也清醒地认识到资产阶级民主的欺骗性,却在如何摆脱这种虚假民主的认识上存在局限性——过度强调无产阶级的阶级意识,而忽视经济存在的决定性作用,认为"革命的命运(以及与此相关联的是人类的命运)要取决于无产阶级在意识形态上的成熟程度,即取决于它的阶级意识"②。

之后,在《勃鲁姆提纲》中,卢卡奇接受列宁的批评,提出马克思主义的观点——资产阶级民主是无产阶级的最佳战场——必须在党员中普及,对资产阶级民主的问题进行了详细的分析。他认为,即使最完美地实现资产阶级民主,压迫者与被压迫者、资产阶级与无产阶级之间也不可能平等,在

---

① 《列宁选集》第 3 卷,人民出版社 2012 年版,第 192 页。

② [匈] 卢卡奇:《历史与阶级意识》,杜章智、任立、燕宏远译,商务印书馆 1999 年版,第 131—132 页。

任何意义上也不能消除对工人阶级的剥削。卢卡奇辩证地指出,匈牙利共产党员必须清晰地看到资产阶级民主的矛盾性,明确区分资产阶级在政治上占主导地位的民主,与资产阶级虽然继续进行经济剥削,却至少将部分权力让给广大工人群众的民主,弄清这两种民主的差异和本质。前一种情况下,民主的作用是分散、误导和瓦解劳动群众;在后者中,民主的作用则是破坏并瓦解资产阶级对政治经济权力的维护,组织工人群众进行独立行动。因此,共产主义者必须弄清资产阶级民主这种矛盾性的功能或价值问题:从资产阶级的立场而言,这种民主是有巩固作用还是有破坏性? 社会民主党人的民主改革"斗争",打着巩固的旗帜,阻止革命。今后,所有的民主专政的口号或旗帜都必须从一个特定的角度来判定,那就是动员人民群众,瓦解资产阶级。

卢卡奇对资产阶级民主的批判,在《论议会制问题》《历史与阶级意识》等著述中有激进的宗派主义色彩。之后,他接受列宁的批评,在《勃鲁姆提纲》中对民主问题的认识有了进一步提升,也仍存在一定弊病,如"过分依赖资产阶级民主而否认了无产阶级民主的独立性,没能跳出资产阶级民主的范畴,没能摆脱资产阶级民主形式的虚伪性,只是试图对其加以改造而进一步现实化"[1]。这份行动纲领尽管存在些许不成熟之处,但推进了卢卡奇对民主问题的认识,促使其由观念形态向实践领域的飞跃,总结匈牙利革命在群众路线方面的经验与教训,倡导建立以工农联合为主体的民主社会,实现将人民民主与专政相统一。《勃鲁姆提纲》中的这种民主思想,成为卢卡奇之后解决思想观念和社会现实问题的一种基本方法。正如匈牙利学者列瓦伊·尤若夫所言,卢卡奇之后的许多文学、美学、哲学以及政治思想观念等,同20世纪20年代末匈牙利的政治发展和共产党的战略决策有着密切的关系,某种程度上源于《勃鲁姆提纲》。[2]《勃鲁姆提纲》克服卢卡奇"左倾"幼稚病的错误,力图开启新的民主之路——以民主方法解决思想问题,成为他所遵循的且从未中断或否定的路线。[3]

之后,随着对马克思主义的不断深入学习,对资本主义和法西斯主义更加深刻的认识,卢卡奇对资产阶级民主的认识也不断深化。卢卡奇批判

---

[1]　韩秋红:《西方马克思主义民主理论的困境及批判——以卢卡奇和哈贝马斯为例》,《马克思主义理论学科研究》2019年第3期。

[2]　参见 [匈]卢卡奇《卢卡奇自传》,杜章智编,李渚青、莫立知译,社会科学文献出版社1986年版,第261—262页。

[3]　参见 [匈]伊·艾尔希《卢卡契谈话录》,郑积耀、潘忠懿、戴继强译,上海译文出版社1991年版,第155页。

法西斯主义借助人民的民主名义进行专制统治,损害真正的人民民主。他运用马克思、恩格斯和列宁等人的理论,深入分析黑格尔的精神哲学及方法论,完成《青年黑格尔和资本主义社会问题》(1938),揭示资产阶级民主的唯心主义性质。至《理性的毁灭》(1955)一文中,卢卡奇严厉批判精神哲学和生命哲学,同这些哲学决裂,指出其中的非理性主义与浪漫主义思想的发展,滋生并助长了欧洲法西斯主义气焰。这种观点虽有依据,也存在偏激之处,但指出了以精神哲学和生命哲学为基础的非理性主义和浪漫主义的局限性,及其对民主的巨大危害,同时,使人民意识到真正的民主建设对遏制法西斯主义和帝国主义思想的积极作用。在《民主化的进程》中,他对西方的民主传统问题作了详细考察,系统梳理自古希腊古罗马以来西方民主的历史,肯定这一民主传统对人类社会文明的贡献,指出民主并非是资本主义的产物,资本主义的发展只是推进了"形式"上的民主,进而揭示资产阶级民主的欺骗形式和虚伪性。"'真正'的民主历史优先于资本主义,也必将超越它。"[1] 特别是在苏共二十大之后思想解放的背景下,有不少人将资产阶级民主化也作为一种政治上的选择,以此不断侵蚀社会主义民主思想。卢卡奇认为经济基础是民主发展的前提,资本主义社会之所以不可能实现真正的民主,是因为其自身赖以存在的经济基础——私有制。资本主义私有制破坏了社会个体分配的公平,个体分配不均导致经济上的贫富分化,从根本上限制个体的自由,最终只能使民主沦为资本的工具。也正是基于此,他指出资产阶级民主实质上是"合理"的利己主义,是唯心主义的民主,"资产阶级民主的决定性原则是把人分成公众生活的公民和私人生活的资产者,前者有普遍政治权利,后者是特殊和不平等的经济利益的表现"[2]。

综上可见,卢卡奇在早期阶段,尽管对资产阶级民主持批判态度,但某些情况下,是希望通过资本主义民主过渡到社会主义民主。至晚年,他否定了资本主义民主是社会主义民主的一种选择,进一步揭示资产阶级民主的虚假性,努力从社会主义民主发展中出现的问题来进行总结,反思苏联以及东欧等社会主义国家民主存在的问题,希冀为实现真正的广泛且平等的民主寻求现实路径和理论支撑。

---

① 杨琴冬子:《论卢卡奇政治文化思想的民主意蕴与伦理追求》,《中外文化与文论》2016 年第 2 期。

② 参见 [匈] 卢卡奇《卢卡奇自传》,杜章智编,李渚青、莫立知译,社会科学文献出版社 1986 年版,第 291 页。

二、对社会主义民主的反思

怀疑精神在卢卡奇的思想中占有独特的位置。对他而言,怀疑可以发展为对辩证法的确信,"怀疑变成乐观主义,变成对未来社会革命的理论确信"[1]。怀疑精神不仅驱使卢卡奇批判资产阶级的民主,而且也对社会主义的民主进行反思。对社会主义的反思,是卢卡奇民主思想发展又一重要的现实导向。20 世纪 30 年代以后,随着苏联社会主义制度的日趋稳定,斯大林领导高度集中的政治经济体制给民主发展带来不利影响,之后也危害了其他社会主义国家民主政治建设。卢卡奇赞成列宁提出的"工农民主专政"思想,肯定斯大林发展的苏联社会主义民主所具有的无可比拟的优越性。但他同时指出,苏联形成的社会主义民主同马克思恩格斯所设想的内容,两者是有极大差异的,认为前者也是存在一定问题的。马克思和恩格斯共同构想的社会主义是建立在发达的资本主义国家的基础之上的,其民主也必然是高度发达的,是真正的、广泛的、平等的民主;与之相比,苏联的社会主义是在落后且贫穷的农业国的基础上建立的,虽然形成了强大且先进的工业和军事,但及时且必要的民主建设却是缺失的,这导致苏联斯大林政治体制的出现和形成。

无产阶级革命和社会主义革命在中央集权同民主之间的危机是卢卡奇很早便关心的问题。他深入研读列宁、卢森堡等人的论著,在《历史与阶级意识》中通过对自由与民主、权利与义务、领导与群众以及组织等问题的探析,已经意识这一危机存在的可能性。他主张应该对卢森堡提出的关于自由同无产阶级专制之间的问题进行深入研究,提升自由的革命职责,而不是使其沦为反革命的工具,弄清无产阶级专制同批评、舆论监督之间的关系问题。自由与民主问题在资产阶级社会内部进行斗争时显得简单,尽管如列宁所指出的,资本主义的民主绝不是简单地、直接地、平稳地走向"日益彻底的"民主,但同时卢卡奇也指出,自由并不代表价值本身,在革命时期,它必须为无产阶级统治服务,而不是无产阶级统治为它服务,自由与民主有助于保持无产阶级政党自身的适应性、灵活性和独立性。[2]在卢卡奇看来,恩格斯所描述的人类革命实现后由必然王国向自由王国的飞跃,其中的"自由"绝不是个人的自由,也绝不是资产阶级所想象的那种自由,"现在

---

[1]　[匈] 卢卡奇:《历史与阶级意识》,杜章智、任立、燕宏远译,商务印书馆 1999 年版,第 89 页。

[2]　参见 [匈] 卢卡奇《历史与阶级意识》,杜章智、任立、燕宏远译,商务印书馆 1999 年版,第 389—390 页。

活着的人们的'自由'是由于本身被物化、同时又使人物化的财产而孤立的个人的自由。这是一种与其他(同样孤立的)个人对立的自由。一种利己主义、自我封闭的自由"①。消除这种自由,需要的是纪律,是通过无产阶级政党集体意志付诸实践,消除虚假意识,形成无产阶级的阶级意识和党的纪律。"共产党的纪律、每一个成员无条件的全身心的投入运动实践,是实现真正自由的唯一可能途径。"② 强调无产阶级政党纪律的同时,卢卡奇又指出必须注意党在组织上的集中同策略之间的复杂关系问题,党所采取的策略对群众产生影响,不是单纯地依靠纪律便能实现的,策略的灵活性、变化和适应能力便显得至关重要。因此,他将纪律与策略之间的问题相结合加以辩证思考,认为它们是同一事情的两个方面,主张共产党必须在一定程度上采用分工的方式,在党的内部生活中必须既有集中又不能失去民主,否则必然会引起僵化、官僚化和腐化的危险。在党内实行民主,每个党员有权利和义务提出批评,使他们的经验和疑虑等发挥作用,而不是起消极旁观的作用,不能让他们对领导人的日常行动交织着盲目信任、漠不关心的冷漠情绪,不能将他们的批评成为事后的批评,无法在未来实际的行动中起决定性的作用。③ 对卢卡奇而言,党员参与党的日常生活以及一切活动,才能迫使领导正确理解并执行决议,促进全党的意志同中央委员会意志之间形成生动的相互作用关系,消除资产阶级政党政治中遗留下来的领袖同群众之间关系的对立问题。因此,无产阶级政党应该真正使自由成为一种实际的活动,克服资产阶级民主的形式上的自由,消除权利与义务的分离,领导人同群众的分离,促使集体意志的成员们(包括领导与群众)密切联系,精诚团结合作,才有实现真正民主的可能。卢卡奇已经意识到党内民主建设的缺失可能会导致的后果,这是党的组织问题中非常重要的内容。

卢卡奇预见并担心的党内民主建设缺失可能产生的危机,在斯大林时期的现实中发生。20世纪30年代以后,苏共党内权利同义务的逐渐相分离,经济发展同民主政治建设相分离,领袖脱离群众,领导人以集体利益的名义牺牲个体的自由与民主,淹没人民群众的真正利益。然而,这一危机在这一时期并未突显,而是多种因素共同作用的结果。首先,物质经济上的迅速发

---

① [匈] 卢卡奇:《历史与阶级意识》,杜章智、任立、燕宏远译,商务印书馆1999年版,第414—415页。

② [匈] 卢卡奇:《历史与阶级意识》,杜章智、任立、燕宏远译,商务印书馆1999年版,第420页。

③ 参见 [匈] 卢卡奇《历史与阶级意识》,杜章智、任立、燕宏远译,商务印书馆1999年版,第438页。

展。完成社会主义改造之后的苏联,经济上获得巨大飞跃,成为世界上的经济强国,这给长期处于落后与贫穷的苏联人民带来了物质富足的美好希望。其次,政治民主的进步。相较以往长期处于沙皇统治下的俄国社会,苏联社会主义制度的建立,推翻农奴制度,建立无产阶级专政,赋予人民以民主的权力,政治制度确实发生质的飞跃。再者,第二次世界大战的爆发。面对战争,苏联进一步显现出社会主义的强大优势——大量物质的统筹调配,军事科技上的强大,以及军民的协同抗战等,遮蔽了苏联社会主义民主政治制度所存在的危机。

遮蔽并非意味着不存在。《勃鲁姆提纲》之后,长时间旅居莫斯科的卢卡奇,敏锐地察觉到苏联社会主义的这一危机。30 年代初期,在苏联发生的批判俄罗斯无产阶级作家组织"拉普"的运动中,卢卡奇已警觉到其中的官僚主义对文艺发展、民主政治的破坏。他积极参与到这一批评运动中,有其积极的文化目的,倡导社会主义现实主义文学的真实性、典型性、主体性等内容,希冀为马克思主义文学及文艺理论的发展提供更为广阔的前景。正如卢卡奇本人所言:"我一向反对的'拉普'被解散(1932),为我和其他许多人揭示了一种广阔的前景:社会主义文学、马克思主义文学理论和文学批评的不受任何官僚主义阻碍的繁荣;虽然文学理论和文学批评的马列主义性质以及没有由官僚机关设置的框框这两个组成部分都应该同样强调。"①同时,他抗拒并着力消除"拉普"提倡的"唯物辩证法的创作方法",又有其社会目的,因为这一社会思潮已染有简单化、概念化和公式化的不良倾向,助长了社会上不良的官僚主义气息,不利于社会主义的自由与民主等政治文化建设的推进和发展。

斯大林批判"拉普",反对托洛茨基、季诺维也夫等人,主张保卫列宁的思想文化遗产,希冀为社会主义文学和马克思主义文艺理论的发展提供一定的广阔前景,但成就是有限的。具有怀疑批判与独立思考精神的卢卡奇,尽管反对"拉普"但亦并未完全认同斯大林及其政治体制,认为斯大林政治体制自身存在一定问题。这些问题在卢卡奇批判"拉普"的过程中也已警惕并加以批判。"奋发向前的、丰富马克思主义文化的思潮和对任何独立思考进行的教条主义的、官僚主义的暴君式压制之间的矛盾,其根源应该到斯大林体制本身中,因而也是到斯大林本人身上去寻找。"② 正是由于对斯大

---

① 〔匈〕卢卡奇:《卢卡奇自传》,杜章智编,李渚青、莫立知译,社会科学文献出版社 1986 年版,第 225—226 页。

② 〔匈〕卢卡奇:《卢卡奇自传》,杜章智编,李渚青、莫立知译,社会科学文献出版社 1986 年版,第 226 页。

林集权政治体制的不认同,卢卡奇才在 20 世纪 30 年代与不同于前者路线的《文学评论》保持着密切的合作关系。在他看来,科学的、民主的马克思主义文化同集权专制是相对立的。反对教条主义的思想倾向,是卢卡奇和《文学评论》杂志合作期间所始终信奉并贯彻的理念。"拉普"的文艺主张带有教条主义色彩,但法捷耶夫等人得到斯大林的赏识,批判、战胜"拉普"之后,他们的文艺主张同样变成"拉普式的",犯有教条主义的错误。"《文学评论》总是抵制这些倾向。我在其中写过许多文章,它们都包含两三条斯大林的语录(当时在俄国这是绝对必要的),而且它们都是反对斯大林的文学理论的。它们的内容总是反对斯大林的教条主义的。"① 细读卢卡奇 20 年代至 30 年代的文章,不难发现,字里间流露出对斯大林和日丹诺夫等人基本方针的不认同。在各类文章中,卢卡奇揭示了人类最高尚的愿望受挫的社会基础,将斯大林时期与当代资本主义及其民主的更精细的操纵进行了对比,显示出对斯大林体制的不满和批评。② 正是由于对苏联文艺界官方思想的不认同,甚至相悖,卢卡奇有关探讨物质生产与精神生产的不平衡问题、世界观与创作方法的关系、对待遗产的态度、人民性与党性的关系等文章,如《19 世纪文学理论和马克思主义》《论现实主义的历史》《论艺术家的两种类型》《艺术家和批评家》等,引发苏联文学界 1939 年 11 月至 1940 年3 月的严厉批评。针对批评,卢卡奇在《国际文学》1940 年第 1—3 期,发表《人民领袖还是官僚主义者》一文,指出并严厉批评斯大林体制中的官僚主义作风。

在这一时期,卢卡奇对斯大林体制问题的批判,使其被捕入狱数月,虽然得到营救并被释放,但已深刻感受到斯大林政治体制中的危机,于 1944年 12 月毅然离开长期侨居之地莫斯科,返回匈牙利布达佩斯。正是这段长期的被批判和流亡的经历,深刻感受到斯大林体制中存在的官僚主义、教条主义、宗派主义等问题,卢卡奇才撰写了不少有关民主的论著,如《论党的诗歌》(1945)、《马克思、恩格斯美学论文集引言》(1945)、《文学与民主》(1946)、《民主与文化》(1946) 等,反思社会主义的民主问题。他通过探讨党同诗歌、同文学的关系,揭示文学在日常政治生活中的作用,诗人和艺术家发挥作用的可能性,深入思考民主和反民主发展阶段的本质区别,专制同民主之间的复杂问题,如何推进民主革新,实践民主的政治生活。在《论党

---

① [匈] 卢卡奇:《卢卡奇自传》,杜章智编,李渚青、莫立知译,社会科学文献出版社 1986 年版,第 303 页。

② 参见 Georg Lukács, *Goethe and his Age*, London:Merlin Press, 1968, p.9。

的诗歌》《马克思、恩格斯美学论文集引言》等文中，卢卡奇还是较为隐蔽地反对官僚主义、教条主义等问题，指出历史唯物主义是与庸俗马克思主义相对立的，将党的诗歌同自由、民主、人民性、党性以及实践生活中的日常问题相结合，主张伟大的艺术不是机械的，应是"忠于现实，热烈追求着把现实全面和真实地重现"①，批判那种将本质同现象、艺术同现实、现实同历史相分离的创作实践，提倡将历史的评价和美学的评价相结合。到《文学与民主》《民主与文化》等文中，他非常明确地强调民主对文学、文化建设和发展所具有的重要意义。对卢卡奇而言，伟大的文学艺术必然具有民主的意识和思想。同样，真正伟大的现实主义者也具有民主的意识，"在他的作品和描写里，总是民主的同盟者，不管他们是不是知道这一点，或者不管他们是不是愿意这样；假如他们是真正伟大的现实主义者，就必然是这样"②。他们揭示被"物化"的艺术形象，揭示一切拜物假象和现象，描绘人的真实性和完整性，揭橥社会中反动的、非民主的内容，呈现社会变革的民主倾向以及人民的伟大力量。卢卡奇坚信伟大的文学艺术必然肩负伟大的社会使命，探索人类发展的民主之路，但给社会和政治的具体问题以具体回答，却不是它的任务。关于现实主义文学应该是什么样的这一问题，卢卡奇从艺术的现实性层面作了明确回答——"与新的民主相符合的文学就是现实主义文学"③，进而从真实性层面肯定"民主文学的必然性就是现实主义"④，坚称这一道理适用于所有的民主文学。

　　需要指出的是，卢卡奇在匈牙利这段时期的著作，思考民主问题，表面上是符合斯大林主义的规范。尽管如此，但他还是很快（1949）便被冠以"修正主义者"而遭到猛烈批判。苏共二十大之后，批评斯大林歪曲马克思、恩格斯和列宁的学说和方法，再也不能完全被压制。这一思想语境，加之20世纪50—60年代东欧社会主义国家的政治动荡，使卢卡奇更加意识到社会主义危机的存在，促使他进一步开启对社会主义民主问题的探讨，撰写相关论著（如《民主化的进程》《卢卡奇自传》等），批判斯大林主义与苏联模式。在卢卡奇看来，斯大林主义制度是非民主的，因为它窄化了社会主义的广阔内容，把社会主义和共产主义简化为经济发展，对内盲目推行阶级斗争，对外干涉他国内政，助长个人崇拜思想和僵化的政治经济体制，这些都非常不利于真正的社会主义民主的构建。

① 《卢卡契文学论文集》（一），中国社会科学出版社1980年版，第287页。
② 《卢卡契文学论文集》（一），中国社会科学出版社1980年版，第308页。
③ 《卢卡契文学论文集》（一），中国社会科学出版社1980年版，第321页。
④ 《卢卡契文学论文集》（一），中国社会科学出版社1980年版，第324页。

三、对民主化的建构

推进对民主化建构,对社会主义民主进行改革和完善,是卢卡奇人学思想的重要内容。在他看来,人类的解放,人的自由全面发展,离不开民主化的建构;只有厘清社会主义民主的范畴、本体论基础和价值取向等问题,从理论与实践的有机结合、日常生活以及实现人民的自由全面发展等层面,积极推进社会主义民主化的建构,才可能有效地抵制资产阶级民主思想的侵袭,消除社会主义发展过程中出现的问题,实现人类解放、独立与自由,实现人的民主与平等。

1. 社会主义民主的范畴问题——理论与实践的有机结合

推进社会主义民主化的建构,首先必须弄清民主的范畴问题。在卢卡奇看来,民主是个理论与实践相统一的范畴。因此,对社会主义民主发展中的危机与问题,应该坚持从理论和实践两个方面来加以解决。"我们在某种意义上处于一种危机的形势中,这种情况必须既在理论上又在实践中加以克服。"① 关于民主是理论与实践相统一的观点,卢卡奇立足于历史唯物主义,继承马克思主义的基本思想。

在马克思主义经典作家那里,对民主问题的探讨始终坚持理论与实践相结合的原则。坚持辩证唯物主义的观点,将革命理论同革命实践相统一融入对问题的分析,既是马克思和恩格斯进行研究的基本原则,又是他们探讨许多问题的科学方法,民主问题亦不例外。在《〈黑格尔法哲学批判〉导言》中,马克思结合宗教发展的历史与实践,批判表面上作为专制与民主化身的德国国王的虚假性,揭示封建专制的本质,指明无产阶级的历史使命,"对德国来说,彻底的革命、普遍的人的解放,不是乌托邦式的梦想"②。在《论犹太人问题》中,马克思将理论同现实问题相结合,分析政治解放与人之解放的关系问题,认为政治解放对宗教的关系问题已经成为同政治解放对人的解放的关系问题,指出资产阶级政治革命的本质,批判资产阶级民主、自由和人权的局限性和虚伪性,资产阶级并不能真正实现人的解放,指明实现社会主义民主的路径,强调消灭私有制,同时阐明真正的民主制国家同宗教在政治上的关系问题,认为"民主制国家,真正的国家则不需要宗教从政治上充实自己"③。同样,关于民主的现实与理论问题,恩格斯在《英国

---

① [匈] 卢卡奇:《卢卡奇自传》,杜章智编,李渚青、莫立知译,社会科学文献出版社1986年版,第286页。

② 《马克思恩格斯文集》第1卷,人民出版社2009年版,第14页。

③ 《马克思恩格斯文集》第1卷,人民出版社2009年版,第34页。

工人阶级状况》中做了非常有价值的讨论。他考察英国宪章运动的历史，英国无产阶级提出的人民宪章是在民主的基础上完成的，民主党是在英国无产阶级内部发展起来的政党，指出宪章运动的民主和一切资产阶级政治上的民主是存在着差异的，因为对无产阶级而言，政治权力不过是一种手段，社会幸福、人民幸福才是其目的。

对民主问题的探讨，马克思和恩格斯始终坚持理论同实践相结合的观点，这对于卢卡奇关于社会主义民主化问题的深入研究有重要的启发。卢卡奇认为社会主义国家的民主建设不仅有来自外部的冲击与挑战，亦有自身内部存在的危机。他发展马克思主义的民主思想，将之同匈牙利无产阶级革命的实践相结合，在《勃鲁姆提纲》中提出以工农民主专政取代之前的无产阶级专政，以推进匈牙利革命的发展。至40年代，卢卡奇站在人民的立场，以人民性理论为基础和方法，思考文学、文化同民主的关系问题，提出以人民民主的观点来审视社会主义及其文学与文化的问题。在他看来，一切都是政治，民主既是公共事务，亦是每一个人的事，文学与文化应该揭示民主被拜物教遮蔽的假象，揭示事物的本质，指出伟大的现实主义艺术同民主倾向是有机联系的。真正伟大的现实主义艺术必然肩负社会的使命，推进民主化进程便是其一，因此，卢卡奇主张同新的民主相符合的文学才是现实主义文学，民主文学的必然性是现实主义，因此，现实主义文学也应该充满民主精神。

实践与理论的结合，在卢卡奇有关人民性问题的现实主义理论中，也有其独特的显现。文学艺术源自人类的实践生活，随着人类实践的不断变化而发展。在卢卡奇看来，社会的变革必然推动文学艺术的变化，新的、人民民主的生活方式意味着文艺创作中"新人"类型的出现。他认为，在人民民主的生活方式中，人的感受、观点及思想都会发生质的变化，新人的新的生活也会同时改造读者和作家。改造读者，使他们意识到自己的真正利益，并将自己的利益同民族的、甚至人类时代的伟大利益相统一；改造作者，使他们能够不仅对自己个人的、狭小的主观情感发出声音，而且可以看见听见一切真正最深刻、最真实地动员人民、民族和人民的力量和声音。[①] 卢卡奇相信人民民主制度将创造新的生活，新的生活将推动新的社会变革，这些将在人民群众中发生和实现。

卢卡奇晚年将理论与实践相统一，对其思想和社会主义民主进行理论上的总结，并对它们的实践问题进行深刻的反思。他考察西方民主从古希

---

① 《卢卡契文学论文集》(一)，中国社会科学出版社1980年版，第338—339页。

腊到西方近代资产阶级社会的发展历史,从中总结民主的相关理论问题,以史为鉴,进而重新审视斯大林和赫鲁晓夫时期苏联社会主义民主的现实实践,指出这些阶段苏联社会主义体制及东欧各社会主义国家民主发展的问题,揭示资产阶级民主虚假性的同时,指出斯大林以来苏联民主的现实困境,提出社会主义民主建设的未来蓝图。在卢卡奇看来,社会主义民主建设,首先,离不开人民的积极参与和能动性创造。社会主义民主是社会化建构,是人民基本权利建构的重要内容,其进程必然离不开广大民众的参与,强调人民能动积极参与的实践性。其次,社会主义民主是在理论与实践上不断动态演进的范畴,随着历史语境的发展而演进,采取什么样的社会主义民主方式是由不同国家、民族的实际所决定的,绝不存在唯一的一成不变的模式。此外,卢卡奇强调,社会主义民主建设必须将政治活动同日常生活的实践相结合,重视民众舆论的参与性与监督作用,消除极权思想和官僚主义作风。可见,对卢卡奇而言,社会主义民主不仅是个理论范畴,更是个实践范畴。坚持理论与实践的有机统一,继承马克思主义的思想、立场与方法,才有可能推进社会主义民主化建构,实现人民的解放和民主,实现人的自由全面发展。

2. 社会主义民主的本体论基础——日常生活

审美本质、社会存在本体论以及社会主义民主,是卢卡奇晚年思考的三大重要问题,分别体现在《审美特性》《关于社会存在的本体论》《民主化的进程》。尽管这三部均为未竟之作,但无不体现卢卡奇晚年对马克思主义美学、哲学以及政治学等方面的深度思考与积极贡献。研读这三部论著,可以发现,日常生活是卢卡奇晚年学术思想中一个极为重要的关键词。在他看来,日常生活是人社会存在的具体的时空载体,人在社会生活中的态度对其社会存在具有决定性的影响。"人在社会生活中的态度是第一性的,日常生活领域对于了解更高且更复杂的反应方式虽然极为重要,但对它尚未充分研究。"[①]由此,他不仅将"日常生活"作为一个审美范畴予以提出,而且赋予其本体论的性质、地位与意义。"如果把日常生活看作是一条长河,那么由这条长河中分流出了科学和艺术这两种对现实更高的感受形式和再现形式。"[②]对卢卡奇而言,日常生活是科学和艺术存在的本体,是个动态的过

---

① [匈] 卢卡奇:《〈审美特性〉序》,[匈] 卢卡奇《审美特性》(上),徐恒醇译,社会科学文献出版社2015年版,第1页。

② [匈] 卢卡奇:《〈审美特性〉序》,[匈] 卢卡奇《审美特性》(上),徐恒醇译,社会科学文献出版社2015年版,第1页。

程，是"对社会存在进行本体论考察的第一出发点"①。对存在与意识的辩证关系，以及艺术反映与客观现实的关系问题，应置于这一动态过程来加以理解，分析其中的"摹写""表现""中心""本质"等内容。

卢卡奇从日常生活的维度审视并区分学科反映与审美反映，阐明二者分别具有非拟人化和拟人化的特点，辩证地指出"科学与艺术是由日常生活和思维中产生的并与其处于相互作用之中"②。在他看来，日常生活不仅是马克思主义美学和社会存在的本体，更应成为社会主义民主的。既然"日常生活的特点就是理论（作为实践的意识准备）和实践之间的关系具有直接性……这种关系在直接性方面超过了其他所有生活领域"③，那么，作为理论与实践相统一范畴的民主便不得不将自身的建构融入日常生活。日常生活这一领域，可以为每个人塑造并尽可能地贯彻自己的个人生活形式提供条件，亦成为民主化建设的重要空间，对人的发展具有决定性意义。正如卢卡奇所言，"日常生活行为在存在中具有优先地位"④。因此，他对日常生活的批判不仅仅停留于美学与哲学领域，更将之深化至人及其社会存在自身，将社会生活同社会生产、人的类属性相结合，思考人类发展中的对象化、社会的庸俗化以及人的异化问题，探索解决人类及其社会发展中存在问题的路径。在撰写《民主化的进程》的过程中，卢卡奇在给他人的信中写道："我的脑际时常有一种想法，写一篇长文论述现代民主化（包括两种制度）的社会本体论。"⑤由上不难发现，卢卡奇所说的"现代民主化的社会本体论"的基本内容应是日常生活，因为民主自我完善过程中的社会本体存在的物质基础是日常生活。⑥他通过对日常生活的研究，考察民主的现在与未来问题，探讨民主实现的路径以及民主存在的危机，同时，通过对民主化问题的分析，深化其日常生活理论的广度和深度。

日常生活同政治活动相融合是社会主义民主化现实的一个路径。对

---

① ［匈］卢卡奇：《关于社会存在的本体论》（上卷），白锡堃、张西平、李秋零等译，重庆出版社1993年版，第4页。

② ［匈］卢卡奇：《审美特性》（上），徐恒醇译，社会科学文献出版社2015年版，第21页。

③ ［匈］卢卡奇：《关于社会存在的本体论》（下卷），白锡堃、张西平、李秋零等译，重庆出版社1993年版，第469页。

④ ［匈］卢卡奇：《关于社会存在的本体论》（下卷），白锡堃、张西平、李秋零等译，重庆出版社1993年版，第643页。

⑤ ［匈］卢卡奇：《民主化的进程》中文版译者序，张翼星、夏璐译，中国人民大学出版社2015年版，第2页。

⑥ 参见 George Lukacs, *The Process of Democratization*, Albany: State University of New York Press, 1991, p.102.

卢卡奇而言,"日常生活不只是政治决策的活动范围,更是社会存在的基础"①。因此,社会主义民主是政治活动和日常生活的融合,必须同日常生活相结合,摆脱人民与政治相分离的危机和困境,发挥人的积极能动作用,使民众在日常生活中参与到政治活动之中,关注社会和国家重大问题,使人民成为积极的参与者,成为民主的建设者。卢卡奇深刻地意识到民主的危机不仅仅存在于帝国主义和法西斯主义的阶段,同时也存在于对无产阶级民主认识的误读或不全面。在他看来,无产阶级民主的基本思想强调每个人的积极性、主动性和参与性,民主涉及政治、社会、文化和经济等各个方面。要实现社会主义阶段无产阶级民主的目标,必须使政治成为每个人一生中直接自身的事情,从这个意义上讲,每个社会问题、经济和文化问题也是政治问题,是与每个人息息相关的问题。②"社会主义历史的目的,是要结束作为日常生活的人与作为政治行动者的人之间的分离。"③作为政治的人而存在的公民,其民主实践不应该同作为一种理想的本质而与现实的人相分离,在资本主义语境下,现实的人被唯我主义和实利主义的目标所作用,公众同政治是相分离的;在社会主义社会中,一个人的目标应在日常生活中使他的社群性得到物质的具体实现。社会主义民主的建设必须同日常生活相结合,使人成为能动的创造者,让人在日常生活中必定是能动的。因此,社会主义民主应"是日常生活的民主。民主自治向日常生活最基本的层次发展,直到全体人民对所有重大的公共问题作出决定"④。

卢卡奇通过梳理西方政治与民主发展的历史,看到人民在这一进程中的积极贡献,但同时也清楚地意识到,人民在日常生活中时常被遮蔽或被淹没,只有在革命运动中其力量才得以显现,"只有在'作为暴力'而发生影响的时候,才是'感性上有活力的群众'"⑤。在卢卡奇看来,既然人作为社会动物,是一切社会关系的总和,就是一切社会关系,那么作为社会化存在且符合人自身根本利益的民主应该属于最广大的人民,而不是成为少数人的工具或特权。"人民民主制度到处都有意识地、经常有机地组织人民群众参加涉及人民群众利益的社会生活的各个领域,那就是,在某个大国或小国行政

---

① 贾中海、张立明:《西方马克思主义经济民主视域下的苏联危机之鉴——以卢卡奇经济民主思想为中心》,《延边大学学报》(社会科学版)2018年第3期。

② 参见《卢卡契文学论文集》(一),中国社会科学出版社1980年版,第331页。

③ [匈]卢卡奇:《民主化的进程》,张翼星、夏璐译,中国人民大学出版社2015年版,第65页。

④ [匈]卢卡奇:《卢卡奇自传》,杜章智编,李渚青、莫立知译,社会科学文献出版社1986年版,第261—262页。

⑤ 《卢卡契文学论文集》(一),中国社会科学出版社1980年版,第334页。

连续性所硬性规定的范围内,把直接民主作为实际生活的原则而重新发展到最高限度。"① 因此,民主化的建构绝不是空洞的,无论是在其内部和结构上,还是内容与形式,必须同现实中真实存在的人民群众及其生活紧密相连,同人民的日常生活密切相连,积极推进直接民主的建设。

3、社会主义民主的价值取向问题——实现人民的自由全面发展

19 世纪和 20 世纪欧洲民主的发展实践,为社会主义民主的建设提供了某些经验,以及一些不同的选择——直接民主还是间接民主? 社会主义民主的价值取向问题,始终是卢卡奇在无产阶级革命和社会主义发展中思考的理论和现实问题。什么样的民主才是不违背劳动人民利益的,不会使自身沦为"游戏规则"的外衣,不会成为一种纯粹的形式。卢卡奇批判形式民主的虚假性和欺骗性,揭示其非人民性的本质。所谓形式民主是指表面上所有人均享有法律赋予的民主权利,但实质上却是少数人的统治。在卢卡奇看来,纯粹形式的民主为法西斯主义所煽动和利用,造成了民主的危机,"使劳动人民、工农群众和知识分子的大部分变成法西斯宣传煽动的牺牲品"②。事实证明,完全形式民主的统治,无论是从阶级内容、表现形式还是从它的权威人物来看,均不能真正吸引劳动人民,也不可能被人民视其为自己的政权,是极其不稳固的,也是非常危险的。卢卡奇认为,关于形式民主的问题,列宁在其著述中对资产阶级民主,尤其是帝国主义民主的批判中,做了非常天才的精辟论述。列宁将资产阶级民主的资产阶级专政同无产阶级专政的无产阶级民主进行对比,提出"形式民主怎样使人民意志的直接表达与国家生活的所有方面发生脱节现象"③ 的问题,肯定无产阶级国家的社会主义社会所包含众多民主因素。在卢卡奇看来,列宁对形式民主的分析是深刻的,有助于人们发现形式民主为少数人服务、阻挠群众运动的本质。形式民主的投票方式具有鲜明的阶级色彩,"这种投票是由庞大的资本主义机构来组织的;思想上的指导(报纸、广播等) 掌握在巨大的资本主义办事处手中"④,这使得代表人民利益的声音很难被讲出,即便存在也会被形式民主的法定制度视为偏见而加以惩罚。当然,群众可以组建自己的政党进行投票选举,但卢卡奇认为这在资本主义社会只能是一种想象,一种精神上的安慰,因为建立维护自己利益的政党,需要大量的资金才能实现,而资本却掌控在资本家手中。

---

① 《卢卡契文学论文集》(一),中国社会科学出版社 1980 年版,第 338 页。

② 《卢卡契文学论文集》(一),中国社会科学出版社 1980 年版,第 327 页。

③ 《卢卡契文学论文集》(一),中国社会科学出版社 1980 年版,第 327 页。

④ 《卢卡契文学论文集》(一),中国社会科学出版社 1980 年版,第 328 页。

在卢卡奇看来,资产阶级民主存在许多问题,本质是少数人谋利的工具,其价值取向并非具有普遍的人民性。尽管如此,资产阶级民主的发展进程却也显现出人民的力量和人民民主的重要作用。在世界近现代史中,伟大群众运动的直接民主表现决定性地影响着革命的进程,如法国大革命、巴黎公社革命、俄国二月革命和十月革命等。卢卡奇清楚地看到,历史上某些群众运动的社会目标是具有乌托邦性质的,只不过在当时的经济条件下还尚不具备实现的可能。卢卡奇认为 20 世纪中叶以来,欧洲民主的中心问题是建立新型人民民主政权,形成群众基础上的"直接的"人民民主制度,总结对法西斯主义胜利的经验,以新型的人民民主对抗并消除一切法西斯的残余,"只有人民力量永不停息的积极性,只有发挥、组织和提高人民的积极性才能够抵挡法西斯主义公开和隐蔽形式的复活"①,消除资产阶级的旧形式民主带来的危机和危害。

卢卡奇揭露形式民主的虚假性与欺骗性,希望按照真正人民政权的利益,彻底改造直接民主,推进民主在社会生活中政治与文化方面的建设。他认为新兴的社会主义制度实现了对公民这一资产阶级理想主义的超越,将民主同现实的人民真正结合起来,赋予人民以真正的民主权利。在卢卡奇看来,社会主义是民主的最高形式,苏联的社会主义民主为世界提供了榜样,应该学习、借鉴,不过也存在一定问题,绝不是模仿或抄袭,"因为社会主义民主在另外的社会基础上是不可能实现的;抄袭就等于是讽刺画"②。卢卡奇认为斯大林时期社会主义制度本身也是存在弊病的,过度侧重于重工业经济的发展,忽视人民基本的需求,"社会主义社会没有在政治上创造出社会主义的人,劳动群众缺乏使他们自己转变为社会的主人翁的手段"③。"斯大林的方法核心在于策略优先,并非人民群众的全面自由发展,因此偏离了社会主义本体论的基本内容。"④ 真正的学习应该符合自身的特点,立足于自己国家和本民族的实际,解答现实问题,有个性地学习。卢卡奇清楚地看到,斯大林时期以来的苏联社会主义从根本上忽视了人民作为劳动者的基本需要,错误地理解马克思所强调的社会结构的经济决定论问题。他批判资本主义将经济利益作为首要目的而牺牲劳动者,主张社会主义应将一切劳动和事情服务于人民,实现人民的自由全面发展,尊重人性的

---

① 《卢卡契文学论文集》(一),中国社会科学出版社 1980 年版,第 332 页。

② 《卢卡契文学论文集》(一),中国社会科学出版社 1980 年版,第 333 页。

③ [匈] 卢卡奇:《民主化的进程》,张翼星、夏巍译,中国人民大学出版社 2015 年版,第 87 页。

④ 贾中海、张立明:《西方马克思主义经济民主视域下的苏联危机之鉴——以卢卡奇经济民主思想为中心》,《延边大学学报》(社会科学版) 2018 年第 3 期。

本质。在卢卡奇看来,马克思始终关注人及其存在,批判经济对人类的控制,主张社会生产及其过程应向着有价值的方面调节,强调尊重人性的本质,应该把人性的需要置于经济规律之上,而高度发达的经济只是人类实现解放、自由和全面发展的一种前提和基础。[①]

因此,卢卡奇主张社会主义民主化的建构,应该以最广大的人民的自由全面发展为基本原则,尊重人和人性的本质,让人民真正自由的劳动促进个性得到自由发展。他的文学批评、美学及哲学等思想建立在对历史现实的准确和深刻理解的基础上,清楚地意识到帝国主义时代在政治文化领域对进步和民主造成的最大障碍,在此基础上,对这一时期政治、文化和艺术领域的颓废表现进行深刻分析,才能更好地实现真正人民文化突破的基本前提,推进人民民主文化的建构。

第三节　影响及局限性

卢卡奇的社会主义民主思想立足于马克思主义美学、本体论哲学以及伦理学等问题,审视古代民主的文化传统,思考民主的历史、现实与未来发展等内容,剖析民主在资本主义和社会主义两种社会形态中的成效和不足。他从民主与经济、政治以及人民的辩证关系层面进行深入探析,批评对民主的狭隘的经济决定论的理解和社会实践,直面当时社会主义危机的根源问题,探寻马克思主义革新的路径,从哲学方法论的角度分析社会主义民主的建构内容,希冀推进社会主义民主化的进程,实现马克思主义的复兴。卢卡奇关于社会主义民主思想的贡献,相较其文艺理论和哲学美学思想而言,著述少了许多,也存在一定的局限性,但在人民民主同日常生活、和平的关系,以及民主化进程等方面的探索,意义深远,影响巨大。

一、民主同日常生活的关系

"日常生活"作为一个概念范畴,随着19世纪以来西方现代社会的发展而出现,先后受到胡塞尔、海德格尔、卢卡奇、列斐伏尔、赫勒等一系列理论家的关注,成为当代美学、哲学与社会学等领域重要的理论概念和命题。面对现代技术科学带来的危机,胡塞尔提出"生活世界"的概念,从现象域和经验域的维度审视存在问题,思考人本身的生存危机。海德格尔从

---

① 参见 [匈] 卢卡奇《民主化的进程》,张翼星、夏璐译,中国人民大学出版社2015年版,第75页。

"存在论结构"的层面对"日常生活"进行分析,指出"日常生活"的双重构向——"非本己"与"本己"的本真状态,而现代科学技术导致了"非本己本真"状态及相应的生存意识。卢卡奇延续了西方哲学将"日常生活"作为对人存在问题思考的传统。在《审美特性》中,他将日常生活作为客观实在基础,来探讨审美的起源、存在和发展等问题,希望对它的研究进行美学、哲学意义上的扩展和提升,并赋予本体的地位与意义。不仅如此,卢卡奇还从政治学的角度探讨日常生活对民主建设的重要性。由于日常生活是人类存在和发展的基础,是一切科学与艺术的来源,可以展现生活的特性、人的特性,因此,它对于人提升有关科学、审美等方面的认识具有重要意义,当然也包括人类社会的民主化建设进程方面。

事实上,卢卡奇关于日常生活问题的思考,在对无产阶级阶级意识的探讨中便已初见端倪。在他看来,探寻摆脱资本主义危机的出路,离不开无产阶级的阶级意识,消除资本主义社会对人的物化(异化)。由于物化意识已渗透到日常生活的各个方面,有产者和无产者的日常生活均处于物化意识之中,资本主义社会使人变成了物,人在主观上也接受了这种状态。因此,无产阶级要取得革命的胜利,必须唤起并增强自我的阶级意识,克服资本主义社会本身所带来的人的异化问题,消除日常生活中人的物化意识。甚至在更早的《心灵与形式》《小说理论》等著作中,卢卡奇已经关注人在日常生活中的存在问题——孤独、空虚、悲剧性和异化等。尽管如此,我们也不能拔高卢卡奇早期对日常生活问题的认识,他对日常生活问题关注,却不是关注的焦点。

哲学的基本问题与存在基础之间的关系,一直是卢卡奇思考的重要内容。"对我们来说……重要的倒是要揭示这种哲学的基本问题和存在基础之间的关系,哲学的问题就源自这一基础,并力求通过理解的途径回到这一基础上来。"① 卢卡奇认为对存在基础以及其与哲学基本问题之间关系的认识,对于解决哲学本身、政治、经济、科学发展等方面问题,具有重要意义。对哲学存在本体论的思考,卢卡奇一生不懈探索。至晚年阶段,他通过对马克思主义美学的深入分析,在《审美特性》中,明确将日常生活不仅作为哲学研究的中心问题,同时亦视为科学和艺术存在的本体。到《关于社会存在的本体论》这部论著中,卢卡奇不仅继承马克思主义关于劳动本体论的思想,而且将日常生活作为对社会存在进行本体论考察的出发点,充分肯定

---

① [匈] 卢卡奇:《历史与阶级意识》,杜章智、任立、燕宏远译,商务印书馆1999年版,第182页。

日常生活的本体论地位,着力于对日常生活本体论的深入研究。以日常生活的哲学本体论为基础,卢卡奇审视资本主义和社会主义发展中的问题,关注人存在的根本,将马克思主义的革新与社会主义的民主化相结合,把民主同日常生活相结合,以《民主化的进程》探索人的解放、自由、平等和发展,探索社会主义经济、政治、文化等体制的建设问题。"社会主义民主的实际发展要奠基于马克思方法的重建。"① 在卢卡奇看来,马克思主义的方法将理论融于实践,运用于日常生活的实践。因此,这种重建既要有消灭资本主义社会、建立社会主义社会的不懈努力,又要有对民主建设的不断探索——民主不仅是政治领域的,更应是日常生活层面的。只有同时在日常生活层面建立科学的民主,才可能杜绝官僚主义、集权主义等,才可能恢复马克思主义在理论与实践方面的活力,复兴马克思主义。

卢卡奇不仅从哲学意义上明确肯定日常生活的本体论地位,而且对这一本体性地位在科学、艺术、宗教等领域的具体表现,进行了初步而不乏深刻的考察。他对日常生活本体论地位的肯定和考察,对后世的理论家产生了巨大影响,形成了在当代影响深远的日常生活批判理论。日常生活批判理论是布达佩斯学派的重要内容。在某种意义上讲,卢卡奇奠定了这一学派的形成,其思想是布达佩斯学派理论的重要来源。这个学派最开始由卢卡奇、赫勒、费赫尔、瓦伊达、马尔库什组成,而后与他们思想相联系的社会学等不同学科的人也加入到这个学派之中。② 卢卡奇的日常生活批判理论对后世的美学与文化研究均产生不同程度的影响,如赫勒、列斐伏尔、米歇尔·德塞都、布尔迪厄、费瑟斯通、沃尔夫冈·韦尔施等。

作为卢卡奇的学生、布达佩斯学派的主将及当代东欧新马克思主义的著名学者,赫勒继承卢卡奇关于日常生活对人道化、民主以及社会主义等方面论述的思想观念,从哲学上对美与生活的问题进行深入分析,将日常生活作为一种"自在的对象化",推进了日常生活审美化的历史研究进程,她的《日常生活》一书也证明了这种影响的存在。"日常生活如何能在人道的、民主的和社会主义的方向上得以改变是本书的实际争端。该书提供的答案表达了这样的信念,即社会变革无法仅仅在宏观尺度上得以实现,进而,人的态度的改变无论好坏都是所有变革的内在组成部分。"③ 同样,列斐伏尔对

---

① [匈]卢卡奇:《民主化的进程》,张翼星、夏璐译,中国人民大学出版社2015年版,第94页。

② 参见杜红艳《走向日常生活的人道化——论卢卡奇与赫勒的日常生活批判理论》,硕士学位论文,黑龙江大学哲学与公共管理学院,2009年,第4页。

③ [匈]阿格妮丝·赫勒:《〈日常生活〉英文版序言》,[匈]阿格尼丝·赫勒《日常生活》,衣俊卿译,黑龙江大学出版社2010年版,第2页。

日常生活进行了深入研究,也吸收卢卡奇关于日常生活、商品与异化等问题的思想,指出人类的整个生活都陷入异化之中。不仅如此,列斐伏尔更赋予日常生活非常积极的意义,提出生活艺术的美学思想,主张"日常生活,应该成为一种艺术作品,一种能让他自己快乐起来的艺术作品"①,主张通过生活艺术来终结异化问题。德塞都虽然也是从日常生活的角度,受到法兰克福学派大众文化研究的影响,但更侧重反驳后者的观点,提出"消费者的生产",模式化、商品化的文化产品并不能控制消费者的需要。在他看来,在日常生活的消费中,消费者并未丧失主体性,仍有积极的再创造时刻,有自身的认知逻辑与抵制战术,具有非常强的行动力、颠覆性和生产力。无独有偶,布尔迪厄同样将传统精英知识分子视为低俗审美活动之场的日常生活,提高至合法性地位。他致力于破除艺术与日常生活之间传统的边界问题,使二者间有对话的可能和空间,消除二者在西方传统观念中的二元对立观念,推动"日常生活审美化"的实践进程。"费瑟斯通在布尔迪厄的理论基础上,正式以命名的方式提出'日常生活审美化'研究,韦尔施(Wolfgang Welsch)也在这一立场上提出了'重构美学'的构想,予以'日常生活审美化'研究合法化的声援。"②

　　综上,卢卡奇关于日常生活的重视,上升至马克思主义美学与哲学本体论的高度,融了其深沉的民主思想和人道主义精神,既有对异化问题的深入思考,又充满对人的解放与自由发展的辩证态度。对他而言,日常生活是探索实现并完善社会主义民主实践的路径,是复兴马克思主义的基本路径。但同时要注意,某种程度上,卢卡奇将日常生活上升至本体论的地位,有将其工具化的意味,同样存在局限性:强调日常生活中的民主,淡化了政治上民主与集中之间的问题;强调日常生活中艺术自由的美学功能,推动了之后理论家对日常生活审美化的实践,但异化问题的消除仅靠日常生活的艺术化,则又是一种精神上的乌托邦,忽视了经济上的决定性作用。

二、民主与和平的问题

　　和平是卢卡奇晚年思考的重要内容,虽然未被专门探讨,但与战争、民主等问题紧密交织,不可分割。纵观卢卡奇的一生,他对和平、民主、战争的思考并非一成不变,而是随着社会时代的变迁而变化。

---

① [法]亨利·列斐伏尔:《日常生活批判》第1卷,叶齐茂、倪晓晖译,社会科学文献出版社2018年版,第184页。

② 刘聪:《在理论与实践之间——"日常生活审美化"的哲学基础及其演变》,硕士学位论文,四川师范大学文学院,2018年,第4页。

早年对战争与和平问题的关注,卢卡奇承认是受到西方资产阶级人道主义思想的影响,而非是和平或民主的思想的作用。"我谴责战争,既不是出于和平主义的或西方民主的意图,而是受费希特的这一思想的驱使,即这是'绝对罪孽的时代'。"① 对卢卡奇而言,战争暴露了人类面临的一系列问题,破坏了正常的生存结构。同时,战争也使卢卡奇意识到自身思想观念的错误与非人性的内容——"我从青年时期就憎恨的并且力求在精神上加以消灭的一切社会力量,现在联合在一起来实现这第一次全面的战争,普遍没有思想和敌视思想的战争"②。吞噬生命、将一种非人性的生活强加给人的战争,具有"现在出现的现存制度的主要消极特征"③,使人成为凶手、罪犯、牺牲品等,也正是因此,它使卢卡奇毅然站在了反战的一方。

在早期阶段,卢卡奇对和平与战争的思考中,已经意识到西方资产阶级民主无法、也不能成为消除暴力和战争的对抗力,不过他也未走向真正的社会主义民主,而是将左翼伦理学同右翼认识论相结合,形成调和折中的具有马克思主义色彩的历史哲学。"《小说理论》是这种折衷的历史哲学的表现。"④ 这部理论著作更多地体现了卢卡奇关于和平、战争与民主等问题思考的空想的前景,因为当时的现实生活、战争并未直接进入。"生活:停留在外边。比《小说理论》的抗议更多的任何东西当时对我来说是不可能的。"⑤ 然而,卢卡奇对生活、自由、人性等内容的思考,在其反战意志的强烈作用下,使他将研究兴趣从美学转向伦理学。卢卡奇看来,在 1917 年,和平口号无疑是使最广大的群众,几乎是大多数劳动人民,在布尔什维克主义的旗帜下采取行动的最佳手段,或者至少是能使他们对这种行动保持着善意的中立。⑥ 在此背景下,他在思想上经历了与复杂矛盾的西方不同思想观念的碰撞,加之俄国十月革命的积极作用,毅然加入共产党,进而深入学习马克

---

① [匈] 卢卡奇:《卢卡奇自传》,杜章智编,李渚青、莫立知译,社会科学文献出版社 1986 年版,第 29 页。

② [匈] 卢卡奇:《卢卡奇自传》,杜章智编,李渚青、莫立知译,社会科学文献出版社 1986 年版,第 28 页。

③ [匈] 卢卡奇:《卢卡奇自传》,杜章智编,李渚青、莫立知译,社会科学文献出版社 1986 年版,第 29 页。

④ [匈] 卢卡奇:《卢卡奇自传》,杜章智编,李渚青、莫立知译,社会科学文献出版社 1986 年版,第 29 页。

⑤ [匈] 卢卡奇:《卢卡奇自传》,杜章智编,李渚青、莫立知译,社会科学文献出版社 1986 年版,第 29 页。

⑥ Georg Lukács, *Tactics and Ethics*, 1919—1929; *The Questions of Parliamentarism and Other Essays*, London & New York: Verso, 2014, p.102.

思主义,纠正自身认知与实践中的错误与偏颇。通过学习,卢卡奇真正意识到和平对于斗争与无产阶级革命的重要性,应成为无产阶级革命斗争的目标,"斗争应该是为了和平,为了建立无产阶级革命的正常先决条件"①。

　　进入马克思主义阶段后,卢卡奇逐渐摆脱带有乌托邦色彩的思想倾向,提出希望通过工农联合的民主道路,建立社会主义,实现和平。他清楚地看到当时法西斯主义假借和平的外衣,举着民主的幌子,来推行极权专政,并且当时不少共产党人也存有错误的认识,将和平、民主同法西斯相等同,对它们一并加以排斥。在《勃鲁姆提纲》中,卢卡奇提出国际联盟的"和平"是为与苏联战争做准备,激进的"和平主义"实质是欺骗工人,因此,面对法西斯主义,我们必须消除和平主义的幻想,必须意识到无论是抵制还是大罢工都无法实现对战争的预防。当然,坚持以辩证的态度审视问题的卢卡奇,并未全盘否定资产阶级的民主,批判将资本主义民主视为敌对阶级的工具并一味抵制的现象,因为在匈牙利,所有的理论与实践问题均与民主有关,不能回避,必须正视民主问题,才能真正解决群众运动的路线问题。

　　卢卡奇对战争、和平以及民主等问题进行更加深入的思考,是法西斯主义和第二次世界大战共同作用的结果。在《理性的毁灭》一书中,卢卡奇对战后仍存在着威胁整个人类命运的法西斯主义以及一些反动思潮,进行深入反思,剖析法西斯主义以及战争的根源,对于建设民主与维护和平等问题做了虽为数不多却不失深刻的论述。他非常明确地强调:"维护和平是公民的首要职责。"②在卢卡奇看来,和平运动对于抵制战争、消除法西斯主义、维护和平,具有非常重要的意义。不过,他也意识到,和平运动本身并没有哲学,也很少需要"墨守成规",但可以让宗教主义者和共产主义者,自由派和中立派携手合作。和平运动的存在、发展和日益具体的轮廓,已经暗示着对重大哲学问题的提出和回答:支持或反对理性。卢卡奇认为法西斯主义滋生、蔓延的一个重要因素是非理性的作用和理性的毁灭,而和平运动可以积极有效地、大规模地捍卫理性,成为保护理性的一个新因素。尽管如此,他也意识到在任何地方,和平运动都是在自发的情感中开始的,离不开非理性、感性的作用。卢卡奇辩证地看待感性和理性的问题,和平运动离不开感性的作用,也更少不了理性的积极推动。面对战争与和平的问题,卢卡奇强调人类理性的积极作用,"如果人类不是陷入悲痛之中,人类的理性就

---

①　Georg Lukács, *Tactics and Ethics, 1919—1929: The Questions of Parliamentarism and Other Essays*, London & New York: Verso, 2014, p.132.

②　Georg Lukács, *The Destruction of Reason*, London: Merlin Press, 1980, p.60.

必须选择主动,既不能任由事态发展,也不任由其受犯罪意图的左右"①。不仅如此,和平运动有助于构建越来越具体的和平防御体系,比如识别侵略、捍卫国家独立、审查不同社会制度和平共处的可能性,以及有条不紊的谈判方法等方面。同时,和平运动也正日益推进更高的概括性,越来越强烈地呼吁独立判断——抵制所有虚假宣传——以及数亿人的理性,呼吁真正的民主到了。对卢卡奇而言,恢复理性和维护和平的运动,两者密不可分。二者尽管缺乏哲学上的"一致性",但正在越来越广泛的群众中扎根。基于此,卢卡奇非常肯定和平运动,认为"它的存在对人类思想具有世界历史意义:以群众运动的形式保护理性"②。并且他也相信在非理性主义日益占据主导地位的一个世纪之后,捍卫理性和恢复被颠覆的理性正开始在群众中取得胜利,事实也是如此。

及至晚年阶段,卢卡奇更加肯定民主对维护和平、消除战争的积极意义。他通过对社会主义民主的进一步研究,指出社会主义结构有助于保护世界和平,有效阻止对帝国主义的屈从,苏联便是很好的例子。在《民主化的进程》中,卢卡奇清楚地看到,苏联社会主义民主之所以可以有效地保护和平,是因为苏联已经消除了生产资料中的私有制,在这个社会主义国家中,没有任何经济团体可以从敌对行动或战争的爆发中获利。"私有财产的根除已经消除了战争的经济动机,生产资料的社会化确实为和平政策创造了动力。"③同时,卢卡奇指出,苏联在个别情况下也确实存在许多策略上的错误,不过这并未影响其成功地履行捍卫世界和平的职责。资本主义国家对战争的态度,甚至是对所有经济和社会产生后果的世界大战的态度,都具有完全不同的维度,社会主义国家考虑的并非某个国家或某个群体的利益,而是整个人类的。不仅如此,在社会主义社会中,战争造成的社会分裂不再有任何经济基础。任何战争都只能产生纯粹的负面后果,例如降低劳动人民当前或潜在的生活水平。在所有社会主义国家中,生产资料社会化的这些具有决定性的和自动的经济后果,是其自发的和平愿望的物质条件。卢卡奇进一步指出,从纯粹的经济角度而言,社会主义实现了两大目标:既为普遍的和平政策创造了物质的基础,同时,也发展了工业和军事的基础,使其成为帝国主义时期权力斗争的有效防御力量。

可见,卢卡奇早期阶段从并非出于和平或民主的目的,而是对战争的

---

① Georg Lukács, *The Destruction of Reason*, London: Merlin Press, 1980, p.850.

② Georg Lukács, *The Destruction of Reason*, London: Merlin Press, 1980, p.851.

③ George Lukacs, *The Process of Democratization*, Albany: State University of New York Press, 1991, p.134.

反感、厌恶和抵制；经马克思主义学徒时期的探索，两次世界大战的洗礼，意识到民主与和平之间的现实关联性，以及和平运动、理性对于民主建设的积极作用；及至晚年阶段，他从美学、哲学、社会学和伦理学等维度，探寻社会主义及其民主有助于实现和平，推进世界和平的建设，消除战争或敌对行动爆发的经济动力等方面的实践价值与理论基础。在对民主与和平问题的探索过程中，卢卡奇也发现社会主义民主（如苏联社会主义）存在的危机，不仅不利于民主与和平的建设，而且会极度损害社会主义民主，危害世界的和平。不过，仍须指出的是，和平与民主问题是卢卡奇关注的重要内容，在其众多繁杂的思想中只是冰山一角，散见于其部分论著之中，当然也不可能具有系统性，因此，对后世的影响也是极其有限的。然而，卢卡奇关于这一问题的论述，兼具理论性与现实性，具有时代性和前瞻性，虽然多是片段化的，却不失深刻性，因此，具有很强的实践性和理论启发意义。

三、民主化进程

卢卡奇对民主问题的探索分为早期、中期和晚年三个阶段。早期阶段，他关于民主问题的探索相对不集中、不突出，散见于《小说理论》《历史与阶级意识》《勃鲁姆提纲》等著作，从非和平或民主目的的反战立场逐渐转移到社会主义民主的立场，提出工农联合的民主，也多是观点性的主张，缺乏深入分析。中期阶段，卢卡奇出于批判法西斯主义以及资产阶级反动思潮等的需要，将民主问题的分析从和平、战争等层面，揭示危害民主与和平的西方资产阶级思想根源，揭露理性的毁灭、非理性主义的肆虐是危害民主与和平的重要原因。晚年阶段，卢卡奇将民主问题升至美学、哲学、伦理学等层面，从本体论的角度探索它同日常生活、和平、人的解放与自由全面发展等方面的关系问题，并最终提出民主化的进程问题，总结资产阶级民主的利弊，思考社会主义民主的既存问题与未来出路。

纵观以上卢卡奇对民主思考与探索的历程，其民主化进程包括经济发展、公众舆论以及权力问题等方面，将它们有机地统一起来，从而探索社会主义民主的发展，以及马克思主义的复兴问题。受马克思主义唯物史观的影响，卢卡奇将物质与经济问题置于民主化建设的基础性位置。立足于经济是马克思主义分析的首要前提，卢卡奇分析古代希腊的民主，发现其形成和消失无不是经济发展作用的结果；同样，受希腊民主思想影响的现代民主，提倡的自由平等思想则明显是由资产阶级社会经济所决定的，源自商品经济下价值交换中的平等自由的需要。卢卡奇非常认同马克思有关商品经济、交换价值以及平等自由等相关问题的论述,明确指出"通过强调这一矛盾,马克思同时着力突显,作为现代民主的核心思想表达方式的自由和平等,可以有多种多样的表述。自由和平等是由社会经济条件构成的,它们不是理想化的结构,'平等和自由不仅在以交换价值为基础的交换中受到尊重,而且交换价值的交换是一切平等和自由的生产的、现实的基础'"①。他清楚地看到资本主义社会的物质性同国家理想性之间存在的尖锐且不可调和的矛盾,揭示议会制民主乃是资产阶级的自由与平等的虚假性的表现。正是由于深刻地意识到经济对民主的决定性作用,卢卡奇才明确指出社会主义民主应该是建立在公有制的基础之上,不是资产阶级民主的延伸,而应是以私有制为基础的资产阶级民主的对立存在,因此,他批判东欧的改革者将资产阶级民主当作社会主义的选择,并希望用其解除社会主义危机的错误做法。

相比之下,社会主义民主有其独特的优越性,可以更充分地调动人民和舆论的力量,参与政治、经济、文化、科技等各个领域的建设,巩固人民民主政权。但若社会主义未能科学地处理民主与集中、党的领导同公众舆论、权力与监督之间的关系,社会主义民主便会产生危机。斯大林主义的失败有其内在原因,根源之一在于民主与经济的割裂。在列宁那里,民主同经济问题同等重要,民主问题的解决同与经济问题的有机结合,推动了苏联社会主义的建立;到了斯大林时期,社会主义民主建设不但未被强化,反而被淡化,甚至被纯粹的经济问题取代。"当斯大林把经济学曲解为一门专门化的实证主义科学,以及使经济学与任何政治的联系相分离时,他就可以宣称把全部精力集中在工业增长上,并以这种方式来建设社会主义,而完全忽视社会主义的民主问题。"②斯大林及其继任者无不如此,集中于经济问题,而忽视社会主义民主建设。在卢卡奇看来,既要摆脱资本主义经济决定论的偏颇,又要从经济与民主的复合角度加强社会主义建设。共产主义不仅要在经济上超越资本主义,更重要的是在政治与民主的建设方面。从这个意义上讲,斯大林非但未能积极推进社会主义民主,反而阻碍了后者的进一步发展。对卢卡奇而言,经济和民主,经济建设和政治民主建设,是社会主义一个问题的两个方面,有机统一,缺一不可。"建设社会主义民主的过程,是一种长期持续的事业,当社会实践与纯经济的必然性相结合时,社会主义民主

---

① George Lukacs, *The Process of Democratization*, Albany: State University of New York Press, 1991, p.73.

② [匈] 卢卡奇:《民主化的进程》,张翼星、夏璐译,中国人民大学出版社 2015 年版,第 52 页。

成长的前提就会被建立。"① 为了进一步推进社会主义民主建设,消除斯大林主义或官僚主义等,卢卡奇强调公众及其舆论的力量和作用。在他看来,作为一种社会力量的公众及其舆论,成为当前社会主义民主化兴起的契机,进入公共实践之中,是走向社会主义民主的第一步。②

卢卡奇的"民主化进程",融自由与平等、战争与和平、理性主义与非理性主义、资本主义与社会主义、权力与公众舆论等一系列问题为一炉,有其局限性。首先,卢卡奇关于民主问题的论著不多,并且将美学、哲学、文艺理论与政治理论等相结合,甚至将许多问题相杂糅,虽不乏创见,引人深思,但某种程度上也带有乌托邦的色彩;其次,他通过对小说(尤其是历史小说)的分析,开掘出"左派"和大众政治,从中发现并强调阶级性、创作方法与作家的世界观、主体性等内容,一方面强调无产阶级的政治性,另一方面也强调个体的自由与民主,却并未有效地处理两者之间的关系;再者,他渴望复兴马克思主义,并将问题的解决寄托于民主化进程上,但某种程度上受时代及政治的局限,过多将精力集中于对斯大林主义的批判和资产阶级民主的剖析,反而对民主的根本在于人民问题的强调或分析不充分,这也许是他晚年还未来得及展开的内容。卢卡奇关于民主化问题的论述,尽管存在以上局限性,却不失对社会主义民主化进程、马克思主义的革新与复兴等时代性问题,做出了非常积极的探索,意义深远。卢卡奇晚年提出的"民主化进程",将民主问题推向进一步讨论的话题,推进了学术界对社会主义民主理论的论争,打破了斯大林及赫鲁晓夫等人不允许社会主义民主理论进入争论范围的学术和政治禁区,为社会主义民主理论和实践的发展注入了新的活力。正如诺莱·莱文所言:"在马克思主义政治学说史上,捷尔吉·卢卡奇的著作《民主化的进程》开创了一个新的时代。"③ 在诺莱·莱文看来,《民主化的进程》融合了美学、社会存在本体论和政治学等内容,是卢卡奇革新马克思主义理论的具体呈现,"推翻了布尔什维克的政治的思想体系,建立了马克思主义政治学的基本原则"④,是对社会主义的发展具有预见性的蓝图。此外,卢卡奇坚持的社会主义经济建设必须与民主建设同步的观点,

① [匈]卢卡奇:《民主化的进程》,张翼星、夏璐译,中国人民大学出版社 2015 年版,第 92 页。

② Georg Lukács, *The Process of Democratization*, Albany: State University of New York Press, 1991, p.151.

③ [美]诺莱·莱文:《论对〈国家与革命〉的超越》,见 [匈] 卢卡奇《民主化的进程》,张翼星、夏璐译,中国人民大学出版社 2015 年版,第 1 页。

④ [美]诺莱·莱文:《论对〈国家与革命〉的超越》,见 [匈] 卢卡奇《民主化的进程》,张翼星、夏璐译,中国人民大学出版社 2015 年版,第 22 页。

对官僚体制的批判,"社会主义的政治特点就是一种'日常生活被政治所授权'的领域,民主化则是人民群众掌握权力来仲裁争端、保持国家对事物的决策具有公理性的手段"①,必须坚定地推进社会主义民主化改革,对于人类解放的理论和实践,某种程度上也提供了理论启示和实践指导。

---

① 孟偲:《寻找人类解放的新出路——卢卡奇〈民主化的进程〉对社会主义民主的探索》,《内蒙古大学学报》(哲学社会科学版)2014 年第 1 期。

第五章　卢卡奇人民性思想在中国的接受

卢卡奇的人民性思想意蕴丰富,在国际思想界影响深远,对中国同样产生了深远的影响。卢卡奇的人民性思想对中国的影响,开始于 20 世纪 20 年代中后期的后期创造社,之后经过以胡风为代表的七月派[①] 接受、吸纳,得到进一步传播,至 1949 年以后被批判为修正主义思想,再至新时期以后被中国思想界译介、接受,取得了长足发展。

第一节　后期创造社文艺主张与卢卡奇的渊源问题

20 世纪 20 年代中后期,后期创造社将当时日本无产阶级文艺运动中风靡的福本主义带至中国,激起了一场轰轰烈烈的革命文学论争,宣传了具有"左倾"色彩的马克思主义文艺思想。具有"左倾"色彩的福本主义,受当时共产国际运动的影响,同时很大程度上也受到卢卡奇《历史与阶级意识》的影响,鲜明地倡导无产阶级革命思想,其中不乏对"人民"思想的突显。在此过程中,卢卡奇的思想经日本传至中国,《历史与阶级意识》中的部分篇章经日译,为中国学者尤其是后期创造社成员所关注、接受。目前,学界对于从后期创造社经福本和夫追溯至卢卡奇的相关研究,呈现出三方面特点。一是以后期创造社与福本主义的关系为对象,探讨后期创造社成员在日本学习期间所受福本主义的影响,针对有关阶级意识、理论斗争、"分离·结合"理论等方面,梳理福本主义在中国的影响问题;二是探析后期创造社倡导的福本主义在辩证法、唯物论及异化观念等方面,所具有的早期西方马克思主义色彩;三是以福本主义与日本无产阶级文学运动为对象,厘清 20 世纪 20 年代中期至 30 年代初,福本主义的来源、生成、发展、繁荣与衰退历程,涉及卢卡奇对福本和夫的复杂影响。[②] 基于学界已取得的既有成果,对后

---

① 以胡风为代表的七月派对卢卡奇的接受问题,参见拙作《论胡风对卢卡奇的接受与"遮蔽"》,《天津师范大学学报》(社会科学版) 2017 年第 1 期;此文收入《卢卡奇文艺思想在中国的接受与影响》(商务印书馆 2022 年版),此书稿不再赘述。

② 参见斋藤敏康的《福本主义对李初梨的影响——创造社"革命文学"理论的发展》(《中国现代文学研究丛刊》1983 年第 3 期)、艾晓明的《后期创造社与日本福本主义》(《中国现代文学研究丛刊》1988 年第 3 期)、王志松的《"福本主义"与日本无产阶级文学运动》(《日

期创造社与福本主义、卢卡奇之间复杂的思想渊源问题，从哲学文化与政治革命两个层面，即：唯物论、辩证法与物化观念以及阶级意识理论等进行深入追溯，有助于更加准确把握后期创造社文艺主张的基本思想脉络、思想来源，认清其倡导的理论思想的历史贡献与不足，以及它们产生的复杂的国际与国内语境，进一步深化对中国文学艺术，乃至革命思想文化发展中重要理论问题的认识。

一、后期创造社文艺主张之哲学基础溯源

后期创造社文艺观念有其复杂的哲学文化渊源，经日本福本主义可追溯至卢卡奇，凝聚着哲学文化层面中的唯物论、辩证法及物化观念的问题意识，并且这三个层面时常是相互交织、纠缠的。

1. 唯物论与辩证法

后期创造社对唯物论与辩证法的译介与倡导，同其对马克思主义理论的积极宣传是紧密交织的。为了更加有效地将马克思主义译介至中国，后期创造社成员积极创办刊物，如《文化批判》(朱镜我、冯乃超编)、《流沙》(阳翰生、李一氓编)、《思想月刊》(朱镜我编)、《日出》旬刊(阳翰生、李一氓编)，以及《创造》月刊(郁达夫、成仿吾、王独清、冯乃超等先后主编)等，进行马克思主义的宣传工作。后期创造社成员将日本马克思主义思想带回国内，在哲学、经济学、国际政治、文艺理论与文学批评等方面有着非常明确的具体分工，"彭康负责马克思主义哲学，朱镜我介绍马克思主义经济理论、分析国际形势，李铁声展开马克思主义理论的译介工作，冯乃超、李初梨负责文艺理论与批评"[1]。也正因此，后期创造社才能够在对唯物论与辩证法的译介与宣传中取得了不菲业绩。

推崇唯物论与辩证法是后期创造社在对世界观与方法论的探索之中，寻求深入认识世界，揭示事物存在与发展的科学理论与方法的过程中，才逐渐形成的。围绕唯物论和辩证法的问题，后期创造社成员将翻译工作与理论创作并重，当时可谓成绩斐然，如李初梨译的《唯物辩证法精要》(《文化批判》1928 年第 5 期)，李铁声译的《辩证法的唯物论》(《文化批判》1928

语教育与日本学研究论丛》2006 年第 3 辑)、王银辉的《后期创造社在中国现代革命历史中的得失》(《史学月刊》2012 年第 8 期)、王银辉的《鲁迅文艺思想中的阶级意识溯源》(《江淮论坛》2013 年第 3 期)、张广海的《再论后期创造社与福本主义之关系》(《汉语言文学研究》2016 年第 2 期)、谢英的《日本福本主义对后期创造社的影响——基于艾晓明〈中国左翼文学思潮探源〉下的探讨》(《唐山文学》2019 年第 2 期)。

[1]　王银辉：《后期创造社在中国现代革命历史中的得失》，《史学月刊》2012 年第 8 期。

年第 3、4 期)、《"哲学底贫困"底拔萃——马克思的方法底形成》(《思想月刊》1928 年第 2 期),李一氓译的《唯物史观原文》(《流沙》1928 年第 2 期)、《科学社会主义的哲学渊源》(《流沙》1928 年第 5 期),彭康的《哲学底任务是什么?》(《文化批判》1928 年第 1 期)、《唯物史观的构成过程》(《文化批判》1928 年第 5 期),傅克兴的《意识形态的变革与唯物辩证法》(《思想月刊》1928 年第 2 期),洪涛的《什么是辩证法的唯物论?》(《文化批判》1928 年第 4 期),等等,为当时中国思想界输送了马克思主义的认识论与方法论,是极为宝贵的。他们从马克思主义哲学着手,探讨哲学的任务问题,指出哲学的任务不仅在于批判。他们并不认同先验主义的批判论——认为批判哲学寻找先验的根基与价值无可厚非,但西方经验主义、唯心主义的认识论停留于先验的观念,缺乏同实践、历史的有机联系——进而介绍并系统论证马克思主义的唯物史观,指出马克思和恩格斯的"唯物史观已成了唯一的真正的历史哲学,要他才可以解释历史,改变社会,推进人生"[1]。后期创造社成员注重哲学任务同世界与社会问题(如阶级)相联系,认为"确立变更世界和社会的原理,指示行动底标准,——这是哲学底任务,哲学底本义"[2],强调哲学的任务更在于改变世界,不仅在于认识世界。

　　后期创造社对唯物论与辩证法认识的获得,与其成员在日留学期间日本哲学界处于主导地位的福本主义有着非常直接的关系。福本主义是 20 世纪 20 年代中后期在日本无产阶级运动中占主导的一股思潮,是福本和夫(笔名"北条一雄")在抨击河上肇的唯物史观和日本共产党领导人山川均的建党理论的过程中,形成的以"分离·结合"理论为主导的思潮。1923 年,诞生不久的日本共产党遭到政府镇压,当时日共领导人山川均消极地认为建立共产党的条件仍不成熟,主张先进行经济斗争,等时机成熟后再建党,最终致使 1924 年日本共产党自动解散。1922—1924 年先后在美、英、德、法等国留学的福本和夫,受当时共产国际思潮的影响,批判山川均的取消主义,响应 1925 年 1 月共产国际要求日本重建共产党的指示,完成《社会的构成及其变革的过程——唯物史观的方法论的研究》[3](1926 年 2 月)、《无产阶级的方向转换》(1926 年 4 月)以及《经济学批判的方法论》

---

① 彭康:《唯物史观底构成过程》,《文化批判》1928 年第 5 期。

② 彭康:《哲学底任务是什么?》,《文化批判》1928 年第 1 期。

③ 《社会的构成及其变革的过程——唯物史观的方法论的研究》,是福本和夫 1925 年 11 月应京都帝国大学学友会的邀请而作的演讲稿,后以"北条一雄"为名发表,中文版由施复亮译为《社会进化论——社会底构成及变革过程》,首版于 1930 年上海的大江书铺,1932 年再版。

（1926年6月）等文。这些文章分别从唯物史观、辩证法、党组织以及《资本论》的方法论等方面，介绍马克思主义，批评以往被歪曲和被庸俗化的马克思主义，倡导唯物论与辩证法，希望进而重建马克思主义。福本和夫在倡导日本无产阶级革命与文艺运动的过程中，非常强调唯物论与辩证法理论的重要性。他主张必须"严密地依据唯物辩证法，去追迹并展开'社会底构成及变革过程'"①，明确指出在对社会构成的认识与历史革命进程中，"唯物辩证法的方法"是真正"科学上的、正当的方法"②，揭示方法论在日本被蔑视的现状，努力提升唯物辩证法在日本社会思想文化中的认知度和地位。

　　福本主义对唯物论与辩证法的倡导，诚然得益于马克思、恩格斯以及列宁等人的思想，但与卢卡奇的影响亦有着极为复杂的关联。《历史与阶级意识》1923年一经发表，便在国际范围内引起轰动，在欧洲思想界也产生了非常广泛的讨论，影响持久。正是这一时期，福本和夫在欧洲游学，专攻马克思主义，师从科尔施，结识卢卡奇，1923年得到卢卡奇亲赠的《历史与阶级意识》一书。回到日本后，他将《历史与阶级意识》中的思想理论结合革命实践，用以批判山川均、河上肇等人的观点，指明处于没落阶段的日本资本主义为重建日本共产党提供了契机与可能。福本和夫在理论与实践中所倡导的革命观点，很大程度上受到卢卡奇《历史与阶级意识》的浸染，特别是其中的《关于组织问题的方法论》《阶级意识》《物化和无产阶级意识》等文，对其产生了极大的影响。在开篇《什么是正统马克思主义？》中，卢卡奇首先强调唯物主义辩证法乃是马克思主义的正统，主张正确对待具体的、历史的辩证法，肯定辩证法在马克思主义中的重要地位与意义，明确指出"战争、危机和革命，包括革命发展的所谓较慢速度和苏联的新经济政策在内，没有提出一个问题是不能用这样理解的辩证方法解决的，而且也只有用这个方法才能解决"③。卢卡奇明确指出"唯物主义辩证法是革命的辩证法"④，认为"辩证方法不管讨论什么主题，始终是围绕着同一个问题转，

---

①　［日］北条一雄：《社会进化论——社会底构成及变革过程》，施复亮译，大江书铺1930年版，第7页。

②　［日］北条一雄：《社会进化论——社会底构成及变革过程》，施复亮译，大江书铺1930年版，第9页。

③　［匈］卢卡奇：《历史与阶级意识》，杜章智、任立、燕宏远译，商务印书馆1999年版，第41页。

④　［匈］卢卡奇：《历史与阶级意识》，杜章智、任立、燕宏远译，商务印书馆1999年版，第48页。

即认识历史过程的总体"①。也正是以唯物辩证法为基础和指导,他分析罗莎·卢森堡及其论著《资本积累》,研究阶级意识、物化及组织问题的方法论等,涉及"一系列重要的马克思主义理论问题:哲学对象与社会使命,无产阶级世界观与资产阶级世界观的根本对立;社会过程发展的特殊性;人类实践的结构;主观因素与个人积极性;自发性与自觉性等等"②。受此影响,福本和夫批判黑格尔辩证法的唯心主义,"对'自然辩证法的否定'是接受了卢卡奇(Lukács)的观点……福本的整个秘密是一方面从卢卡奇派的方法论出发,一方面巧妙地嫁接了列宁的主张"③。也正因如此,福本和夫才紧随卢卡奇,批判布哈林不懂辩证法。

对唯物论与辩证法问题进行追溯,可以发现后期创造社的福本主义者们吸收卢卡奇的主客体辩证法,将其融入文艺实践,探索无产阶级的解放问题,并在这一过程中,发现并接受了福本主义中卢卡奇的物化观念。

2. 物化观念

"物化"是贯穿于《历史与阶级意识》中的一个核心概念。卢卡奇在异化的意义上使用了"物化"一词,以此批判资本主义社会中的阶级压迫和商品拜物教问题,揭示人存在的困境,探索人的解放与自由之路。事实上,卢卡奇关于异化问题的讨论较早为思想界所认知,尽管马克思对此的探讨更早。马克思的异化劳动理论主要见于《1844 年经济学哲学手稿》(简称《巴黎手稿》),在《巴黎手稿》中占有非常重要的位置。《巴黎手稿》大约写于1844 年 5 月底 6 月初至 8 月,在马克思生前并没有发表;1927 年,苏联出版的《马克思恩格斯文库》第 3 卷附录将这部手稿中的《第三稿》(即笔记本 III)大部分以俄译文发表,但误以为它是《〈神圣家族〉的准备材料》;1932 年,苏联出版的《马克思恩格斯全集》历史考证版第 1 部分第 3 卷以德文原文发表了全部手稿,并冠以标题《1844 年经济学哲学手稿》。④ 卢卡奇 1923 年问世的《历史与阶级意识》,较早从总体性上对异化问题作了深入而精辟的阐释,在国际思想界产生深刻影响,其影响是早于马克思对异化问题论述的。

受卢卡奇影响,福本和夫以"分离·结合"论阐明建党组织观念的同时,把异化论引进当时论及马克思主义只谈阶级斗争的革命理论,没有拘泥于资本家和工人的对立这种僵硬的概念,而是论证了从总体上理解马克思

---

① [匈] 卢卡奇:《历史与阶级意识》,杜章智、任立、燕宏远译,商务印书馆 1999 年版,第86 页。

② [俄] 别索诺夫、纳尔斯基:《卢卡奇》,李尚德译,黑龙江人民出版社 2003 年版,第 8 页。

③ 贾纯:《福本哲学评介》,《外国问题研究》1982 年第 3 期。

④ 参见《马克思恩格斯全集》第 3 卷,人民出版社 2002 年版,第 665—666 页。

主义的必要性。① 在福本和夫的论述中,他将"物化"(异化)译为"事物化",指出"日本无产阶级底'方向转换'——'战线底扩大',已经不能再是仅仅机械的'转换'和'扩大';所以这个过程、这个斗争过程,同时必须是一步一步地将所谓在资产者社会之下事物化了的意识(在所谓工会运动时代必然决定、反映、生产出来的意识形态——即自然生长性的观念,以排他的、对立的、分裂的方法来思维的部分与全体、抽象与具体、理论与实行等观念,之类的意知形态)来扬弃的过程,换句话说,必须是战取真正无产阶级的意识(即科学社会主义的意识)的过程"②。如何克服与消除资本主义社会"事物化"(异化)的意识,福本和夫认为无产阶级必须坚持以唯物辩证法来认识自身及历史使命,获取无产阶级的意识。

后期创造社某种意义上开启了异化观念在中国思想界的传播与接受。后期创造社成员虽然未直接介绍卢卡奇的物化(异化)问题,但在他们的著作中已涉及相关内容。福本和夫将卢卡奇的"物化"译为"事物化",李初梨受其影响,在对革命文学的倡导中论及"事物化",只是未曾提及"卢卡奇"之名③。在1928年的《请看中国的 Don Quixote 的乱舞——答鲁迅〈"醉眼"中的朦胧〉》一文中,李初梨使用"事物化"来强调意识斗争、无产阶级的解放等问题,这一词的使用早于1930年施复亮翻译福本和夫的《社会进化论——社会底构成及变革过程》。李初梨借用具有卢卡奇色彩的福本主义理论,并运用列宁的理论观点,探析阶级意识的非"自然生长性"问题,探讨无产阶级的解放及其哲学内容。他认为无产阶级要实现解放必须有自己的哲学——辩证法的唯物论,必须同有产者意识的解放相结合,重视"意识争斗的重要性及其实践性"④,进而提出意识的"事物化"问题:

> 在有产者意识事物化的现在,一切有产者的观念形态,事实上已成了社会发展的障碍物,如果我们要企图全社会构成的变革,这些障碍物,是须得粉碎的。⑤

---

① 参见[日]斋藤敏康《福本主义对李初梨的影响——创造社"革命文学"理论的发展》,刘平译,《中国现代文学研究丛刊》1983 年第 3 期。

② [日]北条一雄:《社会进化论——社会底构成及变革过程》,施复亮译,大江书铺 1930 年版,第 2—3 页。

③ 参见张广海《再论后期创造社与福本主义之关系》,《汉语言文学研究》2016 年第 2 期。

④ 李初梨:《请看中国的 Don Quixote 的乱舞——答鲁迅〈"醉眼"中的朦胧〉》,《革命文学》论争资料选编》(上),知识产权出版社 2010 年版,第 216 页。

⑤ 李初梨:《请看中国的 Don Quixote 的乱舞——答鲁迅〈"醉眼"中的朦胧〉》,《革命文学》论争资料选编》(上),知识产权出版社 2010 年版,第 216 页。

从上可见,李初梨认为要实现社会的变革,必须消除有产者意识观念的"事物化";"要粉碎这些障碍物的有产者观念形态,当然要是一个能够粉碎它的武器才可以"①。只不过,李初梨的这个"武器",在艺术方面更多的是指向"具有破坏力的物力"的无产者文艺,并且需要将这个"艺术的武器"发展为"武器的艺术"。②关于如何消除有产者观念"事物化"问题,他在《怎样地建设革命文学》中作了进一步阐述,认为真正"为革命而文学"的人,应该摆脱资产阶级的物化(异化)思想,"应该干干净净地把从来他所有的一切布尔乔亚意德沃罗基完全地克服,牢牢地把握着无产阶级的世界观——战斗的唯物论,唯物的辩证法"③。在李初梨看来,要克服资产阶级意识形态的异化问题,需要借助于唯物论和辩证法,通过建立无产阶级的文艺,从而形成无产阶级的阶级意识。同时,他还指出中国作家(包括文艺青年)在推进革命文学的实践中,需要具备三个必要的条件:获得无产阶级的阶级意识,克服自己的有产者或小有产者意识,以及把理论与实践相结合。④无独有偶,成仿吾也认为作家要从文学革命走向革命文学,必须坚持科学的理论与方法,需要"努力获得辩证法的唯物论,努力把握唯物的辩证法的方法……克服自己的小资产阶级的根性"⑤。回顾历史,由于当时国际语境、国内政治革命文化等因素,后期创造社李初梨、成仿吾等人对克服有产者或小有产者意识或"根性"问题的论述,是与获得无产阶级的阶级意识相交织、相混合的,较多地涉及"阶级意识"、理论斗争或阶级斗争等问题。再加上明显受福本主义的影响——福本和夫也仅是提及"事物化",后期创造社未能深入涉及物化问题及其深层次上的政治与哲学问题,更未能触及异化劳动问题。

　　通过对后期创造社文艺主张的哲学基础进行溯源,可以发现后期创造社通过介绍福本和夫,宣传日本无产阶级文艺运动,向中国直接或间接地传输了卢卡奇的唯物论、辩证法与异化观念,并将这三种理论观念的译介同中国政治革命实践相结合,即:同后期创造社所倡导的无产阶级革命运动与文

① 李初梨:《请看中国的 Don Quixote 的乱舞——答鲁迅〈"醉眼"中的朦胧〉》,《"革命文学"论争资料选编》(上),知识产权出版社 2010 年版,第 216 页。

② 李初梨:《请看中国的 Don Quixote 的乱舞——答鲁迅〈"醉眼"中的朦胧〉》,《"革命文学"论争资料选编》(上),知识产权出版社 2010 年版,第 216—217 页。

③ 李初梨:《怎样地建设革命文学》,《"革命文学"论争资料选编》(上),知识产权出版社 2010 年版,第 122—123 页。

④ 李初梨:《怎样地建设革命文学》,《"革命文学"论争资料选编》(上),知识产权出版社 2010 年版,第 124 页。

⑤ 成仿吾:《从文学革命到革命文学》,《"革命文学"论争资料选编》(上),知识产权出版社 2010 年版,第 102 页。

艺运动紧密结合,突出表现在当时革命文学论争中,后期创造社对阶级意识问题的强调上。

二、后期创造社文艺主张之政治基础溯源

后期创造社积极倡导的马克思主义,明显带有卢卡奇色彩的福本主义倾向,其主张在哲学文化领域做出的贡献具有历史意义,在政治文化方面的影响更是令人瞩目。后期创造社倡导阶级意识理论,将中国"革命文学"进一步推向高潮,深化了中国文化界(尤其是文学界)对革命文学的认识,这反过来又促进了无产阶级文艺思想,尤其是无产阶级阶级意识等思想观念的广泛传播。从渊源上讲,1927年以后的这场"革命文学"论争,实际上是20世纪20年代初期苏俄文艺论争在中国影响的持续。1923年至1925年苏俄文艺论战,围绕党应该坚持什么样的文艺政策展开,一方是托洛茨基(曾任俄共人民军事委员)、沃隆斯基(《红色处女地》主编)等,倡导文学的自主性、独立性、完整性与艺术性,为"同路人"进行申辩;另一方是以"拉普"的前身"岗位派"为代表,注重文学阶级斗争的工具性,强调文艺为革命政治服务。尽管存在着争执,但论战双方都毫无疑义地坚持建设作为资产阶级文化对立面的"无产阶级文化"。"这场论战虽然发生在苏联,但它却是有着世界意义和重大影响的文化现象。"[①]这场论战从一开始便影响着中国文学界。1924年从苏联留学归国的蒋光慈,在《无产阶级革命与文化》《现代中国社会与革命文学》等文中,介绍俄国无产阶级革命与文化,突显无产阶级文学的力量,主张无产阶级必须创造自己的文化,提倡中国的"革命文学"。随着无产阶级"革命文学"在中国的提出与传播,茅盾的《论无产阶级艺术》(1925年5月)、任国桢的《苏俄文艺论战》(1925年8月)、郭沫若的《革命与文学》(1926年5月)等,均不同程度地介绍了当时的苏俄文艺论争或革命与文学的关系问题,宣传无产阶级文艺思想,倡导中国的革命文学。然而,20世纪20年代中后期中苏外交关系断绝,使得中苏文化交流受阻,许多关于无产阶级革命文艺的思想是通过日文转译至中国的。比如在这一时期,冯雪峰将日本学者升曙梦所写的关于苏俄文艺论争的著述译为中文,鲁迅将托洛茨基《文学与革命》的日文本(茂森唯士译)介绍至中国。蒋光慈、茅盾、郭沫若、鲁迅等人均是不同文学社团的代表,他们从各自视角思考、探索文学与革命的关系问题,对文学本质的认识当时亦有分歧。

---

① 艾晓明:《中国左翼文学思潮探源》,北京大学出版社2007年版,第15页。

　　留学归国的后期创造社成员，"带来了日本无产阶级文学运动中福本主义的影响，使苏联'拉普'的影响与福本主义强调理论斗争、净化意识、分离结合这些主张奇异地结合在一起"①，将当时苏俄文艺论争中的冲突和日本无产阶级文艺的论战色彩带至中国，倡导理论斗争，使既存的关于文学艺术本质问题的认识冲突迅速激化。在《怎样地建设革命文学》《一封公开信的回答》《普罗列塔利亚文艺批评底标准》等文中，李初梨批评五四以来有关"文学是自我的表现""文学的任务在描写社会生活"两种认识，批判前者是"观念论的幽灵，个人主义者的呓语"，后者则是"小有产者意识的把戏，机会主义者的念佛"，进而探讨什么是文学问题，强调"一切的艺术，都是宣传""一切的文学，都是宣传"，倡导革命文学建设，突显文学中的阶级意识问题。② 在《艺术与社会生活》《留声机器本事》《冷静的头脑》《文艺理论讲座》等文中，冯乃超批评"为艺术的艺术"和"为人生的艺术"两种主张，指出"革命文学的本质——'必然是 Agitation-Propaganda（鼓动、宣传——笔者注)'"③，指出伟大艺术家将"以热烈的革命精神，熔铸表现时代的 Tempo 的作品"④，指明文学艺术的任务、革命文学家的任务，倡导文学的无产阶级阶级意识。在《革命文艺与大众文艺》《"除掉"鲁迅的"除掉"！》《什么是"健康"与"尊严"》等文中，彭康将文学艺术视为思想与感情的组织化的工具，强化文艺的宣传属性，认为"文艺不仅是现实社会的热烈的直接的认识机关，还是文艺家对于现实社会的一定的见解及最期望的态度的宣传机关"⑤，批判"颓废的"与"唯美的"艺术趣味倾向，指明文艺的任务与艺术家的责任问题，强调革命的文艺方向与阶级意识。其他后期创造社成员，如成仿吾、沈绮予、傅克兴等人也纷纷撰文，宣传日本无产阶级文艺思想，倡导中国的革命文学，强调文艺的阶级意识。

　　为了进一步阐明文学艺术的本质内容与方向，后期创造社成员同鲁迅、郁达夫、茅盾、甘人、新月派成员等进行论战，尤其是同鲁迅的论战，对中国思想界影响的意义与局限已成为学术界研究的重要内容。后期创造社及其阵地《创造月刊》《文化批判》，"将重点转向文艺理论和批评的方面，提

① 艾晓明：《中国左翼文学思潮探源》，北京大学出版社 2007 版，第 26 页。
② 参见李初梨《怎样地建设革命文学》，《"革命文学"论争资料选编》（上），知识产权出版社 2010 年版，第 114—115 页。
③ 王银辉：《后期创造社在中国现代革命历史中的得失》，《史学月刊》2012 年第 8 期。
④ 冯乃超：《艺术与社会生活》，《"革命文学"论争资料选编》（上），知识产权出版社 2010 年版，第 93 页。
⑤ 彭康：《革命文艺与大众文艺》，《创造月刊》1928 年第 4 期。

倡无产阶级文学"[1]，"他们从日本带回来的福本主义的'分离结合'的理论，与既成的文坛和作家分离决裂，在中国文坛上制造了剧烈的分裂活动"[2]。这种"分离""分裂"不仅表现在作家群体层面，而且深入至对文学本质的认识。"与对文学的重新定义相关，创造社又合乎逻辑地接受了'岗位派'反'同路人'的策略以及日本福本和夫'左'倾分裂路线的影响，提出了文学队伍的重新划分排队和'全部地批判，开展理论斗争'的口号。"[3]五四时期，中国作家的争论较多涉及关于文学究竟是为艺术还是为人生的问题，至后期创造社时期，他们反对文学为艺术、为人生，主张将文学艺术的宣传性同阶级性相结合，倡导文学艺术应该宣传无产阶级革命思想，将文学艺术问题同人民解放、阶级解放、民族独立等问题紧密相衔接，深化对文学艺术的政治内容的认识，虽然过度地放大文学与艺术的阶级性、宣传性与工具性，但他们提出凝聚无产阶级的阶级意识，主张建设无产阶级革命文学，发展了马克思主义的意识形态理论，从而提升了无产阶级的历史地位，对中国革命与文学艺术的发展起到推动作用。

后期创造社在文学艺术本质方面的贡献，对文学艺术的阶级性——尤其是无产阶级阶级意识的强调，与其所受福本主义的影响有着密切关联，尤其受到其中"分离·结合"论的影响。福本和夫的"分离·结合"论是当时日本无产阶级运动指导思想中的核心内容，是在当时阶级斗争与政治革命运动中形成的。当时共产国际在《关于日本问题的纲领（1927 年纲领）》中明确指出："对所有各种取消主义的倾向、部分地表现在对星同志（山川均——原译者注）的方针上的取消主义的倾向进行斗争，是日本共产主义者最迫切的任务。"[4]福本和夫的这一理论思想，正是在共产国际批判山川均取消主义、折中主义、工会主义、经济主义的过程中，批判山川均等所主张的日本资本主义"还在上升着，所以革命形势尚未迫切"[5]观点的同时，结合自己在欧美学习期间的经历及所学而形成的。

福本和夫建构的"分离·结合"理论深受当时共产国际和列宁的影响，直接吸收了卢卡奇有关阶级意识、党组织等方面的理论思想。一方面，20世纪20年代，日本无产阶级运动受共产国际的直接领导，（1922 年）共产

---

①　旷新年：《1928：革命文学》，人民文学出版社 2015 年版，第 39 页。

②　旷新年：《1928：革命文学》，人民文学出版社 2015 年版，第 39 页。

③　温儒敏：《新文学现实主义的流变》，北京大学出版社 2007 版，第 90—91 页。

④　日本共产党史资料委员会编：《共产国际关于日本问题方针、决议集》，林放译，世界知识出版社 1960 年版，第 18 页。

⑤　朱谦之：《日本哲学史》，人民出版社 2002 年版，第 424 页。

国际对日本共产党做出了明确指示:"日本共产党作为共产国际的支部,在为实现无产阶级专政而进行的革命斗争中,正高举着工人的世界同盟的旗帜,向最后的胜利,即国际无产阶级的世界专政前进着。它将作为革命无产阶级的坚强的队伍中的一个战斗部分而完成自己的任务。"① 由于当时日本共产党仅是共产国际的一个分支,受后者的直接领导,加之山川主义的取消主义、工会主义、机会主义所带来的不利影响,共产国际存在的"左倾"思想进一步强化了纯粹无产阶级革命斗争的坚决性与彻底性,共同催生了福本和夫的建党理论,并促使其滋长与蔓延。

　　另一方面,卢卡奇思想在这一时期的日本已产生影响,《历史与阶级意识》中的两篇文章(《关于组织问题的方法论》《阶级意识》),以及卢卡奇的《列宁》一文被译为日文,尤其是他的阶级意识理论对福本和夫产生了深刻影响。福本和夫的"分离·结合"理论主张必须把马克思主义的要素(如政治斗争、经济斗争与理论斗争等)先进行分离,之后再结合,尤其强调日本当时应坚持理论斗争,增强工人、农民等无产阶级的阶级意识,才能真正在群众中培植革命思想,形成纯粹革命意识的先进分子,建立真正先进的无产阶级政党——日本共产党,取得革命的最终胜利。尤其值得注意的是,在《阶级意识》一文中,卢卡奇对于无产阶级斗争中的"分离""结合"问题做相当明确的专门论述,这些对福本和夫产生了明显影响。

　　无产阶级阶级意识的十分醒目的、影响很大的分裂表现为经济斗争与政治斗争的分离。马克思曾反复谈到过不应该有这种分离,并指出每一种经济斗争的本质都会使之向政治斗争过渡(反之亦然),然而要把这种经济斗争和政治斗争分离的观点从无产阶级理论中清除出来也确实是不可能的。对阶级意识本身的这种错误见解的原因恰恰在于个别目标和最终目标的辩证的分离,因此最终也在于无产阶级革命的辩证分化。②

　　从以上论述中可以发现,1. 卢卡奇指明无产阶级阶级意识在经济斗争与政治斗争上的分离是醒目的,具有相当大的影响;2. 马克思主义对这种分离的论述是辩证的,经济斗争与政治斗争从无产阶级理论中相分离是不可能的,二者相互作用,相辅相成;3. 阶级意识在经济斗争与政治斗争上的这种分离的原因在于将个别目标与最终目标分离、对无产阶级革命的辩证分化。不过,福本和夫在论著中虽吸收了卢卡奇的观点,重视方法的重要

---

①　日本共产党史资料委员会编:《共产国际关于日本问题方针、决议集》,林放译,世界知识出版社1960年版,第5页。

②　[匈]卢卡奇:《历史与阶级意识》,杜章智、任立、燕宏远译,商务印书馆1999年版,第132—133页。

性,指出唯物辩证法是科学的方法,亦强调"无产阶级阶级意识",认为"近代资产者社会,在其发展底经过之中,暴露出那内在的矛盾,因此不能不使那与它对立的阶级——即无产阶级,意识到'阶级意识',形成了'阶级形成'。就是资产者社会,在其发展底一定阶段,必然地不能不招来那自己批判底主体——即无产阶级底阶级意识化"①,然而,福本和夫仅看到无产阶级阶级意识在经济斗争与政治斗争方面历史上的明显分离,却没有注意到或者忽视了马克思与卢卡奇所强调的这种分离在理论和现实上的不可能性。可见,福本主义中"分离·结合"论的生成,同卢卡奇的阶级意识理论有着不可分割的紧密联系。

对阶级意识的强调,是同福本和夫重建日本共产党之需要相结合的。也正是这种需要,促使他格外关注卢卡奇的《历史与阶级意识》,尤其是后者的建党思想。卢卡奇在经历1919年匈牙利苏维埃革命失败之后,在流亡维也纳期间详细研究列宁的理论,对匈牙利共产党的建设理论进行了深入思考与总结,而《关于组织问题的方法论》正是这一理论总结与提升的产物。受俄国十月革命及列宁建党理论思想的影响,卢卡奇主张匈牙利共产党应向俄苏的布尔什维克学习,组织纪律严格的政党,党员个人服从集体意志,将个体生命交给党的事业,强调"把政治问题和组织问题机械地分开是不行的"②,将共产主义理论中的组织问题进行深入研究。他批判存在的纯粹技术论、机会主义等思想,不仅重申组织问题是革命中非常重要的思想观念与精神问题,而且坚持"组织是理论和实践之间的中介形式"③的观点。卢卡奇吸收罗莎·卢森堡所强调的关于群众行动意义、党对于整个运动政治领导的价值,批评后者的错误在于"过高估计过程的有机性质,过低估计有意识组织的重要性"④,称赞列宁在党组织问题上的积极贡献——"列宁在讨论如何维持共产党的革命纪律时,除了强调党员的忠诚以外,还强调党与群众的关系以及党的政治领导的正确"⑤。同时,卢卡奇指出列宁所强调

① [日]北条一雄:《社会进化论——社会底构成及变革过程》,施复亮译,大江书铺1930年版,第23页。

② [匈]卢卡奇:《历史与阶级意识》,杜章智、任立、燕宏远译,商务印书馆1999年版,第392页。

③ [匈]卢卡奇:《历史与阶级意识》,杜章智、任立、燕宏远译,商务印书馆1999年版,第396页。

④ [匈]卢卡奇:《历史与阶级意识》,杜章智、任立、燕宏远译,商务印书馆1999年版,第416页。

⑤ [匈]卢卡奇:《历史与阶级意识》,杜章智、任立、燕宏远译,商务印书馆1999年版,第421页。

的这三个要素是统一的,彼此关联,不能割裂。除了有关党的组织和策略问题之外,卢卡奇强调共产党通过严格纪律所要实现的集体意志,从根本上讲是离不开阶级意识的,尤其是无产阶级阶级意识,因为意识问题的解决对革命具有非常积极的推动作用——"无产阶级对自己历史地位的正确理解具有头等重要的意义"①。他将党的组织问题同无产阶级阶级意识有机结合,主张党的理论是建立在阶级意识理论基础之上的,二者是以同样的方法论(唯物辩证法)为前提的。由于党组织方法论的基础是建立在无产阶级对自身的认识之上,受马克思在《神圣家族》中提出的"什么是无产阶级"的启发,卢卡奇主张必须运用马克思主义的方法,弄清"什么是阶级意识"以及阶级意识的功能问题。他揭示资产阶级阶级意识的虚假,通过揭露假象来发现无产阶级的优势,指出无产阶级的阶级意识是有机联系的整体,在理论与实践上是相互吻合的,"能自觉地把它自己的行动作为决定性的因素投放到历史发展的天平上去"②。因此,他强调无产阶级阶级意识本身就是目标和武器。同时,无产阶级的阶级意识可以将直接利益和最终目标的辩证关系、辩证矛盾相统一,统一于无产阶级意识本身。卢卡奇借鉴并吸收马克思、列宁等人的理论思想,突显无产阶级阶级意识的历史必然性与社会意义,明确倡导"只有无产阶级的意识才能指出摆脱资本主义危机的出路"③,无产阶级必须意识到将自身作为"自为"的阶级,必须将其阶级斗争的经济必然性上升为自觉愿望的、有积极意义的阶级意识。为了进一步突显无产阶级的阶级意识,卢卡奇批判资本主义社会中的物化(异化)问题,批判黑格尔的绝对精神,批判黑格尔和费尔巴哈将意识、精神引向现实历史进程的彼岸性,某种程度上导致"精神"与"群众"的对立。他明确指出无产阶级阶级意识可以较好地实现意识的"改造世界""实践批判活动"的任务,因此,必须将意识由唯心主义观念的彼岸性引向科学社会主义的此岸性,使无产阶级阶级意识问题的探究回归到现实存在的人本身,回归到广大的群众身上。

受卢卡奇的阶级意识与建党思想的影响,福本和夫在《社会进化论——社会底构成及变革过程》的第三节中,以"辩证法的唯物论(历史的

---

① [匈] 卢卡奇:《历史与阶级意识》,杜章智、任立、燕宏远译,商务印书馆 1999 年版,第410 页。

② [匈] 卢卡奇:《历史与阶级意识》,杜章智、任立、燕宏远译,商务印书馆 1999 年版,第130 页。

③ [匈] 卢卡奇:《历史与阶级意识》,杜章智、任立、燕宏远译,商务印书馆 1999 年版,第139 页。

唯物论）——无产阶级的意识形态"为题,将辩证法同无产阶级的阶级意识相结合加以考察,探究无产阶级阶级意识的基本特质问题,指出"无产者阶级底阶级意识——无产者阶级的意识形态——无产者阶级的认识底基本(特质),必然地由他们底社会的、历史的存在(地位——使命)底基本(特质)所决定"①。福本和夫学习马克思主义,相信共产主义社会之前一切社会的历史均为阶级斗争的历史。在这一理论总结后,他将阶级斗争进行细化,认为社会革命中的阶级斗争可以分为"意识的斗争""经济的斗争""政治的斗争",它们分别对应"意识革命""经济革命""政治革命"。② 此外,在《欧洲无产者政党组织问题的历史性发展》(1925) 和《社会的构成及其变革的过程——唯物史观的方法论的研究》等文中,福本和夫不仅介绍了理论斗争、分离结合和党的组织路线及方向转换等问题,而且以异化观念来解释阶级与阶级斗争问题。通过以上追溯,可以显现卢卡奇的阶级意识理论对福本主义,对后期创造社革命文学观念的生成所产生的重要影响。

　　日文可谓是后期创造社文艺观念与卢卡奇之间渊源产生的最直接的文字载体。后期创造社成员李初梨、冯乃超、朱镜我、彭康、王学文、傅克兴、沈起予、许幸之、沈叶沉等,大多数人通过日文学习马克思、列宁等人的理论著作,在日本留学之时也适值"福本主义"的全盛期。尤其在 1927 年"四·一二"反革命政变之后,在日本留学的青年学生发生分裂,后期创造社大多数成员选择坚持革命,其思想同"他们在日本留学时代曾风靡一时的'福本主义'有联系"③。为了更好地学习马列主义文献著作,在日留学的进步青年学生于 1927 年成立"社会科学研究社"。"社会科学研究社"是当时国民革命失败后留日青年学生组织的最早的团体,是当时留日学生的核心组织,之后成为社会科学研究会的日本分会,直至 1932 年左右,该社成员坚持通过日语文献学习,保持着同日本无产阶级文艺的密切联系。值得注意的是,20 世纪 20 年代中后期,在日本诞生了中国共产主义青年团组织,于昌然、王学文、廖体仁、刘伯刚等多人加入了该组织,当时在中国青年学生中利用日文学习马克思主义蔚然成风。尽管冯乃超、李初梨等后期创造社

---

① [日]北条一雄:《社会进化论——社会底构成及变革过程》,施复亮译,大江书铺 1930 年版,第 148 页。
② 参见 [日] 北条一雄《社会进化论——社会底构成及变革过程》,施复亮译,大江书铺 1930年版,第 219 页。
③ [日] 小谷一郎:《"4·12"政变前后后期创造社同人动向——从与留日学生运动的关系谈起》,靳丛林编译《东瀛文撷——20 世纪中国文学论》,吉林大学出版社 2003 年版,第204 页。

成员通过日文学习了不少马列主义文献,但由于当时日本无产阶级文艺运动的指导思想是具"左倾"色彩的福本主义,致使他们归国之后倡导的无产阶级文艺思想亦带有浓郁的"左"的激进色彩。正如李初梨所言:"青天白日满地红的旗帜,将因中国无产阶级的血染得更加鲜红。"① 这些思想动向直接关乎他们归国后进行的马克思主义宣传,从他们对唯物史观与辩证法的倡导、"革命文学论战"等可以看出,其思想来源可以说是日本当时的福本主义,而福本主义某种程度上可视为对卢卡奇的思想在日本的"移植"或"嫁接"。

20 世纪 20 年代末,后期创造社在中国思想界掀起的"革命文学论争",涉及文学、艺术、哲学、政治等诸多领域,其鲜明特点在于对文艺的阶级性与工具性的倡导,对唯物论、辩证法、异化(物化)问题的宣传。论争促使更多作家翻译与学习马克思主义文艺理论和哲学,而马克思主义的理论观点,又促使他们反思,以敏锐深邃的目光审视论争中涉及的诸多问题,深化对这些理论与现实问题的探讨。后期创造社掀起的这场范围广、理论问题众多的论争,与其复杂的思想渊源密切相关。后期创造社文艺主张与卢卡奇之间渊源关系的生成,离不开福本主义这一极为重要的纽带。无论是后期创造社成员吸收福本主义的观念,还是福本和夫接纳卢卡奇的思想,无不与他们各自所处的政治、历史、文化及个人语境密切相关。在这些语境方面,后期创造社成员与福本和夫某种程度上存在惊人的相似之处。首先,他们无不是在革命形势低谷时期建构自己的理论的。福本和夫归国时的日本,刚刚经历大地震的灾难,无产阶级运动受到重创,日本共产党被解散,革命形势陷入低谷,亟须新的理论来支撑革命运动的发展,重建日本共产党,从而推动并繁荣无产阶级革命运动;后期创造社归国时的中国,刚刚经历大革命失败,中国革命陷入低潮,加之"20 世纪 20 年代末中苏外交关系断绝,思想交流严重受阻,日本无产阶级文学运动与中国的联系较之苏联更为直接"②。其次是二者所处的年龄与心理阶段非常相似。福本和夫和后期创造社成员都是刚留学归国的学生,热切渴望得到一种新的理论来推动革命运动,渴望使国家民族摆脱不幸境地。一方面是他们年轻,易于接受新的外来思想观念;另一方面,长期身处国外,使他们无法有效、真实地了解本国的革命形势,致使其理论倡导与实践存在某种程度的脱节;亦因如此,二者所倡导的

① [日]小谷一郎:《"4·12"政变前后后期创造社同人动向——从与留日学生运动的关系谈起》,靳丛林编译《东瀛文撷——20 世纪中国文学论》,吉林大学出版社 2003 年版,第 217 页。

② 艾晓明:《中国左翼文学思潮探源》,北京大学出版社 2007 年版,第 148 页。

"左"的理论或发起的论争也都很快沉寂。

从哲学文化与政治革命的层面溯源，勾勒后期创造社文艺主张与卢卡奇之间渊源关系的生成脉络，二者间渊源关系的产生，既离不开共产国际中苏俄文艺论争所产生的作用，亦离不开日本文艺运动中具有卢卡奇色彩的福本主义的直接影响。卢卡奇的思想，尤其是关于唯物论、辩证法、物化、阶级意识等方面的理论，对福本主义产生了直接而深刻的影响。后期创造社的文艺主张深受国际政治革命运动与思想文化的影响，由卢卡奇思想经福本主义而形成，尽管带有浓郁的"左倾"色彩，但对推进 20 世纪 30 年代以后中国左翼文学的形成，以及革命文艺与政治革命运动的发展，做出了贡献，其功绩不可磨灭。厘清后期创造社所倡导的唯物主义辩证法、异化理论及革命思想主张生成的基本脉络，对于今日文学、艺术、教育等领域的文化建设，仍不乏重要的理论启示与实践意义。

第二节　1949—1978 年学界对卢卡奇的批判

一花一木，星辰大海，世间万物，皆有特定的时空。特定的时空造就具体的历史，国家、民族、个体皆不例外。无论是作为政治家还是作为思想家，卢卡奇在中国的命运总是与其特定的时代环境交织。

1949 年以前，国内学者共译介了八篇卢卡奇的著述，分别是《左拉和写实主义》《小说底本质》《小说》《论新现实主义》《叙述与描写》《是人民辩护者抑或是事务主义者》《论文学上人物底智慧风貌》和《论德国法西斯主义与尼采思想》。[①] 在抗日战争和解放战争的艰难岁月里，学界对卢卡奇的译介，成绩可谓斐然，涉及现实主义的理论与创作、人民问题以及法西斯主义等内容，呈现了卢卡奇对执现实主义之笔书写人民生活、情感与命运的关注，对官僚主义与法西斯主义的鞭挞。这一时期，中国学界对卢卡奇的接受，深化了有关现实主义的讨论与认识，推进了文学创作"写什么""怎么写"同文艺

---

① 《左拉和写实主义》，孟十还译，《译文》杂志 1935 年 4 月 16 日第 2 卷第 2 期；《小说底本质》，胡风译，1936 年 10 月 15 日和 12 月 1 日分别在《小说家》月刊第 1 卷第 1、2 期连载；《小说》，以群译，1938 年 9 月生活书店出版；《论新现实主义》，王春江译，《文学月报》1940 年 1 月 15 日第 1 卷第 1 期；《叙述与描写》，吕荧译，《七月》1940 年 12 月第 6 集第 1、2 期合刊，另外，该译文于 1947 年 10 月由新新出版社出版；《是人民辩护者抑或是事务主义者》，陶甄译，《中苏文化杂志》1941 年第 8 卷第 2 期；《论文学上人物底智慧风貌》，周行译，《文艺杂志》1944 年 3 月 1 日第 3 卷第 3 期；《论德国法西斯主义与尼采思想》，居甫译，《民主世界》1945 年第 2 卷第 7 期。

的人民方向、批判法西斯主义、揭示现实等问题的思考与实践。尽管如此，学界对卢卡奇的了解仍相当有限，时常错误地将其视为苏联人。

1949 年以来，受苏联思想界的影响，中国学界给卢卡奇戴上"修正主义者"的帽子，对其加以严厉批判。从 1949 年至 1976 年，由于"反修斗争"的需要，作为国际修正主义者代表的卢卡奇被批判，在报刊反修文章和文艺理论教材中常常提到他，特别是谈到现实主义创作方法和世界观的关系问题时，时常将其作为批判的标靶。① 为了满足思想界批判的需要，在"十七年"文学时期，国内学界译介或选编一些卢卡奇著作。这些作为内部资料"供批判用"的译介，相较 1949 年以前，取得了更为突出的成绩，呈现出在批判中发展的态势。

首先，译介卢卡奇的单篇文章不断出现。有些文章介绍了卢卡奇文艺思想及其意义，探讨现实主义的发展，思考作家、世界观与创作方法等问题，如《作家与世界观（节译）》（卢卡奇）、《卢卡契的文艺思想》（美国学者斯太因勒著，周煦良译）、《卢卡契：〈现代现实主义的意义〉》（英国学者戴维著，仲清译）和《历史小说》（英国学者哈代著）等。② 也有一些文章积极推介卢卡奇的哲学论著，研究其异化、辩证法、政治革命等思想，如《卢卡契：〈理性的毁灭〉》（周煦良）及《异化的再发现》（美国学者拜尔著，周煦良译）、《齐塔：〈乔治·卢卡奇的马克思主义：异化、辩证法、革命〉》（耀辉译）等。③ 另外，有部分学者开始对卢卡奇美学思想进行了初步而积极的介绍，分析其美学思想的一些基本特征，如《乔治·卢卡契：〈美学的特点〉》（叶封）、《一篇美学专论的序论》（卢卡奇著，孔阳译）等。④

其次，在单篇论文译介的基础上，多部书稿的出现、出版，是这一时期对卢卡奇接受进一步发展的标志。1960 年，学界译介或编撰了三部有关于卢卡奇文献资料——《卢卡契修正主义文艺论文选译》（世界文学编辑部选编）、《卢卡契修正主义资料选辑》（中国作家协会上海分会文学研究室编）、

---

① 参见吴中杰《〈卢卡奇美学思想论纲〉序言》，载马驰《卢卡奇美学思想论纲》，东北师范大学出版社 1997 年版，第 1 页。

② 《作家与世界观》（节译）《卢卡契的文艺思想》《卢卡契：〈现代现实主义的意义〉》《历史小说》均刊载于《现代外国哲学社会科学文摘》，前两篇均译载于 1960 年第 7 期，第三篇发表于 1963 年第 4 期，最后一篇刊载于 1963 年第 5 期。

③ 《卢卡契：〈理性的毁灭〉》《异化的再发现》《齐塔：〈乔治·卢卡奇的马克思主义：异化、辩证法、革命〉》均刊载于《现代外国哲学社会科学文摘》，前两篇均发表于 1960 年第 7 期，最后一篇刊载于 1965 年第 5 期。

④ 《乔治·卢卡契：〈美学的特点〉》和《一篇美学专论的序论》均译载于《现代外国哲学社会科学文摘》1964 年第 12 期。

《有关修正主义者卢卡契资料索引》（复旦大学外文系资料室编）。此外，商务印书馆出版了有关卢卡奇的哲学论著——《存在主义还是马克思主义？》（韩润棠、阎静先、孙兴凡译，1962年）、《青年黑格尔》（王玖兴译，1963年），介绍卢卡奇对存在主义、黑格尔哲学、马克思主义的探讨，有助于中国哲学界更好地理解马克思主义，掌握辩证法与异化理论等思想。此外，有些书稿已经翻译集齐，如《卢卡契论文集》《理性的毁灭》①，但因"文化大革命"而未能出版。

这一时期，中国学界对卢卡奇的译介与接受，抑或严厉批判，始终离不开一条重要的原则，即建设为人民服务的社会主义文化——涉及文学、艺术、哲学、美学、政治学等领域。学界对卢卡奇在文学史和文艺理论作品中的修正主义观点进行严厉批判，但同时也看到其著作对青年一代马克思主义文艺理论家的决定性影响，承认卢卡奇提出的问题"都是马克思主义文艺科学中政治思想内容和方法论上的中心问题"②，批评其人民民主原则的错误，认为卢卡奇放弃了列宁关于不断革命的思想。在哲学方面，学界批判卢卡奇并未摆脱资产阶级哲学思想的桎梏，如《存在主义还是马克思主义？》《青年黑格尔》等，企图以"保卫"马克思列宁主义为名，以批判存在主义作为伪装，实则是在贩运他的修正主义观点，宣传西方资产阶级哲学。在批判下译介这一大语境下，学界纠正了将卢卡奇作为苏联理论家的错误认识，有识学人不仅推进了对卢卡奇更全面的认识——卢卡奇在哲学方面有着极高的造诣，对黑格尔、康德、费希特、谢林等哲学家有着深入研究，推动了唯物辩证法的发展，而且发现卢卡奇完成了一部马克思想写却终未写成的美学论著——《审美特性》③，深化了对其美学、现实主义理论等的认知。

在关于卢卡奇译介与评论的文章或论著中，中国学界对卢卡奇及其思想也有了一定的再认识。一方面，有学者批评卢卡奇作为"修正主义者"，其文艺思想妄图以"人性""人道主义"否定文艺的阶级性与党性，夸大批判现实主义力量，歪曲世界观与创作的关系问题，谴责其超阶级的"中间立场"，痛批其文艺思想所强调的"客观性"，他的文艺观点和美学观点本质上

---

① 《卢卡契论文集》，是20世纪60年代初，在邵荃麟、冯至、陈冰夷领导下召开会议拟定的选题，参加筹备出版工作还有：严宝瑜（北京大学）、叶逢植（南京大学），以及中国社会科学院外国文学研究所的张黎、张佩芬和冯植生等学者。《理性的毁灭》，20世纪60年代贺麟、杨一之、王玖兴、王太庆、洪谦、熊伟和木辛诸合作曾将该书全部译出。

② [德]汉司·马乃特：《民主德国在文艺科学领域中反修正主义的斗争》，《北京大学学报》（人文科学）1959年第3期。

③ 《审美特性》，当时也被译为《美学的特点》。

是唯心主义的,进而否定社会主义文艺。① 另一方面,在批判的语境下,学界以批判地吸收外国文学遗产为方针,以译介国外研究卢卡奇文献的方式,审视卢卡奇,肯定其所创作的优秀著作,间接地指出虽然其文艺思想同资产阶级文艺之间有着复杂纠缠,但其"在信仰上是个共产主义者,在批评方法上是个辩证唯物主义者"②,认同卢卡奇在剖析法西斯灾难根源方面的贡献。某种意义上,中国学界已然意识到卢卡奇对法西斯主义者、人民、历史与现实等问题的探讨,为现实主义提供了多种发展的路径,看到卢卡奇重新发现异化概念的价值——肯定并坚持人性价值的纯洁性与生命力。

"十七年"文学时期,在将卢卡奇批判为"修正主义者"的背景下,国内学界译介或选编一些卢卡奇著作,对其哲学、美学以及文艺理论等思想观念有了更深入的认识。不过,中国学界对卢卡奇的译介与研究,这一难能可贵的在批判中的发展,因"文化大革命"的发生而中断。1966—1976 年,声势浩大的政治运动影响到文学、艺术、政治、教育、经济等各个领域,学术文化研究与交流几乎中断。在当时,译介国外著作几乎是不可能的,作为"国际修正主义者"代表人物的卢卡奇,其著作的译介与研究遭到"冰封",无新译或再版面世,亦未有相关评论文章发表。

第三节　新时期以来学界对卢卡奇人民性思想的接受

卢卡奇的人民性思想凝聚于哲学、现实主义文论之中,新时期中国学界对其接受主要是通过思想界的两场讨论来完成的。讨论首先发生于哲学领域,围绕"西方马克思主义"、是否将卢卡奇纳入马克思主义范畴等问题展开广泛探讨,开启了中国学界对卢卡奇及其人民性思想的接受。哲学领域思想文化的变革引发了文学艺术领域的变革,在现实主义理论方面,学界针对卢卡奇的"人本论"和布莱希特的"阶级论"进行讨论,深入探讨卢卡奇的人民性思想,并将其纳入马克思主义美学范畴。通过对卢卡奇人民性思想的讨论与接受,学界认识到"人民性"既具有革命性与战斗性的政治与阶级属性的内涵,又饱含"以人为本"的丰富浓郁的人道主义精神,是中国

---

①　参见狄其骢的《批判卢卡契在世界观与创作的关系问题上的谬论》、刘光裕的《卢卡契修正主义文艺观批判》、孙昌熙的《G. 卢卡契为什么宣扬批判现实主义》(以上三篇文章均发表在《山东大学学报》1960 年第 3、4 期) 和叶水夫、钱中文《国际修正主义文艺思想必须彻底批判》(《文学评论》1960 年第 2 期) 等文。

②　[德] 斯太因勒:《卢卡契的文艺思想》,周煦良译,《现代外国哲学社会科学文摘》1960 年第 7 期。

马克思主义文艺理论发展之根基。

人民性思想是卢卡奇文艺思想中的重要内容,融于其政治、哲学、美学、现实主义文论等理论之中,虽没有专门且系统的论著,却是显在而鲜明的。有关"卢卡奇文艺思想中的人民性思想"这一课题的研究,最早零星见于20世纪90年代,进入21世纪以后才引起国内学者的关注,目前仍处于起步阶段,仅有数篇论文,大致可分为两类:一类是将人民性思想仅作为探讨卢卡奇现实主义文艺思想的佐证或辅助资料,并未将人民性作为一个独立的理论范畴加以研究;二是将人民性视为卢卡奇人道主义思想的一个重要分支并加以详细分析、研究。对卢卡奇人民性思想的明确提出并予以研究,迄今所见仅有两篇。在《论卢卡奇的文学人民性思想》(《文艺理论与批评》2008年第4期)一文中,冯宪光先生首次将卢卡奇人民性问题作为一个独立的理论范畴,对其在卢卡奇人本主义思想中的地位和意义进行介绍,指出人民性是卢卡奇人本主义文学思想的核心要素,认为卢卡奇的人民性思想在今天仍然有深刻意义,这些理论贡献均值得肯定。但也不难发现,冯先生的探讨多是概括性和总结性的,对卢卡奇人民性思想挖掘的深度与广度仍留有极大空间。另外一篇是《卢卡奇人学思想中的人民性思想初探》(《宁夏师范学院学报》2016年第1期),王银辉从卢卡奇人民性的理论基点、创作实践论等层面加以梳理、分析和探讨,认为他的人民性思想,强调文艺中人民的阶级性,以此为理论基点并将其细化,贯穿于马克思主义文艺实践之中,既注重从阶级斗争的层面审视文学,又强调从人的解放、自由与全面发展视域下加以把握。关于新时期以来中国文艺界对卢卡奇人民性思想的接受情况的探讨,至今仍待填补。

人民性思想凝聚于卢卡奇的哲学、现实主义文论思想之中,新时期以来中国文艺界对它的接受主要是通过以下两个方面的论争来完成的。

一、是否纳入马克思主义范畴之争

新时期以前,中国思想界将卢卡奇纳入"修正主义阵营"①。20世纪70年代末,中国理论界开始拨乱反正,摒弃对卢卡奇以往"左"的政治化的认识。在1978年10月全国西方哲学芜湖会议上,徐崇温先生围绕卢卡奇问题进行专题发言,首先摒弃对卢卡奇"修正主义者"的评价与认识,引进西方学术界对他的全新评价:西方马克思主义的"鼻祖"。在《关于西方的"马克思主义研究"——流派和观点综述》一文中,徐崇温针对"西方马克思主

---

① 朱光潜:《西方美学史》,人民文学出版社1979年版,第694页。

义"的来历问题,作了详细介绍,指出法国学者梅洛－庞蒂在其著作《辩证法的历险》中,将"西方马克思主义"的传统追溯至卢卡奇、葛兰西等理论家,对 20 世纪六七十年代西方资本主义文化有着重大影响。[①] 1979 年,徐崇温继续撰文深入探讨并着重突出卢卡奇的价值与意义,解析卢卡奇对西方马克思主义发展所产生的作用,简要评析《历史与阶级意识》中的一些理论[②],逐渐开启了新时期中国学界对卢卡奇的研究。

　　哲学思想的变革同政治的变革是密不可分的,在"实践是检验真理唯一标准"大讨论的推动下,进入 80 年代之后,思想界围绕什么是马克思主义问题展开讨论,西方马克思主义引起了中国学者的格外关注,随着徐崇温等学者对卢卡奇研究的渐进,卢卡奇成为中国学术界讨论的一大热点,学术界围绕卢卡奇及《历史与阶级意识》是否纳入马克思主义范畴展开争辩。人道主义、物化等思想是《历史与阶级意识》中的核心问题,是卢卡奇人民性思想的基石和表现,成为当时论争的重要内容。

　　论争双方分别以徐崇温和杜章智为代表。以徐崇温为代表的一方,认为以卢卡奇为"鼻祖"的"西方马克思主义",无论是在哲学世界观上,还是在认识论与历史观上同马克思主义均有着根本的对立。这场论争始于"实践是检验真理唯一标准的讨论",起先徐瑞康、扈颖航、卞正、李德周等先生从哲学层面上探讨真理的"物化"内容是由实践的结果证明的问题,明确肯定实践是检验真理的客观标准,为此次讨论的深入展开作了进一步的理论铺垫。[③]1982 年,在《"西方马克思主义"》一书中,徐崇温批判"西方马克思主义"同马克思的辩证唯物主义是完全对立的,明确指出二者在哲学世界观方面是格格不入的。[④] 之所以以卢卡奇为始的"西方马克思主义"与"正统的"马克思主义相对立,不能纳入马克思主义范畴,在徐崇温看来,是因为"'西方马克思主义'是一股左的激进主义思潮⋯⋯并不是无产阶级的马克思主义世界观,而是小资产阶级激进派的世界观,而且其中还包含有相当的无政府主义成份"[⑤]。徐崇温从异化理论着手分析,指出异化理论是卢卡奇继马克思之后重新确立的一个重要问题,后来成为许多"西方马克

---

① 参见徐崇温《关于西方的"马克思主义研究"——流派和观点综述》,《国外社会科学》1978 年第 5 期。

② 参见徐崇温《"西方马克思主义"述评》,《社会科学辑刊》1979 年第 2 期。

③ 参见李德周《从真理的"物化"谈实践的结果是真理的标准》,《社会科学辑刊》1981 年第2 期。

④ 参见徐崇温《"西方马克思主义"》,天津人民出版社 1982 年版,第 43 页。

⑤ 徐崇温:《"西方马克思主义"》,天津人民出版社 1982 年版,第 51—52 页。

思主义"者研究的一个核心批判范畴,在"西方马克思主义"中占有突出地位。尽管他肯定"西方马克思主义"的异化理论为科学认识发达资本主义社会中出现的各种问题,作了正确的分析与解答,但他更强调"西方马克思主义"的异化理论同马克思主义的异化理论,在思想渊源、性质、范围和侧重点方面质的差异,明确指出"'西方马克思主义'的异化理论,同马克思的异化理论是有原则的区别的"①。从人性的视角来审视,徐崇温认为卢卡奇与马克思的异化理论存在着质的区别,《历史与阶级意识》中的异化理论是"人道主义社会哲学",属于西方资产阶级的东西。徐崇温坚持对"西方马克思主义"、存在主义、唯科学主义等现代西方哲学进行批判,认为它们在思想倾向和理论基础方面同辩证唯物主义是截然相反、格格不入的,主张运用马克思主义的方法、观点与立场进行剖析、清算,只有如此,才能满足时代与人民的需要,坚持和发展马克思主义。此外,岩渊庆一与张萍的《东欧的新马克思主义》(《哲学译丛》1979 年第 1 期)、毕治国的《"新马克思主义"者——卢卡奇》(《学习与探索》1980 年第 1 期)、《东欧"新马克思主义"》(《社会科学》1980 年第 6 期) 等文,称卢卡奇为"新马克思主义"者,亦未能将其纳入马克思主义范畴。

将卢卡奇纳入马克思主义范畴——这一不同声音萌发于 1978 年,子幸翻译波兰学者 K. 奥霍斯基的《关于 G. 卢卡奇的争论》一文,介绍了卢卡奇在马克思主义政治活动、哲学和文艺理论方面的广泛成就,指出卢卡奇坚信只有通过无产阶级,才能消除一切物化和对象化(即异化):"无产阶级比资产阶级优越的地方不在于它具有特殊的研究现实的科学方法,而在于只有从无产阶级的观点出发才能理解社会的总体,同时又为改变它创造前提。社会是一个自我解释的总体。人民自己赋予历史以意义"②,从而肯定作为人民的无产阶级的重要地位与价值。1980 年在《哲学译丛》第 1 期上发表的另一篇小文《卢卡奇的思想》,扼要介绍了美国学者巴尔的专著《卢卡奇的思想》,传递了巴尔将卢卡奇及其理论纳入马克思主义的声音。同年,舒谦如先生介绍了思想界对卢卡奇的三种不同评价——"有的把他奉为'正统'马克思主义的代表;有的却把他称之为'修正主义的先锋';还有的则认为他虽然犯有错误,但整个说来是马克思列宁主义"③,从其革命实践活动与理论活动出发,肯定了他在捍卫马克思主义方面所作的努力,赞赏他在文

---

① 徐崇温:《"西方马克思主义"关于发达资本主义社会中异化的理论》,《江西社会科学》1982 年第 1 期。

② [波] K. 奥霍斯基:《关于 G. 卢卡奇的争论》,子幸译,《哲学译丛》1978 年第 6 期。

③ 舒谦如:《格奥尔格·卢卡奇》,《国外社会科学》1980 年第 2 期。

学与文化理论等方面对马克思主义美学发展所作的贡献。戴侃译介英国学者 D. 麦克莱伦的《介绍几本有关马克思与马克思主义的近著》(《国外社会科学》1983 年第 2 期) 一文，在看到卢卡奇思想中的唯心主义成分的同时，将卢卡奇及其理论纳入马克思主义范畴的思想倾向已然流露于字里行间。

中国学界明确提出将卢卡奇及其思想纳入马克思主义范畴的主张，开始于 20 世纪 80 年代中期。1985 年在卢卡奇百年诞辰之际，受国际学术界对卢卡奇重新评价研究的影响，尤其是苏联、匈牙利等国将卢卡奇纳入马克思主义研究动向的推动，中国学术界在《哲学译丛》《国外社会科学》《现代外国哲学社会科学文摘》《国际共运史研究资料》《国内哲学动态》等刊物上译介、刊发了一系列相关文章，不同程度上传递了与徐崇温先生相异的声音。以杜章智等人为代表的中国学者，事实上在 1983 年，就已明确主张将卢卡奇纳入马克思主义范畴，指出国内外学术界存在对卢卡奇及其理论的割裂、片面研究等问题，认为《历史与阶级意识》尽管存在些许问题，"无论其中有什么问题也是马克思主义内部的问题"，肯定它"在某种意义上可以说是马克思主义理论宝库中的重要财富"①，因为卢卡奇不仅坚持追求马克思主义真理的信念，始终站在共产党人的立场，始终是资产阶级的反对派，而且掌握并运用了马克思主义的立场、观点和方法。杜章智赞同当时匈牙利社会主义工人党中央委员会文化政策工作部拟定的《纪念乔治·卢卡契诞辰一百周年提纲》，认同《提纲》中对卢卡奇的评价，肯定他"自从成为共产党人和马克思主义者以来，直至生命的终结，始终不渝地捍卫和继续发展马列主义的经典遗产"②的贡献，批判以往将卢卡奇笼统归入"修正主义"者、"西方马克思主义"者的错误研究倾向。之后，杜章智在《谈谈所谓"西方马克思主义"的问题——兼与徐崇温同志商榷》等文中，针对"西方马克思主义"及《历史与阶级意识》中的物化理论等问题，同徐崇温先生进行榷商，点出安德森的"西方马克思主义"概念——"象徐崇温同志这样加以借鉴是否合适，的确是需要好好加以考虑的问题"③，然后进行反驳，批判安德森《西方马克思主义》一书的理论脱离实际、地缘特性等方面问题，认为卢卡奇、葛兰西、阿尔都塞等人的理论"是要恢复他所理解的马克思主义的要

---

① 张伯霖等编译：《关于卢卡契哲学、美学思想论文选译》，中国社会科学出版社 1985 年版，第 133 页。

② 张伯霖等编译：《关于卢卡契哲学、美学思想论文选译》，中国社会科学出版社 1985 年版，第 135 页。

③ 杜章智：《"西方马克思主义"是一个含糊的、可疑的概念》，《马克思主义研究》1988 年第 1 期。

义"①,是为了发展辩证唯物主义的方法论,而不是要反对马克思主义,认为他们既是坚定的共产主义革命者,又为马克思主义的发展做出了杰出的、不可磨灭的贡献②,尽管他们各自理论均有不同程度的失误或错误,但仍不影响将他们"统统作为对马克思主义的探索看待"③,而不能笼统地、错误地将其视为非马克思主义者,甚至是反马克思主义者。此外,冯植生的《关于卢卡契及其论争》(《文艺理论研究》1981 年第 2 期) 与《匈牙利研究卢卡契的近况》(《关于卢卡契哲学、美学思想论文选译》,中国社会科学出版社 1985 年版)、张本的《"西方马克思主义"与当代西方马克思主义思潮》(《武汉大学学报》(社会科学版) 1985 年第 3 期)、张西平的《历史概念的二重奏》(《哲学研究》1988 年第 12 期) 与《卢卡奇论马克思主义哲学的本质》(《哲学动态》1988 年第 12 期) 等,先后不同程度表明卢卡奇是 20 世纪重要的马克思主义哲学家、批评家、美学家的观点,肯定其物化理论、历史概念、主体性思想、阶级意识理论等内容继承并发展了马克思主义,属于也理应纳入马克思主义的范畴。

　　针对以上不同声音,围绕如何评判"西方马克思主义",怎样看待《历史与阶级意识》,卢卡奇及其物化理论的性质范畴归属等颇具争议的一些问题,徐崇温先生再次撰文④回应,明确阐明"西方马克思主义"属于非马克思主义的性质,因为它们在指导思想方面存在迥异,认为卢卡奇等人始终是站在西方现代哲学的价值立场来解读、评析马克思主义,而非站在辩证唯物主义的哲学观来补充和发展,导致其脱离了马克思主义的哲学基础⑤,批评杜章智等人未能看到"西方马克思主义"在思想路线方面存在的根本性错误。

　　20 世纪 70 年代末至 80 年代后期的这场论争,双方虽未形成固定的阵营,未摆脱浓郁的政治语调,未留下太多的有益的学术积淀,但理论主张针锋相对,观点鲜明,不仅推动国内思想界对西方马克思主义的大量译介,深

①　杜章智:《"西方马克思主义"是一个含糊的、可疑的概念》,《马克思主义研究》1988 年第 1 期。

②　杜章智:《谈谈所谓"西方马克思主义"的问题——兼与徐崇温同志商榷》,《现代哲学》1988 年第 1 期。

③　杜章智:《"西方马克思主义"是一个含糊的、可疑的概念》,《马克思主义研究》1988 年第 1 期。

④　《关于"西方马克思主义"研究中的若干问题》(《马克思主义研究》1987 年第 1 期)、《"西方马克思主义"问题种种》(《现代哲学》1988 年第 1 期)、《关于如何对待马克思主义研究的商榷》(《现代哲学》1988 年第 3 期)、《就"西方马克思主义"问题答杜章智同志》(《马克思主义研究》1988 年第 3 期) 等文。

⑤　徐崇温:《关于"西方马克思主义"研究中的若干问题》,《马克思主义研究》1987 年第 1 期。

化了对卢卡奇等理论家及其思想的认识,尤其是人道主义思想的深入认识,而且破除了以往对马克思主义的非此即彼的单一的模式化的思想局限,某种意义上推动了马克思主义在中国当代的创新发展和多样化进程,为形成具有中国特色的马克思主义理论,丰富中国的马克思主义文艺理论,尤其是为推动现实主义文论的发展,作了思想准备和理论铺垫。

二、"人本论"与"阶级论"之争

新时期"解放思想"的文化需求在推动哲学界发生讨论、变革的同时,势必潜移默化地作用于文学艺术领域,这一时期围绕"卢—布之争"以及卢卡奇的现实主义理论是否属于马克思主义文论范畴的讨论便是明证。

20 世纪 80 年代初至 90 年代末,针对 20 世纪 30 年代以卢卡奇为首的现实主义和以布莱希特为代表的表现主义之间的论争,以及 60 年代欧美国家围绕这场论争而重新展开的追捧布莱希特为革新派,认定卢卡奇为"伪古典派"的保守派的争论,中国文艺理论界进行了一次持续时间较长、规模空前、意义深远的大辩论。这次辩论由最初的"抑卢扬布"到肯定二者对于建设创立无产阶级文学、马克思主义文艺理论等方面的积极贡献①,讨论实际上是借他国文学之争,反思以往将文学僵硬化、机械化、政治化以及工具化之偏颇,明确今后中国文学艺术发展之路。叶廷芳先生称"卢—布之争"为"同室操戈",看到卢卡奇对表现主义在艺术上全盘否定,政治上进行清算,实则是"指责表现主义是与法西斯主义一脉相承"②,批判表现主义是资产阶级的反现实主义文艺,推崇"现实主义的胜利",追求真正大众化的无产阶级的现实主义文学,主张现实主义文学应具有"风格的广阔性和多样性"。双方争论的焦点是文学艺术如何能更好地为人民服务,交到人民手中,应采用什么样的创作方法问题,卢卡奇推崇 19 世纪以来伟大的现实主义文学传统,布莱希特则主张艺术的道路应该不断实践、试验、探索。

卢卡奇的哲学理论,承认客观世界是人类社会活动的产物,随着社会的发展作为异己的、与人相对立的东西存在,主要探讨人的存在与人道主义问题,其理论核心是对人的生存与价值的关怀,亦是其文艺理论中的人民性思想的基础。早在 1980 年,鸿雁先生的一篇译文《卢卡奇遗著书评》,就卢卡奇晚年遗著《美学》(今译《审美特性》)、《社会存在本体论》等,表明

---

① 具体内容请参阅《论中国新时期"卢—布之争"大讨论的价值与意义》,《学习与探索》2013 年第 6 期一文。

② 叶廷芳:《一场论战的幽灵》,《读书》1986 年第 9 期。

卢卡奇理论思想的基础关注社会现实存在形式的发展，为人类的发展提供了全新的形式，它"为个体的人发展到具有个性的人提供了基础"①，为人的自由提供多种选择奠定了理论基础。在范大灿先生看来，卢卡奇的人学思想是为维护人及人性的完整性，实现人的解放、自由与全面发展，以此为出发点和落脚点的文学便是现实主义文学，是一切伟大文学的共同基础和发展的战略方向。他赞同卢卡奇关于作家创作应该站到无产阶级立场的文艺观点，并借用卢卡奇《马克思、恩格斯美学论文集引言》中的主张表明自己的立场：真正伟大的艺术或文学，不仅应关注人及人性的本质，更应关注于维护人性的完整性，抵制一切损害人性完整性的言论或行为，只有这样的文学艺术才会是人道主义的②，认同卢卡奇所主张的社会主义人道主义应该成为马克思主义美学的核心，应该成为唯物主义历史观的中心③，是人道主义的发展顶点，是共产主义文学事业的目标，从而应该批判那些缺乏人道主义、非人化的文学艺术。这一声音很快得到李衍柱先生的响应，他认为卢卡奇的现实主义抓住了马克思的根本，"以马克思主义的立场、观点和方法，比较全面地总结了19世纪欧洲现实主义文学实践的丰富经验，坚持和捍卫了马克思、恩格斯关于现实主义的理论"④，尤其是他的典型论，继承并发展了马克思主义的典型学说，卢卡奇的典型论以"人本论"为理论基石，他把人作为对象性存在的前提，将现实主义与人道主义相结合，具有优秀现实主义文学应有的新的与本质的内涵，描写、反映并揭示揭露那些反人道、歪曲颠倒人的本质，将人异化为非人的现象，研究人与人性的本质，捍卫人性的完整性与生活的丰富性。在李衍柱先生看来，卢卡奇的现实主义(尤其是典型理论)继承并发展了马克思主义文论，有着马克思主义的思想光辉，同时仍有待于进一步深入研究、提取并吸收其理论精华。⑤

随着讨论的不断推进、深入，中国学术界于1990年3月举办了一场关于"卢—布之争"的讨论会，众多海内外专家、学者齐聚北京，如范大灿、袁志英、韩耀成、张黎等，以及德国学者杨·克诺普夫，《外国文学评论》当年辟专栏发表此次会议上的优秀成果。此后，蒋国忠、李锐、杨少波等学者纷

---

① ［匈］F.特克尔：《卢卡奇遗著书评》，鸿雁译，《哲学译丛》1980年第3期。
② 范大灿：《两种不同的战略方向：卢卡契与布莱希特的一个原则分歧》，《外国文学评论》1989年第3期。
③ 《卢卡契文学论文集》(一)，中国社会科学出版社1980年版，第301页。
④ 李衍柱：《卢卡契的典型观与布莱希特的诘难》，《文史哲》1990年第1期。
⑤ 李衍柱：《卢卡契的典型观与布莱希特的诘难》，《文史哲》1990年第1期。

纷加入探讨,对现实主义的认识与理解也更加客观、公允、全面。中国学术界在意识到卢卡奇与布莱希特的现实主义美学之争是马克思主义美学内部矛盾之争的同时,亦认识到以卢卡奇为代表的一方反对形式主义、表现主义等,是因为"形式主义"与真正伟大的文学艺术是格格不入的,是"文学的大敌",而"真正伟大的艺术"不仅应该要"接近人民",接近最广大民众的真实生活,更应该具有"人民性"①。人民性问题的提出,得到中国学者们的关注和讨论,他们将布莱希特的《现实主义写作方法的广度和深度》《表现主义大论战》《人民性与现实主义》等论文与卢卡奇的相关理论进行对比分析,认为二者之间的根本分歧有三。其一,对马克思主义的认识存在不同。卢卡奇的现实主义理论将人及人的发展作为人类历史的中心,坚持"人本论";布莱希特认为卢卡奇"抹煞了阶级和阶级斗争,否定了资产阶级与无产阶级之间的对立"②,强调阶级性和阶级斗争,坚持"阶级论"。其二,对现实主义的理解存在原则性差异。卢卡奇认为现实主义不仅仅是一种写作方式、艺术风格,"人道主义,民主和现实主义是'三位一体'"③,必不可少,应该成为一切伟大文学的共同基础;布莱希特则强调现实主义文学的战斗性,为一切被剥削与被压迫者、为人民的利益而战斗,无论是新的还是旧的艺术形式均应该为此服务。其三,对资产阶级现代派文学和现实主义文学的态度截然相反,与如何继承传统、怎样创新才能更好地服务并坚持无产阶级文学等观点相左。卢卡奇把现实主义文学分为人道主义、民主、现实主义的文学,以及与之相悖、对立的文学,认为任何阶级都会有这两类文学。无产阶级的文学艺术在继承巴尔扎克等优秀资产阶级作家所开创的经典现实主义文学传统的基础上,更要坚持和发展社会主义现实主义文学;布莱希特从阶级属性上划分文学,或是巴尔扎克、托尔斯泰等作家的批判现实主义文学,或是现代派文学,都属于资产阶级文学,与无产阶级文学有着质的区别,只有作为先进阶级的无产阶级文学才是社会主义现实主义文学,它的发展必须立足创新,与资产阶级文学不存在直接继承关系。以上对卢卡奇和布莱希特的认识,对卢卡奇的全面、深入理解,不是个例,学界进而总结卢卡奇现实主义的四点内涵:文学既要是客观现实的反映,具有客观真实性,又要描绘社会的具体全貌,具有倾向性与党派性,"就是真实性、典型性、人民性和倾向

---

①　袁志英:《布莱希特与卢卡契论争的由来》,《外国文学评论》1990 年第 3 期。

②　范大灿:《两种对立的马克思主义文艺观:评卢卡契和布莱希特的分歧和论争》,《外国文学评论》1990 年第 3 期。

③　范大灿:《两种对立的马克思主义文艺观:评卢卡契和布莱希特的分歧和论争》,《外国文学评论》1990 年第 3 期。

性"①,指出卢卡奇与布莱希特现实主义文学的核心均肯定人,批评资本主义及其社会对人的异化,捍卫人的完整性,因而社会主义现实主义文学应该描写新人,描写无产阶级革命运动中的新人。把人变成新人,重新成为独立个体的人、完整的人,文学艺术既要从群众中来,更要到群众中去,这是今天的文学艺术应该坚持的道路,因为群众中凝聚着有价值且充满人性的东西,这些内容能够有效地抵制并消除资本主义社会所造成的异化、非人化②,因此,坚持群众路线的文艺创作方针,群众是指一切被剥削被压迫者,现实主义文学应深入到群众的实际生活之中。

综上可见,新时期以来中国学术界关于卢卡奇与布莱希特在文学的阶级性、党性、文学的人民性、表现方法、文学遗产等问题的讨论,争论由是唯物主义还是唯心主义,是马克思主义还是非马克思主义,是资产阶级文学还是无产阶级文学,发展为马克思主义美学是一元还是多元的探讨。这场讨论表面上是现代派与现实主义之间、革新派与保守派之间的辩论,实际上是中国学术界对如何继承并发展马克思主义文艺理论的探讨③,讨论的实质是文艺如何坚持以及更好地坚持群众路线、为人民服务的问题,归根到底乃是马克思主义美学内部的争论。

三、"人民性"是中国马克思主义文艺理论发展之根基

"人民性"是马克思主义的一个重要分支,是马克思主义美学的核心内容之一,是众多马克思主义理论家、美学家、文论家无法逾越的理论难题。卢卡奇现实主义理论中的人民性思想继承了马克思列宁主义,适应了新时期以来中国马克思主义文艺理论发展的需要。1942年在延安文艺座谈会上,毛泽东同志提出当时文艺发展中所面临且亟须解决的一系列问题:文艺工作者的基本立场、应有态度、工作对象以及怎样学习等,为中国马克思主义文艺发展明确了方向。1949年,随着新中国的成立,这一基本方向在中国大陆得以确立。50年代,文艺界围绕文艺的真实性、现实主义创作道路以及创作方法等问题发生论争;至60年代,关于典型问题、现实主义的深化、"中间人物论"、社会主义现实主义、现实主义创作原则等内容展开广泛探讨,涉及作家的人生观、价值观和世界观,文艺的价值与功能以及文艺与

---

① 程代熙:《卢卡契和布莱希特的现实主义》,《文艺理论与批评》1990年4期。

② [联邦德国]扬·克诺普夫:《"问题的实质是现实主义!":关于布莱希特与卢卡契的论战》,李健鸣译,《文艺理论与批评》1990年4期。

③ 韩耀成:《用马克思主义构建我国的文艺理论——"布莱希特与卢卡契"学术研讨会侧记》,《外国文学评论》1990年3期。

生活、与政治的关系,文学的形式与内容等各层面,讨论的核心是文艺如何更好地为人民服务,为社会主义服务。但由于多种因素的共同作用,"左"倾思想被进一步滋长蔓延,使得现实主义文学中的人道主义成分渐被遮蔽,文学的阶级论、工具论思想被进一步放大、扩大。70 年代末,伴随"文化大革命"的结束,"左"的思想得以纠正,学术界逐渐对"革命的现实主义与革命的浪漫主义相结合"的创作方法进行质疑、反思和讨论。为了拨乱反正,促进文学的健康发展,1979 年在中国文学艺术工作者第四次代表大会上,邓小平同志在祝词中,确定了新时期以来中国文艺发展的基本方针路线——"文艺为最广大的人民群众、首先是为工农兵服务的方向"[①],明确要求当代文艺工作者要认真学习马克思主义,不断提升自己的理论素养和理论水平,丰富和提高自己的艺术表现与创作能力,对人民负责,面向人民,深入人民,服务于人民,以优秀的艺术作品提高人民的认识、觉悟与精神境界;鼓励在文学艺术领域内,开展广泛而深入的讨论,允许批评和反批评,解放思想,坚持真理。

　　新时期"文艺为人民服务"基本方针的再次确立,推动了文艺界的进一步解放思想。许多文艺工作者为进一步推进新时期中国文艺的健康持续发展,完善具有中国特色的社会主义文论,努力从西方思想文化中寻求丰富的理论资源。徐崇温与杜章智等学者的讨论便是充分例证,他们从"西方马克思主义"中寻求精神营养,打破以往对马克思主义的单一的"阶级论"的机械化认识,看到了马克思主义中的人道主义内容,对马克思主义有了更全面、更深入的认识。从哲学领域推广至文艺各个领域,围绕"卢—布之争"的现实主义讨论亦是如此,讨论之初,中国学界"抑卢扬布",批判卢卡奇推崇的"人本论"、富于浓郁人道主义色彩的现实主义是非马克思主义的,肯定布莱希特追求的以"阶级论"为中心、富有战斗气息的无产阶级文学是马克思主义的。这一观点明显是受新时期以前具有"左"倾色彩的文学政治化、文艺工具论思想影响的结果;之后,随着邓小平同志《在中国文学艺术工作者第四次代表大会上的祝词》的讲话精神得以贯彻、落实,以及对五四以来新文学现实主义传统的不断提倡、"回归",中国文艺理论界将卢卡奇现实主义理论中的人道主义思想,尤其是其中的人民性思想纳入到马克思主义文艺理论与美学的研究范畴,则是新时期解放思想、实事求是的产物。反之,对卢卡奇文艺思想中人民性思想认识的客观公正与不断深化,某种程度上又推动了具有中国特色马克思主义文艺理论的发展,促进了中国文艺

---

① 《邓小平文选》第 2 卷,人民出版社 1994 年版,第 210 页。

界对人民性思想的全面而辩证的理解。

从卢卡奇一生的国际政治革命生活与文艺思想来看,他的人民性思想酝酿于匈牙利无产阶级革命时期,在苏联社会主义现实主义文学时期,同法西斯主义、帝国主义斗争的过程中,同斯大林主义论争的过程中产生的,继承了马克思、恩格斯、列宁等人的优秀文艺思想传统,既注重无产阶级革命文学的重要地位与作用,又强调现实主义文学中的人道主义精神,尽管其中不乏些许偏颇、过激之处,但其真知灼见却具有前瞻性,超时代性。2014年,习近平同志在文艺工作座谈会上,再次明确、坚定了坚持以人民为中心的文艺创作方针,传承了马克思主义经典理论家一贯坚持的"人民性"文艺创作理念。今天,我们回顾、研究新时期中国学界在哲学与文学艺术领域中的这两场讨论,可以发现三个方面的价值和启示。首先,可以厘清辨析讨论双方的意见分歧,更加清楚地认识马克思主义文艺理论中的"人民性","人民"既具有革命性与战斗性的政治与阶级属性的内涵,又饱含"以人为本"的丰富浓郁的人道主义精神,因此,马克思主义文艺理论、社会主义文学既要注重文艺的政治意识形态性,又要适应并满足人性需要的内在精神价值。其次,以科学的、辩证的态度看待中国当代人民文艺的发展,对于主张现实主义文学文艺多样发展的观点,应扬其所是,予以支持;对于那些鼓吹马克思主义文艺理论多元化的主张,应弃其所非,加以分析甄别,因为马克思主义文艺理论只能是一元的,必须坚持以马克思主义为指导思想的基本原则始终不动摇,必须坚持文艺为人民服务的基本理念始终不动摇,但马克思主义文艺发展的形式可以是多样的,应该鼓励并支持现实主义理论的多样化发展。其三,对西方思想资源的学习与借鉴,应立足于中国的实际,着眼于中国特色马克思主义文论发展的实际,着眼于中国21世纪文艺发展的实际——文艺如何扎根人民、扎根生活,从而服务于人民,服务于社会主义。

从1942年"文艺为工农兵服务"方针的提出,至新时期以来"文艺为社会主义服务""文艺为人民服务"方针的再次明确,以及国内外学者在马克思主义理论领域关于人民性问题的讨论,尤其是中国学界对卢卡奇现实主义中人民性思想的探讨与接受,不难发现,"人民性"始终是马克思主义文论和美学的核心问题,已然是当代中国文艺以及中国特色社会主义文艺理论发展之根基。人民性思想在卢卡奇的现实主义理论中有着极其重要的地位与价值,对其在中国新时期以来的拒斥与吸纳情况予以深入探析,发掘其人民性思想的丰富内涵,对建设和发展中国特色社会主义文论与文化具有极大的启示和借鉴意义。

第四节　卢卡奇译介中的若干史料问题辨正

卢卡奇作为 20 世纪国际上知名的马克思主义哲学家、美学家、文学史家与文学批评家,在人类思想文化史与学术史上占有相当重要的地位。卢卡奇的思想从 20 世纪 20 年代后期进入中国,对其论著的译介始于 1935 年,在中国至今已有近 90 年的传播与接受史。1949 年以前,中国文坛共计出现 8 篇有关卢卡奇的译文:《左拉和写实主义》(1935 年 4 月 16 日发表于《译文》第 2 卷第 2 期,孟十还译)、《小说底本质》(1936 年 10 月 15 日和 12 月 1 日先后连载于《小说家》第 1、2 期,胡风译)、《小说》(1938 年 9 月在生活书店出版,以群译)、《论新现实主义》(1940 年 1 月 15 日刊发于《文学月报》第 1 卷第 1 期,王春江译)、《叙述与描写》(吕荧译,1940 年 12 月发表于《七月》第 6 集第 1、2 期合刊;并在上海的新新出版社于 1947 年再次出版发行)、《是人民辩护者抑或是事务主义者》(《中苏文化杂志》1941 年第 8 卷第 2 期,陶甄译)、《论德国法西斯主义与尼采思想》(1945 年发表于《民主世界》第 2 卷第 7 期,居甫译) 和《论文学上人物底智慧风貌》(1944 年 3 月 1 日发表于《文艺杂志》第 3 卷第 3 期,周行译),寥寥数篇译文中尚缺乏对卢卡奇生平及其著述的译介,更难谈详尽。1949 年以前,中国期刊对卢卡奇的翻译介绍中,通常将其归入苏联理论家,将其国籍标注为"苏联",其专著《叙述与描写》在新新出版社 1947 年出版时亦是如此。从中华人民共和国成立至新时期以前这一历史时期内,尤其是在反对修正主义的斗争中,他"是被当作国际修正主义者的一个代表人物来批判的,报刊反修文章中常常提到他,文艺理论教材中也每每拿他做靶子,特别是谈到现实主义创作方法和世界观的关系问题时"[①],中国学人虽然从事译介或选编卢卡奇著作的工作,但却是将他的诸多论著作为内部资料"供批判用",对卢卡奇本人真实情况的了解可谓甚为贫乏。进入新时期以后,卢卡奇成为一个颇为诱人的研究课题。卢卡奇的论著由初期的被节选翻译逐步丰富充实,完整地引进出版,进而形成较为系统的译介热潮,可谓如火如荼。目前,除他的《现代戏剧发展史》《心灵与形式》等个别论著没有译本或未完全译出之外,卢卡奇的哲学、文艺理论和美学论著大都有了较为完整的汉译本。同时,此阶段翻译著作中的前言或译者序言亦围绕卢卡奇的生平与著述进行了较为翔实的介绍

---

① 吴中杰:《〈卢卡奇美学思想论纲〉序言》,见马驰《卢卡奇美学思想论纲》,东北师范大学出版社 1997 年版,第 1 页。

和评述,其形象愈加丰满、真实、立体,而且不少文集与专著的附录部分还添加了有关卢卡奇更为具体详细的生平年谱,如《卢卡契文学论文集》(中国社会科学院外国文学研究所编,中国社会科学出版社 1981 年版)。随着对卢卡奇译介与研究工作的不断深入,中国学界专门翻译、编撰出版的关于卢卡奇的传记性专著已有近十部,较具代表性的是:《卢卡奇自传》(杜章智等编译,社会科学文献出版社 1986 年版)、《卢卡奇》(英国学者里希特海姆著,王少军等译,中国社会科学出版社 1989 年版)、《睿智圣殿的后裔——捷尔吉·卢卡奇》(宫敬才著,河北大学出版社 1998 年版)、《卢卡奇》(张西平著,湖南教育出版社 1999 年版)、《格奥尔格·卢卡奇》(英国学者 G.H.R. 帕金森著,翁绍军译,上海人民出版社 1999 年版)、《卢卡奇》(谢胜义著,东大图书股份有限公司 2000 年版)、《卢卡奇》(俄国学者别索诺夫和纳尔斯基著,李尚德译,黑龙江人民出版社 2003 年版) 等。随着翻译介绍和出版实践的不断丰富充实,学界得以积累下相当宝贵且翔实的文献资源,从而有力推动了对卢卡奇理论思想的系统、深入研究。

综上可见,目前国内存在的与卢卡奇相关的文献资料相当丰富,然而,史料的繁多并非意味着其使用方面不存在问题。中国学术界关于卢卡奇史料的研究仍处于相对冷落的状态。据考察考证,中国学界现有的卢卡奇研究论文或专著,或从其生平著作角度论述,或从其理论思想角度论述,或是二者兼而有之,但是在卢卡奇文献史料的使用方面存在着不同程度的表述不准确、讹误等问题,特别是在对卢卡奇所获取的学位、师从席美尔的学习时间、入党时间等个人生平资料方面,以及《心灵与形式》的篇目、晚年口授自传的时间、鲁迅先生曾经所购得卢卡奇作品的具体篇名等内容方面,的确存在诸多问题。因此,研究者对卢卡奇译介至中国以来的相关史料,从这几个方面进行系统的梳理、考察、辨疑与纠误,既可为今后的卢卡奇研究扫除文献障碍,提供更为翔实的文献资料,亦能推动中国卢卡奇研究的成熟和健康发展。

一、生平问题

经考,中国学界部分论著在对卢卡奇获取学位、师从席美尔的学习时间、入党时间等个人生平史料信息的使用方面,存在诸多问题。

1. 1906 年的学位问题

1906 年 10 月,卢卡奇在科罗茨瓦 (现属罗马尼亚) 大学获得博士学位,但究竟是获取什么专业的学位,国内学界译法不一,有三种——法学、政治学、法律。范景武译日本学者初见基的《卢卡奇——物象化》,叙述为"政治学博士学位"①，张翼星的《为卢卡奇申辩：卢卡奇哲学思想若干问题辨析》、中国社会科学院外国文学研究所外国文学研究资料丛刊编辑委员会编的《卢卡契文学论文集》（二）及宫敬才的《睿智圣殿的后裔》，介绍为"法律博士学位"②，杜章智编撰的《卢卡奇自传》，叙述为"法学博士学位"③。以上三种说法，其实是两类，一类认为是政治学，另一类认为是法学或法律。参考英国学者 G.H.R. 帕金森关于卢卡奇的记述："他从 1902 年到 1906 年在布达佩斯大学学习法学（jurisprudence）……"④ 辅以马驰先生对卢卡奇的介绍："1906 年 10 月，在科罗茨瓦以《现代戏剧发展史》法学博士学位。"⑤以及燕宏远、李怀涛的表述："1902 年高中毕业后，卢卡奇进入布达佩斯彼特—帕茨马尼大学法律系，但他很快就对法律不感兴趣。尽管如此，他还是于 1906 年 10 月在科罗茨瓦大学获得法学博士学位。"⑥ 加上卢卡奇本人在 1917 年为谋取海德堡大学哲学讲席而写的《简历》内容："我在布达佩斯新教的文科中学完成中学学业，于 1902 年 6 月高中毕业。然后我在布达佩斯大学学习法律和国民经济学，于 1906 年 10 月在科罗茨瓦大学获得法学博士学位。"⑦ 由此可以清楚判定，1906 年卢卡奇获得的应是法学博士学位，"政治学博士学位"的表述明显是偏差较大，而"法律博士学位"的表述则不够准确。

　2. 师从乔治·席美尔的时间问题

　　20 世纪初，在柏林大学学习期间，卢卡奇有机会聆听德国著名社会学家、哲学家席美尔的讲座，在社会学方面受到其极大的影响。但是，卢卡奇究竟是什么时间结识并师从席美尔，目前学界表述不一。宫敬才认为是在"1906~1907 年卢卡奇结识席美尔，并成为他的私人学生"⑧，马驰将其表述

---

①　[日] 初见基：《卢卡奇——物象化》，范景武译，河北教育出版社 2001 年版，第 283 页。

②　张翼星：《为卢卡奇申辩——卢卡奇哲学思想若干问题辨析》，云南人民出版社 2001 年版，第 288 页；《卢卡契文学论文集》（二），中国社会科学出版社 1981 年版，第 577 页；宫敬才：《睿智圣殿的后裔：捷尔吉·卢卡奇》，河北大学出版社 1998 年版，第 3 页。

③　[匈] 卢卡奇：《卢卡奇自传》，杜章智编，李渚青、莫立知译，社会科学文献出版社 1986 年版，第 206 页。

④　[英] G.H.R. 帕金森：《格奥尔格·卢卡奇》，翁绍军译，上海人民出版社 1999 年版，第 3 页。

⑤　马驰：《卢卡奇美学思想论纲》，东北师范大学出版社 1997 年版，第 299 页。

⑥　《〈小说理论〉译序》，[匈] 卢卡奇：《小说理论》，燕宏远、李怀涛译，商务印书馆 2013 年版，第 2 页。

⑦　[匈] 卢卡奇：《卢卡奇自传》，杜章智编，李渚青、莫立知译，社会科学文献出版社 1986 年版，第 206 页。

⑧　宫敬才：《睿智圣殿的后裔：捷尔吉·卢卡奇》，河北大学出版社 1998 年版，第 154 页。

为卢卡奇"1908 至 1909 年,侨居柏林,在弗里特利希—威廉大学和其他大学听狄尔泰、席美尔的讲课,并改写《现代喜剧发展史》"①,张翼星及英国学者盖欧尔格·里希特海姆和 G.H.R. 帕金森表述为 1909 年至 1910 年②,日本学者初见基、《卢卡契文学论文集》(二) 及张西平则认为是 1906 年至 1907 年、1908 年至 1909 年。③ 根据《卢卡奇自传》《卢卡契文学论文集》(二) 及《卢卡奇美学思想论纲》,可以获知:1906 年至 1907 年期间,卢卡奇在柏林大学有机会聆听乔治·席美尔与狄尔泰的授课,得缘结识并成为席美尔的学生;1908 年到 1909 年期间,他再次赴柏林求学,继续跟随席美尔学习深造,受到后者影响并在其启发之下,于 1909 年夏投入到改写、完善《现代戏剧发展史》④ 的工作中。至于 1909—1910 年卢卡奇是否继续师从席美尔学习,单就《卢卡奇自传》中的文字,目前尚无法予以确认。

　　3. 入党时间问题

　　乔治·卢卡奇不仅是著名的理论家,更是 20 世纪最负盛名且极具影响的一位西方马克思主义实践者,是早期匈牙利共产党革命领导人之一。1918 年 11 月 20 日,匈牙利共产党成立,卢卡奇当年 12 月入党,这是卢卡奇一生最大的转变。然而,关于卢卡奇入党的具体时间,学者在表述上是有出入的。G.H.R. 帕金森、张翼星将之叙述为 1918 年 12 月 2 日入党⑤,《卢卡契文学论文集》(二)、宫敬才、马驰则表述为 1918 年 12 月中旬入党⑥,仅根据《卢卡奇自传》,无从判断孰对孰错,因为卢卡奇本人也只谈到是"1918

---

① 马驰:《卢卡奇美学思想论纲》,东北师范大学出版社 1997 年版,第 299 页。

② 参见张翼星《为卢卡奇申辩——卢卡奇哲学思想若干问题辨析》,云南人民出版社 2001 年版,第 289 页;[英] 盖欧尔格·里希特海姆《卢卡奇》,王少军、晓莎译,中国社会科学出版社 1989 年版,第 10 页;[英] G.H.R. 帕金森《格奥尔格·卢卡奇》,翁绍军译,上海人民出版社 1999 年版,第 4 页。

③ 参见 [日] 初见基《卢卡奇——物象化》,范景武译,河北教育出版社 2001 年版,第 283—284 页;《卢卡契文学论文集》(二),中国社会科学出版社 1981 年版,第 577 页;张西平《卢卡奇》,湖南教育出版社 1999 年版,第 7 页。

④ 参见《卢卡契文学论文集》(二),中国社会科学出版社 1981 年版,第 577 页;[匈] 卢卡奇《卢卡奇自传》,杜章智编,李渚青、莫立知译,社会科学文献出版社 1986 年版,第 206—207 页;马驰《卢卡奇美学思想论纲》,东北师范大学出版社 1997 年版,第 299 页。

⑤ 参见张翼星《为卢卡奇申辩——卢卡奇哲学思想若干问题辨析》,云南人民出版社 2001 年版,第 295 页;[英] G.H.R. 帕金森《格奥尔格·卢卡奇》,翁绍军译,上海人民出版社 1999 年版,第 6 页。

⑥ 参见《卢卡契文学论文集》(二),中国社会科学出版社 1981 年版,第 580 页;宫敬才《睿智圣殿的后裔:捷尔吉·卢卡奇》,河北大学出版社 1998 年版,第 155 页;马驰《卢卡奇美学思想论纲》,东北师范大学出版社 1997 年版,第 300 页。

年 12 月加入匈牙利共产党"①。因此,为避免表述上产生讹误,加之目前仍无有力的文献资料来确证,对其入党的具体时间问题,我们最好采用他本人的表述——"1918 年 12 月加入匈牙利共产党",虽不甚具体但却不会引发争议。

二、作品问题

在《心灵与形式》的篇目、《小说理论》的撰写及出版时间、卢卡奇晚年口授自传的时间、鲁迅先生曾经所购得卢卡奇作品的篇名等文献资料的运用方面,中国学术界也存在不同程度的混乱、不准确、讹误等现象。

1.《心灵与形式》的篇目问题

《心灵与形式》(*The Soul and the Forms*)是卢卡奇真正在欧洲现代文学理论领域具有影响力的惊世之作。该书实际上是一本论文集,但就其所包括的篇目问题,目前学界的表述仍存在着矛盾。徐恒醇、张西平认为"它是由 7 篇论文组成"②,燕宏远与李怀涛叙述为由 9 篇短评组成③,G.H.R. 帕金森指出它"由 10 篇文章组成"④,对以上三种完全不同的表述,根据《卢卡奇自传》《卢卡奇早期文选》的译本资料,可以判定《心灵与形式》1910 年在布达佩斯发行的是匈牙利文版,除了 3 篇首次发表的文章,还有曾在《西方》杂志上发表过的 5 篇文章⑤,共 8 篇;直到关于研究保尔·恩斯特和查理 – 路易·菲力普的两篇论文则在 1911 年被德文版收录⑥,已增至 10 篇。该书被法国理论家吕西安·戈德曼称赞是一部具有现代存在主义先声的文艺论著,主要评述特奥多尔·施笃姆(Theodor Storm)、诺瓦利斯(Novalis)、查理 – 路易·菲力普(Charles-Louis Philippe)、斯坦劳·格奥尔格(Stefan George)、保尔·恩斯特(Paul Ernst)与劳伦斯·斯特恩(Lawrence Sterne)等人的文艺批评著作,是在席美尔的社会学影响下创作的一本论文集,对资

---

① [匈] 卢卡奇:《卢卡奇自传》,杜章智编,李渚青、莫立知译,社会科学文献出版社 1986 年版,第 213 页。

② 张西平:《卢卡奇》,湖南教育出版社 1999 年版,第 10 页;《〈审美特性〉译者前言》,[匈] 卢卡奇《审美特性》(上),徐恒醇译,社会科学文献出版社 2015 年版,第 2 页。

③ [匈] 卢卡奇:《小说理论》,燕宏远、李怀涛译,商务印书馆 2013 年版,第 2 页。

④ [英] G.H.R. 帕金森:《格奥尔格·卢卡奇》,翁绍军译,上海人民出版社 1999 年版,第 28 页。

⑤ 参见 [匈] 卢卡奇《卢卡奇早期文选》,张亮、吴勇立译,南京大学出版社 2004 年版,第 203 页。

⑥ 参见 [匈] 卢卡奇《卢卡奇早期文选》,张亮、吴勇立译,南京大学出版社 2004 年版,第 204 页。

本主义社会人生存的处境与悲剧问题进行揭露,强调现代社会中人的异化问题。

2.《小说理论》的撰写及出版时间问题

俄国学者别索诺夫和纳尔斯基认为《小说理论》写于 1914—1916 年,首次发表于 1920 年①;宫敬才在《睿智圣殿的后裔:捷尔吉·卢卡奇》一书的"附录一"和"附录二"中,则分别表述为"1914 年发表"② 和"1914 年出版"③。然而,根据卢卡奇本人的叙述,并结合其他相关文献资料,《小说理论》的创作时间是 1914—1915 年④,最初发表于 1916 年于《美学和一般艺术科学》杂志⑤,1920 年在柏林由保尔·卡锡勒出版社出版⑥。

3.《审美特性》第 1 卷的出版时间问题

卢卡奇原计划创作一部关于马克思主义的美学巨著,分三卷本(《审美特性》《艺术作品与审美态度》和《艺术是一种社会历史现象》)来完成,但由于卢卡奇本人写作兴趣和重点的转移,他仅完成了第一部分,即两卷本的《审美特性》。它完成于 1962 年,但它的出版时间却存在不同说法。张西平认为该书问世于 1968 年⑦,根据日本学者初见基——"1963 年出版的《美学》第一部《审美特性》"⑧,英国学者盖欧尔格·里希特海姆——"这部著作以厚厚的两卷于 1963 年问世"⑨ 和 G.H.R. 帕金森——"第一部以

---

① 参见 [俄] 别索诺夫、纳尔斯基《卢卡奇》,李尚德译,黑龙江人民出版社 2003 年版,第 4 页。

② 宫敬才:《睿智圣殿的后裔:捷尔吉·卢卡奇》,河北大学出版社 1998 年版,第 155 页。

③ 宫敬才:《睿智圣殿的后裔:捷尔吉·卢卡奇》,河北大学出版社 1998 年版,第 161 页。

④ 参见张翼星《为卢卡奇申辩——卢卡奇哲学思想若干问题辨析》,云南人民出版社 2001 年版,第 291 页;[英] G.H.R. 帕金森《格奥尔格·卢卡奇》,翁绍军译,上海人民出版社 1999 年版,第 5 页;[英] 盖欧尔格·里希特海姆《卢卡奇》,王少军、晓莎译,中国社会科学出版社 1989 年版,第 11 页。

⑤ 参见张翼星《为卢卡奇申辩——卢卡奇哲学思想若干问题辨析》,云南人民出版社 2001 年版,第 291 页;《卢卡契文学论文集》(二),中国社会科学出版社 1981 年版,第 576 页;[匈] 卢卡奇《卢卡奇自传》,杜章智编,李渚青、莫立知译,社会科学文献出版社 1986 年版,第 81 页;[英] G.H.R. 帕金森《格奥尔格·卢卡奇》,翁绍军译,上海人民出版社 1999 年版,第 5 页;马驰《卢卡奇美学思想论纲》,东北师范大学出版社 1997 年版,第 300 页。

⑥ 参见张翼星《为卢卡奇申辩——卢卡奇哲学思想若干问题辨析》,云南人民出版社 2001 年版,第 291 页;《卢卡契文学论文集》(二),中国社会科学出版社 1981 年版,第 582 页;马驰《卢卡奇美学思想论纲》,东北师范大学出版社 1997 年版,第 300 页。

⑦ 参见张西平《卢卡奇》,湖南教育出版社 1999 年版,第 167 页。

⑧ [日] 初见基:《卢卡奇——物象化》,范景武译,河北教育出版社 2001 年版,第 125 页。

⑨ [英] 盖欧尔格·里希特海姆:《卢卡奇》,王少军、晓莎译,中国社会科学出版社 1989 年版,第 190 页。

《审美特性》(*Die Eigenart des Ästheticschen*) 为题发表于 1963 年"①,俄国学者别索诺夫和纳尔斯基——"……三卷本《美学》的第一卷《审美特性》(1963)"②,以及有关卢卡奇的本人传记资料③,并参考国内学者马驰、张翼星、宫敬才等人的有关记述,以及徐恒醇在《审美特性》(上) 的中译本里的叙述——"1963 年《审美特性》(德文版) 由联邦德国卢赫特汉出版社出版"④,该书的出版时间应是 1963 年,在新维德市由卢赫特汉出版社出版。

4. 卢卡奇晚年口授其自传的时间问题

1970 年底,卢卡奇得知自己身患癌症,所剩时日不多,身体亦不允许其做出符合他要求的高水平的理论工作,于是开始口述自传。1971 年,卢卡奇开始向他的学生口授自传,然而它的具体时间国内学者却表述不一。《卢卡契文学论文集》(二) 及宫敬才均认为这一工作的开始时间为"1971 年 1月"⑤,杜章智、马驰则认为卢卡奇是在 1971 年 3 月⑥ 开始口授自传工作。在卢卡奇研究中,目前由于不同程度地存在着国内文献匮乏,外文资料占有不足的问题,对这一具体时间,仍难以确认,对此,相关研究者应予以特别关注并尽早去伪存真。

5. 其它两个相关问题

鲁迅是 20 世纪 20 年代最早接触到卢卡奇著作的中国作家之一,由于受与后期创造社关于"革命文学"论争的作用与影响,1928 年 2 月 1 日鲁迅先生前往内山书店购买了当时还为日译本的卢卡奇的《阶级意识トハ何ヅャ》⑦,关于这一书名问题,鲁迅在其著作中作了极为明确且详细的说明——"阶级意识トハ何ヅャ《何谓阶级意识》。匈牙利卢卡契(G.Lukács)著,水谷长三郎,米村正一译。昭和二年(1927 年)东京同人社书店出版"⑧。

---

① [英] G.H.R. 帕金森:《格奥尔格·卢卡奇》,翁绍军译,上海人民出版社 1999 年版,第186 页。

② [俄] 别索诺夫、纳尔斯基:《卢卡奇》,李尚德译,黑龙江人民出版社 2003 年版,第 128 页。

③ 参见 [匈] 卢卡奇《卢卡奇自传》,杜章智编,李渚青、莫立知译,社会科学文献出版社 1986年版,第 194 页。

④ [匈] 卢卡奇:《审美特性》(上),徐恒醇译,社会科学文献出版社 2015 年版,第 5 页。

⑤ 《卢卡契文学论文集》(二),中国社会科学出版社 1981 年版,第 598 页;宫敬才:《睿智圣殿的后裔:捷尔吉·卢卡奇》,河北大学出版社 1998 年版,第 160 页。

⑥ 参见 [匈] 卢卡奇《卢卡奇自传》,杜章智编,李渚青、莫立知译,社会科学文献出版社1986 年版,第 6—7 页;马驰《卢卡奇美学思想论纲》,东北师范大学出版社 1997 年版,第304 页。

⑦ 参见《鲁迅全集》第 16 卷,人民文学出版社 2005 年版,第 68 页。

⑧ 《鲁迅全集》第 17 卷,人民文学出版社 2005 年版,第 517 页。

须特别指出的是,20世纪20年代,卢卡奇的《历史与阶级意识》一书,在日本尚未出现完整的日文版本,当时最早的日文版本是1927年的选译本,日本学者仅选取了《历史与阶级意识》中的2篇论文作了翻译,即《关于组织问题的方法论》和《什么是阶级意识》,另外还选取了卢卡奇的《列宁》一书,把这3篇论文译为日文,而后各自单独成书出版发行。① 由以上文献可知,鲁迅在内山书店1928年2月1日所购到的那本应该是日文版的《阶级意识》,它仅是《历史与阶级意识》一书8篇文章中的一篇,而非台湾学者黎活仁所讲述的鲁迅当时购入的是《历史与阶级意识》。②

迄今所见最早的卢卡奇著作的中译本,是孟十还由日译本转译的《左拉和写实主义》,1935年4月16日刊登在《译文》第2卷第2期。然而,孟十还刊登在这一期该篇译文的名称,目前学术界却存在着另一种提法:《左拉与现实主义》,如马驰的《卢卡奇美学思想论纲》③和刘秀兰的《卢卡契新论》④,这两部书中均采用了这一用法。根据实际查阅考证,《译文》杂志1935年4月16日在第2卷第2期上孟十还发表该译文的原文,确实是《左拉和写实主义》⑤,而非唐沅等编的《中国现代文学期刊目录汇编》中叙述的《左拉与现实主义》⑥。

只有掌握充分且可靠的第一手文献资料,研究者才可能进行较为细致准确的描述并加以真实的理论化的阐释。从以上几方面对国内卢卡奇译介中所存在的资料文献问题进行初步梳理、辨析、阐述与总结,与学术界同仁进行商榷,期待可以引发更多研究者对这一领域的重视和投入,从而促进卢卡奇在21世纪中国的译介、研究与发展不断走向完善、成熟和深化。

①　参见[日]初见基《卢卡奇——物象化》,范景武译,河北教育出版社2001年版,第287页。
②　参见黎活仁《卢卡契对中国文学的影响》,文史哲出版社1996年版,第36页。
③　参见马驰《卢卡奇美学思想论纲》,东北师范大学出版社1997年版,第235页。
④　参见刘秀兰《卢卡契新论》,西北大学出版社2000年版,第676页。
⑤　[匈] G.卢卡且:《左拉和写实主义》,孟十还译,《译文》1935年第2卷第2期。
⑥　《中国现代文学期刊目录汇编》,唐沅等编,天津人民出版社1988年版,第1988页。

结　　语

　　如何将思考、发现与解决问题的出发点和落脚点更好地回到人本身，是哲学、美学、文学、艺术等领域探索的核心问题。从人的本体出发，探索人的解放、自由全面发展，成为政治学、伦理学、教育学、哲学等众多学科研究的重要命题。柏拉图、亚里士多德、康德、黑格尔、费尔巴哈、培根等人，在对人的问题的思考与探索上，作出了独特而卓著的贡献。马克思和恩格斯从人的存在这一根本出发，批判地继承以往哲学、政治经济学、社会学、文学与艺术等领域研究的成果，创造性地对人的解放与自由问题进行全面而深入的探索，指出这一问题的复杂性，将人的自由问题同全人类的解放问题相结合，将对资本主义的批判同建立社会主义相结合，揭示自由与解放问题的根本在于物质经济层面，指出只有消除资本主义私有制，实现共产主义，才能实现人的解放和自由全面发展。

　　自19世纪中叶以来，马克思主义在国际社会产生了广泛而深刻的影响。在马克思主义的浸润中，卢卡奇以其浓郁的批判气质和建构精神，立足本国革命现实，顺应世界无产阶级革命发展的潮流，转向马克思主义，转向人民立场。他的人民性思想复杂而鲜明，从第一次世界大战前后开始萌芽，批判资本主义战争的残酷性与反人民的特征，继而他加入无产阶级革命运动。1919年匈牙利革命的失败，促使卢卡奇进一步反思，思考什么是马克思主义、人的异化、阶级意识、无产阶级意识、党的组织与领导方式等问题，有助于其人民意识与观念的形成、强化与发展。20世纪20年代，随着对列宁思想的进一步学习与研究，卢卡奇将对马克思主义的深化认识同匈牙利革命的现实更加紧密地有效结合，纠正以往的无产阶级专政的理念，在其人民思想的基础上，提出"工农民主专政"的主张。在强烈的人民思想的推动下，卢卡奇于30年代在对文艺问题的思考和论争中，立足于马克思主义，鲜明地提出"人民性"问题。他的人民性思想有效地将理论与实践相结合，以马克思主义有关人民文艺的思想为原则和武器，运用于批判帝国主义反动文艺的斗争实践，进而主张继承并发展现实主义文艺。卢卡奇推崇现实主义的真实性，认为这种真实性弘扬了马克思主义思想中的人民性，既有浓郁的人本主义精神，亦不乏对人民的政治主体性和阶级性的强调，展现个体生命特征与命运的同时，揭示人民这一群体命运的普遍性与社会性。这种人民性带有鲜明的倾向性、党性，它促使卢卡奇批判表现主义、自然主义等文艺已然丧失了人民性，揭示它们内在的反现实主义的堕落乃至反动特质。相较之下，现实主义文艺同人民生活保持着鲜活的有机联系，具有革命性，将伟大的社会历史使命和伟大的人性相统一，书写客观现实生活的同时，生动形象地展现个体生命价值的全面性、立体性和真实性。在卢卡奇看来，文艺的人民性融合了个体生命的独特性与人的完整性，可以实现人道主义和现实主义的统一，反法西斯主义斗争和无产阶级革命的统一，革命的理想主义同科学的社会主义的统一，是马克思主义文艺思想同革命现实相结合的结晶。关于人民性，卢卡奇不仅提出这一理论主张，完善其思想内容，而且围绕如何塑造人民形象问题进行了积极而富有建树的探索。在他看来，塑造人民形象问题在文艺创作实践中具有决定性的意义。同时围绕这一目标，提出了文艺创作的三项原则——人物形象的人民性，作家的客观性，以及真实客观、正直诚实的历史精神。卢卡奇认为，以上三个文艺创作原则有助于提升作家对自我以及外在世界的认识，摆脱阶级的成见和局限，科学地处理许多矛盾之间的复杂关系，诸如个体与人民，书写光明与揭示黑暗，真实性与典型化，世界观与方法论，等等，进而推动将问题关注的焦点回到人本身，继而聚焦人民问题，实现真正的现实主义和人道主义的有机结合。在这一阶段，卢卡奇的文艺人民性思想，尽管存在激进色彩，过度地强调现实主义，贬斥表现主义、自然主义等现代主义文艺，但在反对法西斯主义、帝国主义以及一切反动文艺思潮的斗争中，发挥了积极而不可忽视的作用，对于警惕乃至批判社会主义文艺实践中的公式化、僵硬化问题，亦富有实践性和前瞻性。

　　第二次世界大战结束之后，无产阶级革命运动得到进一步发展，包括匈牙利在内的许多国家建立社会主义社会。随着社会主义国家的建立与发展，面对新的形势和问题，卢卡奇将文艺人民性思想进一步延展至哲学、美学、政治学等领域，通过《存在主义还是马克思主义？》《理性的毁灭》《审美特性》《关于社会存在的本体论》《民主化的进程》等著述，丰富其马克思主义人民思想。在哲学方面，卢卡奇从人的本体论出发，思考唯心主义与唯物主义、理性主义与非理性主义之间的问题，审视法西斯主义猖獗的思想文化根源，探索和平与民主的发展问题。在他看来，非理性主义哲学的不断滋生蔓延，助长了对个人和权力的崇拜，造成了极权思想和集权主义，某种程度上破坏了人类和平与民主的发展。卢卡奇从人及其存在问题出发，审视物质本体论和实践本体论，进而提出并深入探讨社会存在的本体论，揭示人类历史发展的社会问题，揭露资本主义社会及其劳动对人的异化，力图构建个体与社会的解放、自由而全面发展的哲学,阐明个体、共同体及二者间的关系。在美学方面,卢卡奇从日常生活的维度,审视人的个体性与社会性。他认为,作为审美范畴和本体论意义上的日常生活,是个体与共同体存在的具体的时空载体,是人民实现解放、争取自由、获得民主的现实维度,是科学与艺术存在的来源和本体,既是马克思主义美学和社会存在的本体,亦是社会主义民主的。在政治学方面,卢卡奇全面详细地考察了民主在西方的发展历史,揭示当代资本主义民主存在的缺陷与局限,批判苏联斯大林高度集中的政治经济体制的弊端,没有真正尊重人性的本质,忽视人民的基本需求,漠视人民的自由全面发展,指出社会主义制度存在的问题,积极探索社会主义民主化的建构,提出日常生活应成为"现代民主化的社会本体论"的基本内容,探讨民主实现的路径以及民主存在的危机,希冀推进社会主义民主建设,以保障人民的民主与自由,实现人类的和平与发展等。

卢卡奇早期深受西方传统思想与资产阶级文化的熏陶,虽有唯心主义和悲观基调,却不乏对人及其存在与出路问题的思考与探索。这种人本主义精神促进卢卡奇进一步思考国家、民族与人民的解放与自由等现实困境,继而转向马克思主义,坚守共产主义信仰,立足人民,思考文艺、美学、哲学和政治经济学等领域的诸多问题。

参考文献

一、卢卡奇的著作

[1]《存在主义还是马克思主义?》,韩润棠、阎静先、孙兴凡译,商务印书馆1962年版。

[2]《作家与世界观》(节译),复旦大学外文系外国文学教研组译,《现代外国哲学社会科学文摘》1960年第7期。

[3]《关于社会存在的本体论》(上、下卷),白锡堃、张西平、张秋零等译,重庆出版社1996年版。

[4]《列宁——关于列宁思想统一性的研究》,张翼星译,远流出版事业股份有限公司1991年版。

[5]《历史与阶级意识》,杜章智、任立、燕宏远译,商务印书馆1999年版。

[6]《理性的毁灭》,王玖兴、程志民、谢地坤等译,江苏教育出版社2005年版。

[7]卢卡契、布莱希特:《表现主义论争》,张黎编选,华东师范大学出版社1992年版。

[8]《卢卡奇论戏剧》,罗璇等译,北京师范大学出版社2014年版。

[9]《卢卡奇文选》,李鹏程编,人民出版社2008年版。

[10]《卢卡契文学论文集》(一),中国社会科学院外国文学研究所外国文学研究资料丛刊编辑委员会编,中国社会科学出版社1980年版。

[11]《卢卡契文学论文集》(二),中国社会科学院外国文学研究所外国文学研究资料丛刊编辑委员会编,中国社会科学出版社1981年版。

[12]《卢卡契文学论文选:论德语文学》,范大灿编选,人民文学出版社1986年版。

[13]《卢卡奇早期文选》,张亮、吴勇立译,南京大学出版社2004年版。

[14]《卢卡奇自传》,杜章智编,李渚青、莫立知译,社会科学文献出版社1986年版。

[15]《论德国法西斯主义与尼采思想》,居甫译,《民主世界》1945年第2卷第7期。

[16]《论文学上人物底智慧风貌》,周行译,《文艺杂志》1944年第3卷第3期。

[17]《论新现实主义》,王春江译,《文学月报》1940年第1卷第1期。

[18]《民主化的进程》,张翼星、夏璐译,中国人民大学出版社2015年版。

[19]《青年黑格尔》(选译),王玖兴译,商务印书馆1963年版。

[20]《社会存在本体论导论》,沈耕、毛怡红译,华夏出版社1989年版。

[21]《审美特性》(一),徐恒醇译,中国社会科学出版社1986年版。

[22]《审美特性》(二),徐恒醇译,中国社会科学出版社 1991 年版。

[23]《审美特性》(上下册),徐恒醇译,中国社会科学出版社 2015 年版。

[24] 世界文学编辑部:《卢卡契修正主义文艺论文选译》,世界文学编辑部 1960 年版。

[25]《是人民辩护者抑或是事务主义者》,陶甄译,《中苏文化杂志》1941 年第 8 卷第 2 期。

[26]《小说》,以群译,生活书店 1938 年版。

[27]《小说底本质》,胡风译,《小说家》1936 年第 1 卷第 1、2 期连载。

[28]《小说理论》,燕宏远、李怀涛译,商务印书馆 2018 年版。

[29]《叙述与描写》,吕荧译,《七月》1940 年第 6 卷第 1、2 期合刊。

[30]《叙述与描写》,吕荧译,新新出版社 1947 年版。

[31]《一篇美学专论的序论》,孔阳译,《现代外国哲学社会科学文摘》1964 年第 12 期。

[32] 中国作家协会上海分会文学研究室:《卢卡契修正主义资料选辑》,中国作家协会上海分会文学研究室 1960 年版。

[33]《左拉和写实主义》,孟十还译,《译文》1935 年第 2 卷第 2 期。

[34] Georg Lukács, *A Defence of History and Class Consciousness*: *Tailism and the Dialectic*, London & New York: Verso, 2000.

[35] Georg Lukács, *Essays on Thomas Mann*, London: Merlin Press, 1964.

[36] Georg Lukács, *Goethe and his Age*, London: Merlin Press, 1968.

[37] Georg Lukács, *History and Class Consciousness*: *Studies in Marxist Dialectics*, London: Merlin Press, 1971.

[38] Georg Lukács, *Lenin*: *A Study on the Unity of His Thought*, London and New York: Verso, 2009.

[39] Georg Lukács, *Marx's Basic Ontological Principles*, London: Merlin Press, 1978.

[40] Georg Lukács, *Ontology of Social Being*, Volume 1 Hegel, London: Merlin Press, 1978.

[41] Georg Lukács, *Ontology of Social Being*, Volume 2 Marx, London: Merlin Press, 1978.

[42] Georg Lukács, *Ontology of Social Being*, Volume 3 Labour, London: Merlin Press, 1980.

[43] Georg Lukács, *Record of a Life*, London: Verso, 1983.

[44] Georg Lukács, *Reviews and Articles*, London: Merlin Press, 1983.

[45] Lukacs, *Solzhenitsyn*, London: Merlin Press, 1970.

[46] Georg Lukács, *Soul and Form*, New York：Columbia University Press, 2010.

[47] Georg Lukács, *Studies in European Realism*, New York：Grosset and Dunlap, 1964.

[48] Georg Lukács, *Tactics and Ethics*, *1919—1929*：*The Questions of Parliamentarism and Other Essays*, London & New York：Verso, 2014.

[49] Georg Lukács, *The Culture of People's Democracy*：*Hungarian Essays on Literature, Art, and Democratic Transition, 1945—1948*, Leiden & Boston：Brill, 2013.

[50] Georg Lukács, *The Destruction of Reason*, London：Merlin Press, 1980.

[51] Georg Lukács, *The Historical Novel*, Boston：Beacon Press, 1963.

[52] George Lukacs, *The Process of Democratization*, Albany：State University of New York Press, 1991.

[53] Georg Lukács, *The Theory of the Novel*, London：Merlin Press, 1971.

[54] Georg Lukács, "The Sociology of Modern Drama", *The Tulane Drama Review*, Vol. 9, No. 4(Summer, 1965), pp.146-170.

[55] Georg Lukács, *The Young Hegel*：*Studies in the Relations between Dialectics and Economics*, London：Merlin Press, 1975.

[56] Georg Lukács, *The Young Hegel*, Cambridge, Mass.：The MIT Press, 1976.

[57] Georg Lukács, *Writer and Critic*：*and Other Essays*, New York：Grosset and Dunlap, 1971.

二、研究卢卡奇的著作

[1] [德] 艾克曼：《歌德谈话录》，朱光潜译，人民文学出版社 1982 年版。

[2] 陈振明：《"新马克思主义"——从卢卡奇、科尔施到法兰克福学派》，厦门大学出版社 1992 年版。

[3] 程代熙：《程代熙文集》第 9 卷，长征出版社 1999 年版。

[4] 程代熙：《马克思主义与美学中的现实主义》，上海文艺出版社 1983 年版。

[5] 段方乐：《总体性的终结：从卢卡奇到阿多诺》，中国社会科学出版社 2009 年版。

[6] [俄] 别索诺夫，纳尔斯基：《卢卡奇》，李尚德译，黑龙江人民出版社 2003 年版。

[7] 冯宪光：《西方马克思主义文艺美学思想》，四川大学出版社 1988 年版。

[8] 宫敬才：《卢卡奇的哲学思想》，唐山出版社 1993 年版。

[9] 宫敬才：《睿智圣殿的后裔：捷尔吉·卢卡奇》，河北大学出版社 1998 年版。

[10] 黄力之：《信仰与超越——卢卡契文艺美学思想论稿》，湖南文艺出版社 1993 年版。

[11] 黎活仁：《卢卡契对中国文学的影响》，文史哲出版社 1996 年版。

[12] 李俊文:《社会存在本体论:卢卡奇晚年哲学思想研究》,中国社会科学出版社 2007 年版。

[13] 李茂增:《现代性与小说形式》,东方出版中心 2008 年版。

[14] 刘昌元:《卢卡奇及其文哲思想》,联经出版事业公司 1991 年版。

[15] 刘秀兰:《卢卡契新论》,西北大学出版社 2000 年版。

[16] 刘卓红:《回归与重构:卢卡奇哲学思想体系研究》,广州出版社 1997 年版。

[17] 刘卓红:《历史唯物主义新形态的探索——卢卡奇社会存在本体论研究》,人民出版社 2006 年版。

[18] 陆梅林:《西方马克思主义美学文选》,漓江出版社 1988 年版。

[19] 马驰:《卢卡奇美学思想论纲》,东北师范大学出版社 1997 年版。

[20] 马驰:《"新马克思主义"文论》,山东教育出版社 1998 年版。

[21] 潘于旭:《从"物化"到"异质性"——西方马克思主义哲学逻辑转向的历史分析》,浙江大学出版社 2009 年版。

[22] [日] 初见基:《卢卡奇——物象化》,范景武译,河北教育出版社 2001 年版。

[23] 孙伯鍨:《卢卡奇与马克思》,南京大学出版社 1999 年版。

[24] 谢胜义:《卢卡奇》,东大图书股份有限公司 2000 年版。

[25] [匈] 阿格妮丝·赫勒:《卢卡奇再评价》,衣俊卿等译,黑龙江大学出版社 2011 年版。

[26] [匈] 平库斯:《卢卡契谈话录》,龙育群、陈刚译,湖南文艺出版社 1991 年版。

[27] [匈] 伊·艾尔希:《卢卡契谈话录》,郑积耀、潘忠懿、戴继强译,上海译文出版社 1991 年版。

[28] 徐崇温:《当代中国的马克思主义》,中国青年出版社 1994 年版。

[29] 徐崇温:《评苏联和"西方马克思主义者"的辩证法理论》,吉林人民出版社 1979 年版。

[30] 徐崇温:《"西方马克思主义"论丛》,重庆出版社 1989 年版。

[31] 徐崇温:《"西方马克思主义"》,天津人民出版社 1982 年版。

[32] 燕宏远:《沉思与批判——卢卡奇走向马克思的道路》,社会科学文献出版社 2020 年版。

[33] [英] G.H.R. 帕金森:《格奥尔格·卢卡奇》,翁绍军译,上海人民出版社 1999 年版。

[34] [英] 盖欧尔格·里希特海姆:《卢卡奇》,王少军、晓莎译,中国社会科学出版社 1989 年版。

[35] [英] 佩里·安德森:《西方马克思主义探讨》,高铦、文贯中、魏章玲译,人民出版社 1981 年版。

[36] 张伯霖:《关于卢卡契哲学、美学思想论文选译》,中国社会科学出版社 1985

年版。

[37] 张西平:《历史哲学的重建——卢卡奇与当代西方社会思潮》,生活·读书·新知三联书店 1997 年版。

[38] 张西平:《卢卡奇》,湖南教育出版社 1999 年版。

[39] 张翼星:《为卢卡奇申辩——卢卡奇哲学思想若干问题辨析》,云南人民出版社 2001 年版。

[40] 赵司空:《中介与日常生活批判——卢卡奇文化哲学研究》,上海社会科学院出版社 2010 年版。

[41] 赵一凡:《从卢卡奇到萨义德:西方文论讲稿续编》,生活·读书·新知三联书店 2009 年版。

三、其他相关研究论著

[1] 艾晓明:《中国左翼文学思潮探源》,北京大学出版社 2007 年版。

[2] 陈飞龙、刘永明:《春润文心邓小平文艺理论科学体系》,文化艺术出版社 2003 年版。

[3] [德] 黑格尔:《精神现象学》,贺麟、王玖兴译,商务印书馆 1979 年版。

[4] [德] 黑格尔:《小逻辑》,贺麟译,商务印书馆 1980 年版。

[5] [德] 迪特马尔·达特:《永远的鹰——罗莎·卢森堡的生平、著作和影响》,金建译,人民出版社 2016 年版。

[6] [德] 罗莎·卢森堡:《卢森堡文选》,李宗禹编,人民出版社 2012 年版。

[7] [德] 马克斯·韦伯:《社会科学方法论》,韩水法、莫茜译,商务印书馆 2013 年版。

[8] [德] 马克斯·韦伯:《新教伦理与资本主义精神》,于晓、陈维纲等译,生活·读书·新知三联书店 1987 年版。

[9] [德] 威廉·狄尔泰:《精神科学引论》第 1 卷,艾彦译,译林出版社 2014 年版。

[10] [德] 威廉·狄尔泰:《精神科学中历史世界的建构》,安延明译,中国人民大学出版社 2010 年版。

[11] [德] 西美尔:《货币哲学》,陈戎女、耿开君、文聘元译,华夏出版社 2018 年版。

[12]《邓小平文选》第 2 卷,人民出版社 1994 年版。

[13] 丁国旗:《马克思主义文艺理论在中国》,中国社会科学出版社 2017 年版。

[14] 董学文:《两种文艺主体观》,春风文艺出版社 1992 年版。

[15] [法] 亨利·列斐伏尔:《日常生活批判》第 1 卷,叶齐茂、倪晓晖译,社会科学文献出版社 2018 年版。

[16] 傅其林等:《东欧新马克思主义研究》,商务印书馆 2016 年版。

[17]《"革命文学"论争资料选编》(上、下),知识产权出版社 2010 年版。

[18] [古希腊] 色诺芬:《回忆苏格拉底》,吴永泉译,商务印书馆 1984 年版。

[19] [古希腊] 柏拉图:《理想国》,谢善元译,上海译文出版社 2016 年版。

[20] [古希腊] 亚里士多德:《政治学》,吴寿彭译,商务印书馆 1965 年版。

[21] 季水河等:《马克思主义文学理论与 20 世纪中国文学理论的变迁》,中国社会科学出版社 2009 年版。

[22] 靳丛林编译:《东瀛文撷——20 世纪中国文学论》,吉林大学出版社 2003 年版。

[23] 金惠敏:《全球对话主义:21 世纪的文化政治学》,新星出版社 2013 年版。

[24] 旷新年:《1928:革命文学》,人民文学出版社 2015 年版。

[25]《列宁选集》第 3 卷,人民出版社 2012 年版。

[26] 李旭:《当代中国文论话语:主体建构与身份认同》,中国社会科学出版社 2018 年版。

[27] 李建中、李小兰:《中国文论话语导引》,武汉大学出版社 2018 年版。

[28] 刘永明:《马克思主义与艺术人民性》,中国文联出版社 2018 年版。

[29] 陆贵山、周忠厚:《马克思主义文艺论著选讲》,中国人民大学出版社 1999 年版。

[30] 陆建德:《马克思主义文艺理论研究》,中国社会科学出版社 2011 年版。

[31]《马克思恩格斯论艺术》第 2 卷,人民文学出版社 1963 年版。

[32]《马克思恩格斯全集》第 3 卷,人民出版社 2002 年版。

[33]《马克思恩格斯全集》第 30 卷,人民出版社 1995 年版。

[34]《马克思恩格斯全集》第 44 卷,人民出版社 2001 年版。

[35]《马克思恩格斯全集》第 47 卷,人民出版社 2004 年版。

[36]《马克思恩格斯文集》第 1 卷,人民出版社 2009 年版。

[37]《马克思恩格斯文集》第 10 卷,人民出版社 2009 年版。

[38] 马建辉:《人民:文艺的尺度》,中国文联出版社 2018 年版。

[39]《毛泽东选集》第 2 卷,人民出版社 1991 年版。

[40] [美] 古尔德:《马克思的社会本体论》,王虎学译,北京师范大学出版社 2018 年版。

[41] [美] 雷纳·韦勒克:《近代文学批评史》第 7 卷(修订版),杨自伍译,上海译文出版社 2009 年版。

[42] [美] 罗伯特·戈尔曼:《"新马克思主义"传记辞典》,赵培杰、李菱、邓玉庄译,重庆出版社 1990 年版。

[43] [美] 詹姆逊:《马克思主义与形式》,上海外语教育出版社 2009 年版。

[44] 牛月明:《中国文论话语体系试探》,中国书籍出版社 2017 年版。

[45] [日] 北条一雄:《社会进化论——社会底构成及变革过程》,施复亮译,大江书铺 1930 年版。

[46] 日本共产党史资料委员会编：《共产国际关于日本问题方针、决议集》，林放译，世界知识出版社 1960 年版。

[47] 时胜勋：《现代中国文论话语》，光明日报出版社 2018 年版。

[48] 王一禾：《多元文化语境中马克思主义指导地位研究》，上海大学出版社 2013 年版。

[49] 温儒敏：《新文学现实主义的流变》，北京大学出版社 2007 年版。

[50] 习近平：《在哲学社会科学工作座谈会上的讲话》，人民出版社 2016 年版。

[51] 习近平：《决胜全面建成小康社会 夺取新时代中国特色社会主义伟大胜利——在中国共产党第十九次全国代表大会上的报告》，人民出版社 2017 年版。

[52] [匈] 阿格尼丝·赫勒：《日常生活》，衣俊卿译，黑龙江大学出版社 2010 年版。

[53] 应克复、金太军、胡传胜：《西方民主史》(第三版)，中国社会科学出版社 2012 年版。

[54] 张岱年：《中国文化精神》，北京大学出版社 2015 年版。

[55] 张炯：《社会主义文学艺术论》，花山文艺出版社 1996 年版。

[56] 张荣翼：《冲突与重建——全球化语境中的中国文学理论问题》，武汉大学出版社 2006 年版。

[57] 张秀琴：《西方马克思主义意识形态理论的当代阐释》，中国传媒大学出版社 2005 年版。

[58] 张玉书：《二十世纪欧美文学史》，北京大学出版社 1995 年版。

[59]《中国现代文学期刊目录汇编》，唐沅等编，天津人民出版社 1988 年版。

[60] 中共中央宣传部：《习近平总书记在文艺工作座谈会上的重要讲话学习读本》，学习出版社 2015 年版。

[61] 周晓风：《新中国文艺政策的文化阐释》，中国社会科学出版社 2008 年版。

[62] 朱光潜：《西方美学史》，人民文学出版社 1979 年版。

[63] 朱谦之：《日本哲学史》，人民出版社 2002 年版。

[64] Arthur S. Ding & Jagannath P.Panda, *Chinese Politics and Foreign Policy under Xi Jinping：The Future Political Trajectory*. Routledge, 2020.

[65] Klaus Mühlhahn, *Making China Modern：From the Great Qing to Xi Jinping*. Belknap Press：An Imprint of Harvard University Press, 2020.

[66] Andrew Simon Gilbert, Georg Lukács：Rationality and Crisis, in *The Crisis Paradigm：Description and Prescription in Social and Political Theory*, Cham：Springer International Publishing, 2019, pp31-59.

[67] Helmut Peitsch, *Roy Pascal and Georg Lukács：towards a re-evaluation of the history of Marxist literary criticism in Britain*? London：Institute of Modern Languages Research, School of Advanced Study, University of London, 2018.

［68］François Bougon, *Inside the Mind of Xi Jinping*. Hurst, 2018.

［69］Kerry Brown, *CEO, China: The Rise of Xi Jinping*. I.B. Tauris, 2017.

［70］János Kelemen, *The rationalism of Georg Lukács*, New York: Palgrave Macmillan, 2014.

［71］*Georg Lukács: the fundamental dissonance of existence: aesthetics, politics, literature*, edited by Timothy Bewes and Timothy Hall, London & New York: Continuum, 2011.

［72］David Mclellan, *Marxism after Marx*. New York: Palgrave Macmillan, 2007.

［73］J. A. S. Grenville, *A History of the World from the 20th to the 21st Century*, London and New York: Routledge, 2005.

［74］Ernest Joós, *Lukács's last Autocriticism*, the Ontology, New York: Humanities Press, 1983.